위대한 성채
[illegible]

나는 꼼수다

나는 꼼수다 - Episode 1 -

초판 1쇄 발행 2012년 1월 10일
초판 5쇄 발행 2012년 1월 14일

지은이 · 김어준, 정봉주, 주진우, 김용민
발행인 · 표완수
편집인 · 문정우
구조설계 · 김상익(편집공학자)

펴낸곳 · ㈜참언론 시사IN북
출판신고 · 2009년 4월 15일 제 300-2009-40호
주소 · 110-090 서울시 종로구 교북동 11-1 부귀빌딩 6층
주문전화 · 02-3700-3256, 02-3700-3250(마케팅팀), 02-3700-3255(편집부)
주문팩스 · 02-3700-3209
전자우편 · book@sisain.kr
블로그 · book.sisain.co.kr

· 시사IN북은 시사주간지 〈시사IN〉에서 만든 출판 브랜드입니다.

· 잘못된 책은 바꾸어 드립니다.
· 책값은 뒤표지에 있습니다.

ISBN 978-89-94973-04-3 03300

나는꼼수다

세계 유일 가카 헌정 시사 소설집

Episode
1

— 김어준, 정봉주, 주진우, 김용민 지음 —

시사IN북
Book

일러두기

- 딴지 라디오 〈나는 꼼수다〉 1회부터 18회까지의 내용을 꼼수별로 정리했다.
- 여러 편의 방송 분량을 취합한 경우 각 방송분 말미에 회차를 밝혔다.
- 방송 내용을 가감 없이 기록하는 것을 원고 작성 원칙으로 삼았다.
- 단, 방송 언어와 문자 언어의 전달력 차이를 고려해 일부 문장을 수정했다.
- 독자의 이해를 돕기 위해 보충 설명이 필요한 경우 설명을 추가했다.
- 이명박 대통령의 호칭은 무한 존경의 충정을 헌정하기 위해 본문에서는 '각하'로 통일했다.
- 각하의 특수 관계인은 여사님(영부인), 형님, 누나(에리카 김) 등으로 호칭했다.
- 방송 중에 빈번히 등장하는 웃음소리는 특별한 경우가 아니면 반영하지 않았다.
- 웃음소리는 김어준 푸하하 / 정봉주 캴캴캴 / 주진우 수줍수줍 / 김용민 킬킬킬

솔직, 당당함으로 '쌩얼의 시대' 몰고 온 '나꼼수'

국민 10명 중 6명이 안다. 600만 명 이상이 자발적으로 다운을 받아 듣는다. 4인 가족을 기준으로 할 때 1,200만 세대 중 절반이 듣는 셈이다. 한 사람 건너 한 사람은 알고, 아랫집과 윗집 중 한 집은 듣는 셈이다. '나꼼수'는 단순한 '열풍'과 '대세'가 아닌 우리 시대의 '상식'이 됐다.

2011년 12월 4일 광주에서 열린 나꼼수 콘서트에 게스트로 참여하기 직전에 만난 한 지인은 다음 같은 경험담을 전해주었다. 오는 길에 탄 택시의 기사는 나꼼수를 다운받아 운전할 때마다 즐겨 듣는 사람인데 그가 "요즘 낙이 없는데 나꼼수라도 있어 살맛이 난다"라고 말했다는 것이었다. 나꼼수 때문에 산다는 사람이 그 택시기사만이 아니다. 여기저기서 나꼼수 때문에 산다고 하는 사람들을 만나게 된다.

불의한 MB 시대의 어떤 곳에서도 들을 수 없는 진실을 나꼼수에서 속시원히 들을 수 있기 때문이다. MB 정부는 MBC 〈PD수첩〉과 미네르바 수사, 정연주 KBS 사장 퇴출, 미디어법 날치기 통과 등등을 통해 언론에 재갈을 물리고 진실이 세상에 전해지는 걸 막아왔다. 진실에 살고 진실에 죽는다는 언론 역시 무도한 MB 권력의 언론탄압에 맞서 싸우기는커녕 발밑에 엎드려 권력의 앵무새가 되었다. 진실 대신 정권 홍보에만 매달리는 모양이 과거 전두환 시절의 '땡전 뉴스'와 하등 다를 바 없는 지경이 되었다. 붓이 곧아야 붓이지 곧지 않으면 더 이상 붓이 아닌 까닭에 오늘날 기성언론이 국민들에게 외면받고 있는 것이다.

그리고 목마른 자가 우물을 찾듯 국민들이 찾은 곳이 나꼼수였다. 나꼼수는 이 질식할 것 같은 MB 시대의 살아 있는 진실의 맑은 물줄기였고 오아시스였다.

사람들이 나꼼수에 열광하는 이유는 솔직하고 당당하기 때문이다. 거짓과 위선으로 치장하지 않고 있는 그대로 솔직하게 드러낸다. '거침없이 솔직한 것'이 나꼼수의 치명적 매력이다. 또한 정치권력이 됐건, 거대언론이 됐건, 기성의 그 무엇이 되었건 그들의 눈치를 보거나 비위를 맞추지 않는다. '쫄지 않고' 당당하게 하고픈 말을 마음껏 한다. 한마디로 '거품'이 아닌 '쌩얼'로 살기 때문이다.

나꼼수가 솔직하다 보니 내용과 형식 면에서 좀 거친 점도 있다. '씨바' '졸라' '쪽팔려' 등등 욕설이 대표적이다. 사실 나꼼수는 정식 방송이 아니라 김어준, 김용민, 정봉주, 주진우 4인방의 수다다. 그걸 팝캐스트에 올려놓은 걸 국민이 자발적으로 접속해 다운을 받아 듣는 것뿐이다. 그러니 그 안에서 무슨 말을 하건 자유다. 다만 '우리 시대의 상식'이 될 정도가 되었으니 공적 책임을 요구받고 있다.

하지만 "쫄지마!"

거짓이 횡행하고 불의가 판치는 세상에서 어떻게 점잔만 빼고 있을 수 있겠는가. 욕이라도 실컷 해줘야지. 웬만한 세상이면 점잖게 비판할 수 있다. 그런데 하는 짓이라고는 나라를 팔아먹고 국민들을 못살게 괴롭히는 짓밖에 안 하는 '국민 웬수 MB'에게 그 정도는 오히려 양반이다. 국민 가슴 속에 분노가 있기 때문에 오히려 그런 욕설에 환호하는 것이다. 국민 가슴에 천불이 나고 울화병이 생기게 해놓고 그 정도 욕도 안 먹으려고 하면 그거야말로 비양심적인 것이다. 하기사 양심이 본래 없는 자이긴 하지만 말이다.

욕으로 인기를 끌고 있는 또 하나의 인물이 있다. TV 드라마 속이긴 하지만 세종대왕이 그 주인공이다. 〈뿌리깊은 나무〉에서 세종대왕은 수시로 욕설을 내뱉는다. "지랄하고 자빠졌네" "우라질" 등등. 근엄한 임금이라고 왜 화나는 일이 없겠는가? 그 역시 한 인간으로서 분노도 하고 화도 냈을 것이다. 그런 '쌩얼' 세종대왕의 모습이 그려지기 때문에 드라마가 인기다.

그런데 세종대왕이 욕설을 내뱉는 경우는 대부분 백성들을 위한 정치는 하지 않고 기득권만 지키려는 사대부들의 못마땅한 행동에 직면할 때다. 세종대왕은 누구나 글을 쓸 수 있도록 하기 위해 한글을 창제하고 이를 반포하려고 한다. 하지만 기득권층인 사대부들은 결사적으로 저항을 한다. 누구나 글을 쓰고 자기의 요구를 표현할 수 있게 되면 한자의 독점을 통해 세상을 지배해온 기득권을 빼앗길까 봐 우려한 탓이다. 그래서 한글을 '역병'이라고까지 표현하면서 백성들에게 반포하는 것을 막으려고 한다. 오늘날 권력자들과 기득권을 가진 사람들이 나꼼수를 폄하하고 어떻게든 트집을 잡아 나꼼수의 소리를 듣지 못하게 하려는 것과 똑같다.

아무리 기득권을 가진 사대부가 한글 반포를 막으려 해도 막을 수가 없었듯 진실의 목소리를 찾는 국민들의 열망, 진실을 전하려고 하는 나꼼수의 행진을 막을 수가 없다. 설사 지금 4인방이 하는 나꼼수가 없어진다고 해도 제2, 제3의 나꼼수는 또다시 나오게 되어 있다. 나꼼수는 불의한 MB 시대가 불러온 필연이기 때문이다. 괴담의 진원지가 부패하고 잘못된 정치이듯 나꼼수의 배후는 바로 부도덕하고 잘못된 MB 시대다.

MB 시대는 어떻게 살아야 하는가에 대한 철학적 물음 없이 그저 잘살기만 하면 된다는 헛된 욕망이 판치는 '거품의 시대'다. 잘살기 위해 거짓말을 하든, 위장전입을 하든, 땅투기를 하든, 탈세를 하든 상관하지 않고 갖은 편법과 불법을 다 동원한다. MB가 대표적인 인물이다. 그래놓고는 입으로는 공정사회니, 국격이니, 선진국이니, 법치니 좋은 말은 다 갖다 붙인다. 겉으로는 도덕적인 양 점잔빼고 폼을 잡는다.

MB 시대의 국민들도 마찬가지다. 그런 부도덕한 MB를 잘살게 해준다는 허언에 속아 뽑아줬다. 또 한편으로는 부자가 되고 싶다는 헛된 욕망에 눈이 멀어 MB가 부도덕한 줄 알면서도 찍어줬다. 그러고선 그 부자가 되고 싶다는 욕망을 좇아 삶의 내용은 알맹이가 없으면서 겉으로는 그럴싸하게 멋을 내고 산다. 명품 옷, 명품 가방으로 치장을 하면서 살아가고 있는 것이다. 삶과 인격을 명품이 되도록 애쓰지는 않고 그저 명품 가방만 들고 다니면 인생이 절로 '명품 인생'이 되는 줄 착각하고 사는 것이다. 그렇게 꾸미다 보니 화장을 하는 것도 모자라 성형수술까지 받는다. 성형수술? 위장의 다른 말이다. 자신의 있는 모습대로 살아가는 것이 아니라 감추고 꾸미고 치장하는 잔뜩 거품이 낀 모습으로 살아가는 것이다.

진실한 자기 모습으로 살지 않고 화장을 하고 성형수술을 해서 거짓으로 꾸미고 산다고 해서 그것이 과연 얼마나 가겠는가? 오래지 않아 거품처럼 꺼지고 마는 것이다. 요즘 남녀가 결혼할 때 옛날처럼 그 사람의 마음 씀씀이나 인간성보다 집안 배경이 어떤지, 재산은 얼마나 있는지, 인물은 어떤지 등의 겉모양만 본다고 한다. 그러다 보니 이혼율도 높다. 실체와 관련 없이 명품으로 위장을 하고 잔뜩 거품이 낀 모습으로 만나다 보니 그 거품이 꺼지면 실망하고 헤어지는 것이다.

나꼼수가 잘하는 것도 많지만 부족한 것도 많다. 하지만 부족하면 부족한 대로 못나면 못난 대로 다만 진실하게 자신들을 드러내는 솔직함과 당당함이 있기 때문에 국민이 열광을 보내는 것이다. 헛된 '거품'이 아니라 진실한 '쌩얼'의 모습이 있기 때문이다. 우리 속담에 "호박에 줄 긋는다고 수박이 되느냐"라는 말이 있다. 왜 호박이 수박이 되어야 하는가? 한여름 더울 때나 수박이지 한겨울 추울 땐 뜨끈뜨끈한 호박죽이 그만이다. 호박은 호박으로서의 삶과 존재 가치가 있는 것이지 수박을 따라갈 필요는 없다.

이제는 '쌩얼'이 더 각광받는 시대가 되고 있다. '나꼼수'나 '나가수' 등이 국민의 사랑을 받는 것도 같은 흐름이다. 거짓과 위선으로 치장한 '거품'보다 있는 모습 그대로 솔직하게 드러내는 '쌩얼'로 살아가는 시대, 진정성의 시대 말이다. 그런 진정성이 있다면 남 따라가는 것이 아니라 자기 모습대로 당당히 살아갈 수 있다. 그런 시대가 아름답지 않겠는가, 우리를 좀 더 행복하게 만들지 않겠는가?

단지불회 회주, 전 봉은사 주지 명진

총수 긴급조치

라운드 2다.

이제 활용 가능한

모든 형식의

미디어를 모조리

동원하고자 한다.

이 책은 그 시작이다.

김어준

차례

언론의 꼼수

명랑 꼼수

각하의
꼼수

극강의 꼼수, BBK 사건

서태지·이지아 이혼 사건, 왜 터졌나

김어준 안녕하십니까. 〈딴지일보〉 총수 김어준입니다. '나는 꼼수다'는 이명박 각하께 헌정하는 방송입니다. 각하의 끝을 알 수 없고 깊이를 알 수 없는 치밀하고 정교한 극강의 꼼수. 앞으로 매주 여러분 앞에 바치겠습니다. 이 방송은 한시적 방송입니다. 각하가 퇴임하는 그날까지만 방송합니다.

오늘은 너무나 많은 사연이 있지만 첫 방송이니만큼 가장 최근에 일어난 사건 중에서 '서태지·이지아 이혼 사건'을 다룹니다. 왜 결혼을 비밀로 했냐? 이걸 이야기하자는 게 아니라, BBK 사건과 관련이 있다는 말이 나돌기 때문입니다.

정봉주 저도 집사람하고 열심히 기사를 보고 있는데 문자가 왔어요. 트위터에도 올라왔는데, 'BBK 사건 무혐의 나온 걸 덮으려고 서태지 사건 터트렸다는데, 이 정권이 정말 이 정도입니까?' 이래요.

김어준 일단 그동안 각하의 꼼수를 보면 그런 의혹을 가질 만하죠.

정봉주 도대체 이게 무슨 이야긴가? 처음엔 묵살했죠. 그랬는데 정봉주 팬클럽 카페 회원들한테서 문자가 또 왔어요. 그런 내용이 지금 인터넷에서 돌고 있다고. 어떤 사람은 시간까지 쟀어요. 2011년 4월 21일, 〈시사IN〉의 BBK 보도 내용에 대해 검사들이 명예훼손으로 손해배상을 청구한 게 기각됐잖습니까. 〈시사IN〉이 정당한 보도를 했다고. 그런데 그 기사가 나간 뒤 정확히 30분 있다가 서태지·이지아 기사가 떴다는 거예요. 그러면서 '이건 BBK 사건을 덮기 위해서 터트린 거다', 이런 말이 퍼진 거죠.

김어준 연예계에서 큰 사건이 터지면 그런 이야기가 나오긴 합니다.

정봉주 늘 음모론이 있는 거죠. 그래서 인터넷을 쫘악 도배하는 걸 보고도 그때까지만 해도 '이 정권에 대한 불신이 상당히 깊구나' 이런 정도로만 생각했어요. 그런데 다음날 새벽 5시 반에 배드민턴을 치러 나갔더니 어떤 아주머니가, 저를 지지하는 분인지도 몰랐어요.

김어준 그런 쓸데없는 이야기는 빼시고요.

정봉주 그분이 이래요. 서태지와 이지아가 이혼했다고. 흠, 이런 문제에 관심이 많은 분이구나, 이렇게 생각하고, "아 그래요?" 했는데, "BBK 사건 덮으려고 그랬다면서요?" 이러시는 거예요. 저 깜짝 놀랐어요. 누가 그랬냐고 물어봤더니 대학교 다니는 딸이 그랬다는 거예요. 그러면서 쌍시옷 욕을 하면서 "이놈들 이럴 수가 있냐"고 막 흥분을 하더래요.

김어준 쌍시옷 욕이 뭡니까?

정봉주 이런 썅노무, 개노무 하길래 그 아주머니가 "야, 너 그런 거 신경 쓰지 말고 공부나 열심히 해" 그랬더니 그 말에 딸이 더 열을 받더래요. "엄마는 봉도사 아저씨랑 배드민턴 같이 친다면서 그런 것도 모르면 어떡해." 그러자 옆에 있던 또 다른 엄마가 "우리 아들이 고3인데 그 애도 그런다"고 말하는 거예요.

인터넷 상에 떠도는 소문이 그럴듯한 게, '바른'이라는 곳이 이지아 이혼을 담당하는 법률사무소예요. BBK 사건 때 각하 측에서 변론을 한 것도 '바른'입니다.

그때 제가, '국민 마음속에 각하에 대한 불신의 차원을 떠나 레임덕이 벌써 시작됐구나' 생각했죠. 레임덕이라는 것은 정권이 힘을 잃는 것을 떠나서 국민이 철저하게 정권을 불신하는 겁니다. 레임덕이 정권의 권력 내부에서 힘이 빠지는 현상을 넘어 이미 뿌리까지 깊게 들어갔구나, 이번 재보궐 선거에서 야당이 압승하겠구나, 이런 느낌이 팍 들었죠.

김어준 그게 바로 각하께서 계속해오신 꼼수, 그게 누적돼서 업적이 빛을 발하는 거죠.

4·27 재보궐 선거는 한나라당의 참패로 끝났다. 경기도 성남 분당을에서 민주당 손학규, 전남 순천시에서 민주노동당 김선동 후보가 국회의원에 당선됐으며, 강원도지사 선거에서는 민주당 최문순 후보가 한나라당 엄기영 후보를 눌렀다. 한나라당은 경남 김해을에서 김태호 후보가 승리하는 데 그쳤다.

정봉주 이게 얼마나 큰 특종이냐면, 요즘은 이십대들도 서태지를 모른답니다.

김어준 이름만 알죠.

정봉주 예전에 이런 광고가 있었어요. 십대 여학생이 핸드폰으로 기차역에서 서태지 동영상을 보고 있는데 서태지가 옆에 앉아서 "그게 뭐예요?" 하고 물으니까 "서태지"라고 대답해요. "내가 서태지입니다." 그러자 그 여학생

말이 "아니, 서태지라니깐요. 이상한 아저씨네." 이런 광고거든요.

그런데 이번 서태지·이지아 사건이 터지니까 음원을 다운받고, 서태지 CD가 지금 엄청나게 팔린다는 거예요. 이 정도로 엄청난 사건이거든요. 그런데 이 사건이 어떻게 나왔는지 알 수가 없어요.

김어준 기자들은, 우리 〈딴지일보〉도 그렇고 어떤 신문도 마찬가진데, 만약 자기네가 특종을 했다면 가만있지 않습니다. 예전에 〈스포츠서울〉에서 '비가 도박을 했다'는 특종을 냈는데, 그때 후속 기사가 어마어마하게 나왔어요.

보통 이 정도의 메가톤급 연예 폭로 기사가 나오면 난리가 납니다. 이 기사를 발굴해낸, 혹은 추적해낸 언론들은 자기들이 어떻게 이걸 추적했느냐에 대해서 후속 기사를 엄청 내보내거든요. 자랑할 찬스가 왔으니까. 그런데 이번엔 그게 없어요. 누가 정보를 유출했는지 알 수가 없어! 서태지·이지아 사건에 숨겨진, 드러나지 않은 핵심은 누가 이 사실을 유출했느냐, 이겁니다.

정봉주 제가 보기에, 인터넷 상에 떠도는 소문이 그럴듯한 게, '바른'이라는 곳이 이지아 이혼을 담당하는 법률사무소예요. BBK 사건 때 각하 측에서 변론을 한 것도 '바른'입니다. 각하가 취임한 후 특히 정부와 대법원 관련 재판을 싹쓸이해서 2010년 상반기에 제일 큰 법무법인이라는 '김앤장'을 눌렀습니다. 도곡동 땅과 관련한 소송에서 김재정 측 변론을 맡은 곳도 '바른'입니다. 김재정이 누구냐면 각하의 처남인데, 우린 각하께서 도곡동 땅의 실소유주라고 보고 있지만 각하께선 "그 땅, 절대 내 땅이 아니다. 처남 소유다" 그러셨잖아요?

김어준 그게 결국 BBK 연루 사건이죠.

정봉주 KBS 정연주 사장 해임 무효 사건과 관련해서도 바른이 변호를 맡았고, 미디어법 날치기 처리 때도 김형오 국회의장을 변론했고요.

김어준 촛불집회 때 상인들 연합이 촛불단체를 상대로 소송을 걸었을 때도 정부 측에서 변론을 했죠.

정봉주 그것도 '바른'에서 했어요?

김어준 네, 그것도 '바른'이죠.

정봉주 중국 사자성어에 이런 표현이 있잖아요. 조반유리造反有理, 반대가 형성되면 거기엔 반드시 이유가 있다. 혁명이 일어날 때 그런 표현을 많이 쓰는데, 국민 대다수가 하나의 견해로 뜻을 모으면 그건 반드시 이유와 근거가 있다는 뜻이거든요. 이번에 인터넷 상에서 누군가가 '서태지 사건은 BBK를 막기 위해 유출시킨 음모다' 이렇게 말했는데, 그게 설득력이 없으면 이렇게까지 퍼지질 않아요.

김어준 우연치고 너무나도 이상한 우연입니다.

에리카 김이 한국에 들어온 까닭

김어준 거슬러 올라가서, 최근 몇 개월 사이에 현 정권이 BBK를 정리하려고 어떻게 노력했는지를 알면 서태지·이지아 사건에 대한 의혹이 전혀 근거가 없지 않다는 게 보강되죠. 최근에 각하께서 BBK 사건을 얼마나 아킬레스건으로 여기고 있는지 여실히 드러나는 사건들이 있지 않습니까? 좀 정리해주시죠.

정봉주 BBK 사건이 다시 수면 위로 떠오른 건 김경준의 누나 에리카 김이 얼마 전에 한국에 들어왔기 때문입니다. 현재 김경준은 징역 8년에 추징금 100억 원을 선고받아 감옥에 있습니다.

BBK 사건이 다시 수면 위로 떠오른 건 김경준의 누나 에리카 김이 얼마 전에 한국에 들어왔기 때문입니다. 현재 김경준은 징역 8년에 추징금 100억 원을 선고받아 감옥에 있습니다.

에리카 김은 2011년 2월 25일 자진 귀국해 검찰의 조사를 받았다.

김어준 에리카 김이 들어왔을 때 어떤 거래가 있는 것 같다고 의원님이 최초로 주장했죠.

정봉주 그래서, 들여다봤더니,

김어준 먼저, 의원님 주장을 못 들으신 분들을 위해서 다시 한번 정리해주시죠. 워낙 언론의 주목도가 없는 분이라서, 아무리 발언을 해도 보도하는 데가 없어요.

정봉주 제가 언론 주목도가 없는 게 사실인 것이, BBK 수사팀이 저를 상대로 명예훼손이라면서 2억 8천만 원 소송을 청구했거든요. 김경준의 변호사인 김정술 변호사도 2천만 원이 걸렸죠. 그런데 지난번 〈시사IN〉이 무혐의 판결을 받았을 때는 엄청나게 기사가 나오더니 2011년 4월 26일 김정술 변호사와 제가 무혐의 판결을 받았을 때는 〈시사IN〉보다 기사가 훨씬 적게 나와요. 그것도 저를 중심으로 나오는 게 아니고 '김정술 변호사 무혐의'라는 거예요. 저는 거기에 붙여서 '한편 정봉주 전 의원은' 이러면서 말예요. 그래도 감각이 있는 기자가 있겠지 하고 제가 지켜봤어요. 그런데 '정봉주 17대 국회의원' 이렇게 쓰는 기자는 한 사람도 없어요. 대한민국 기자들 정말 문제 많아요. (캴캴캴)

BBK 수사팀 검사 9명은 〈시사IN〉 주진우 기자, "BBK 실소유주는 이명박 대통령"이라고 주장한 김정술·홍선식 변호사, 정봉주 전 의원을 명예훼손 혐의로 고소했으나, 2011년 4월 서울고법은 1심을 깨고 원고 패소 판결을 내렸다. 이로써 BBK 수사팀은 3전 3패했다.

김어준 에리카 김이 왜 들어왔는지, 그걸 말씀해주셔야죠.

정봉주 그때 저는 '에리카 김이 BBK에 대해서 각하께 면죄부를 주고 깔끔하게 사건을 해결하기 위해 들어왔다' 이렇게 예측을 했죠. 그렇다면 반대급부로 뭐가 있어야 할 텐데 언론이 하나도 지적을 못하는 거예요. 그래서 '반대급부는 이런저런 게 있을 것이다'라고 예측을 했죠.

김어준 김경준 추방이죠, 추방!

정봉주 당시 에리카 김도 BBK 사건과 관련해서 걸려 있는 사건이 두 개 있었어요. 하나는 각하에 대한 명예훼손, 그다음에 BBK 사건과 관련된 자금 횡령에 대해서 김경준과 공범이라는 건이 있었죠. 에리카 김은 수배 중이었습니다.

김어준 수배 중이라는 것은, 사건이 종결된 게 아니니까 정권이 바뀐 다음에도 불러들일 수 있다는 거죠.

정봉주 수배 중이기 때문에 대한민국에 영원히 못 들어오는 거죠. 들어오는 순간에 검거되니까. 그런데 기소 중인 주가 조작·횡령 사건에 대해서는 에리카 김이 검찰에 자진출두해서 이렇게 말했어요. "주가 조작은 동생 김경준이 혼자서 한 거다. 난 모른다." 명예훼손 사건에 대해서는, "이명박 대통령이 BBK 실소유주라고 말한 것은 거짓말이다. 미안하다."

그러자 검찰이 어떻게 대응했냐면, 주가 조작·횡령 사건은 이미 김경준이 중형을 살고 있고 에리카 김 본인이 반성을 하고 있기 때문에 불기소 처

저는 '에리카 김이 BBK에 대해서 각하께 면죄부를 주고 깔끔하게 사건을 해결하기 위해 들어왔다' 이렇게 예측을 했죠. 그렇다면 반대급부로 뭐가 있어야 할 텐데 언론이 하나도 지적을 못하는 거예요.

리한다. 그다음에 명예훼손은 당한 사람이 처벌을 원하지 않으면 처벌받지 않는 불고지죄니까 '거짓말이다, 미안하다'는 걸로 흐지부지 없어진 거잖아요. 이렇게 해서 에리카 김과 관련된 사건은 다 종결된 겁니다. 그렇다면 에리카 김이 도대체 받아갈 게 뭐냐?

김어준 에리카 김은 미국에 사니까 수배 중이긴 해도 한국에 들어오지 않으면 법 적용이 안 됩니다. 그러니까 에리카 김이 특별히 얻은 건 없어요.

정봉주 게다가 주가 조작·횡령에 대해서 "동생이 진짜 나쁜 놈이다" 이렇게 주장했거든요. 각하에 대해선 "훌륭한 사람이다" 이렇게 말했고. 그렇다면 자기들이 받아갈 게 뭐냐? 이걸 들여다봤더니, 김경준이 2심 재판 때부터 '나를 미국으로 추방해달라. 나는 미국 시민권자니까 미국에 가서 형을 살겠다'고 요구했는데 이게 받아들여지지 않았거든요. 그래서 에리카 김이 들어오면서 에리카 김과 법무부 사이에 김경준을 미국으로 추방시키려는 거래가 추진됐을 수도 있다는 추정을 하고 법무부 내규를 들여다봤습니다. 8년형에 추징금 100억 원인데, 추징금을 안 내면 그 액수만큼 더 복역을 해야 합니다. 그 최대 기간이 3년입니다.

김어준 100억 원을 하루에 5만 원이나 7만 원씩 까면…….

정봉주 그렇게 까는 게 아니고, 최대 기간이 있으니까 아무리 액수가 많아도 3년만 징역을 살면 되는 거예요.

김어준 그러면, 3년 징역만 살면 다 까지는 거예요? 200억 원이라고 해도?

정봉주 그런데 김경준이 이미 3년을 넘게 살았어요.

김어준 벌써 다 까졌어?

정봉주 아니, 꼭 그렇게 볼 수는 없죠. 보통의 경우 8년 징역에 추징금 100억 원이면, 100억 원을 3년으로 계산해서 도합 11년을 살아야 하는 건데, 저는 8년을 먼저 살고 나중에 3년을 더 사는 걸로 생각하고 있었거든요. 그런데 법무부 관계자에게 확인해봤더니 "3년을 먼저 살든 8년을 먼저 살든 그건 법무부 재량이다" 이러는 거예요. 김경준이 이미 3년을 살았으니까 그걸 법무부가 인정해주면 추징금 100억 원은 이미 다 까진 거예요. 그러니까 일단 미국으로 건너갈 조건이 된다는 것이죠.

김경준 추방 꼼수, 3개년 계획

김어준 그게 말이 되는 것이, 100억 원은 우리 정부에 내야 하는 거예요. 그렇기 때문에 100억 원을 안 내고 미국으로 추방당할 수는 없습니다. 그렇지만 3년 동안 100억 원을 다 깐 걸로 쳐도, 나머지 형량 8년을 한국 감옥에서 살 건지 미국 감옥에서 살 건지, 거기서부터 또다시 문제가 되는 것 아닙니까?

정봉주 여기서 다시 꼼수가 시작되는 겁니다. 세 가지 징후가 있습니다. 먼저, 우리나라에서 징역을 살고 있는 외국인이 많잖아요.

김어준 외국 시민권자인데 우리나라에서 감옥살이를 하는 사람들.

정봉주 그렇죠. 2003년에 국제수용자이송법이 만들어졌는데, 최근에 변화된 국제 환경에 맞춰진 선진적인 법이에요. 그런데 이 법에 따라 그 나라로 추방시키면 팔은 안으로 굽는다고, '너 한국에서 잘못했어? 내가 보기엔 잘못한 거 없어' 이러면서 바로 석방시키는 경우가 있어요. 그렇기 때문에 외국인 범죄자를 추방할 때는 국제수용자이송심사위원회가 심사를 합니다. 법무부 장관 산하에 있는 이 심사위원회는 법무부 차관이 위원장이 되고, 5명 이상 9명 이하 전문가로 구성됩니다. 외부 전문가들도 있으니까 법무부 장관이 이래라저래라 할 수가 없는 거예요.

김어준 서로 눈치를 보게 되죠.

정봉주 이 법이 2009년 3월 25일, 자그마치 5조에서 10조까지, 6개 항목이 삭제가 돼요. 제가 법을 다루는 국회의원 아닙니까?

김어준 예전에 그랬죠. 지금은 아니죠.

정봉주 그런데 이렇게 여섯 개 항목이 사라지는 것은 법 개정이 아니라 제정 수준이에요. 엄청난 거죠. 이 개정안을 누가 발의했나 했더니, 국회의원이 입법 발의한 게 아니라 정부가 입법 발의를 했어요. 정부가 입법 발의하는 건 국회의원이 하는 것보다 13개의 과정을 더 거치기 때문에 무척 복잡한 거예요.

김어준 그렇다면, 2009년 3월 25일에 법이 개정됐다면 2008년부터 준비했다는 건데, 각하께서 2008년에 취임했잖습니까? 이 꼼수의 치밀함!

정봉주 꼼수의 달인이에요. 김병만이 못 당해요.

김어준 요약하자면 이런 거네요. 원래는 굉장히 어렵게 추방하게 되어 있었는데,

정봉주 심사가 아주 까다롭게 돼 있었죠.

김어준 그걸 어떤 식으로 고친 거예요?

정봉주 법무부 장관이 단독으로 결정할 수 있게 바뀌었어요. 그런데 법무부 장관을 누가 임명하죠? 꼼수의 달인, 각하께서 임명하시잖아요.

김어준 꼼수의 치밀함.

김경준이 3년을 살았는데 그걸 8년의 일부로 칠 거냐 100억 원을 깐 걸로 칠 거냐도 법무부 장관이 판단하고, 추방할지 말지 결정하는 게 굉장히 어렵게 돼 있었는데 그것도 법무부 장관이 결정하게 됐으니까 김경준을 추방하는 게 아주 간단하게 됐네요?

정봉주 대통령이 임명한 법무부 장관이 국내에서 감옥형을 살고 있는 사람을 추방시키는 권한을 단독으로 갖고 있다면, 그건 곧 대통령이 갖고 있다는 거죠.

김어준 정리를 하자면, 김경준이 3년을 살았는데 그걸 8년의 일부로 칠 거냐 100억 원을 깐 걸로 칠 거냐도 법무부 장관이 판단하고, 그다음에 외국인을 추방할지 말지 결정하는 게 굉장히 어렵게 돼 있었는데 그것도 법무부 장관이 결정하게 됐으니까 김경준을 추방하는 게 아주 간단하게 됐네요?

정봉주 그럼요. 2009년 2월 17일로 제가 기억하고 있는데, 그때 민주당 박영선 의원이 김경준 때문에 법을 개정한 것 아니냐고 물었는데 법무부 장관이 답변을 안 했어요. 또 얼마 전에도 박영선 의원이 대정부 질의에서 같은 질의를 했어요. "이거 김경준 해외로 추방하려는 것 아니냐?" 그랬더니 "그럴 계획 없다"고 법무부 장관이 대답했어요.

김어준 그때는 없었다는 거겠죠.

정봉주 김경준 추방하는 게 대수냐? 이러실 수 있어요. 그런데 미국은 우리나라와 달라요. 법적으로 금보석을 허용하는 나라니까 징역을 살지 않고 돈 내고 나올 수 있는 거죠. 미국에서 김경준은 자기 돈을 지키려는 재판에서 이기고 있어요. 미국에선 경제적으로도 문제 될 게 없어요. 압류됐던 재산도 다 풀렸고. 그러니까 미국으로 추방되는 순간 김경준은 자유의 몸이 된다고 생각하면 정답입니다. 여기서 에리카 김이 한국에 온 의문이 풀리는 겁니다.

김어준 설마 8년을 다 산 뒤에 미국으로 추방해달라는 건 아니겠죠?

정봉주 에리카 김이 그동안 민주당 관계자와 계속 연락을 취하고 있었어요. 그분이 법을 좀 아는 분이어서 많이 도와줬습니다. 그런데 이번에 들어올 때는 그분도 모르게 들어왔어요.

김어준 이때까지 몇 년간 연락을 하면서 계속 도와주던 사람이 있었는데 이번에 들어올 때는 연락을 안 했다?

정봉주 그게 왜 의미가 크냐면, 김경준 모친께서 한국에서 아들 옥바라지를 하고 있는데, 이런저런 어려움을 겪을 때마다 이분이 계속 도와줬어요. 김경준 가족에게는 은인과도 같은 분인데, 이번에 연락을 하지 않고 들어왔어요. 에리카 김이 한국에 온 날, 제가 그분에게 전화해서 어떻게 된 거냐, 물어봤더니 "저도 모르게 들어왔습니다" 이래요.

김어준 양다리를 걸쳤다?

정봉주 주식투자를 하는 사람들이 포트폴리오라는 표현을 쓰잖아요. 리스크 높은 쪽 하나, 안전한 것 하나.

김어준 그건 이해가 갑니다. 어느 쪽이 자기를 살려줄지 모르니까.

정봉주 그렇지만 한국적 정서를 이해하고 한국의 복잡 미묘한 잔머리 세상에 대한 이해도가 높으면 '한국 들어갈 테니까 한번 뵙죠' 이렇게 말했을 겁니다. 그러면 '한국에 들어오면 잡혀갈지 모른다'며 걱정을 해줄 거 아니에요? 그런데도 그분에게 연락을 안 했어요.

김어준 자기도 한편으론 미안했겠죠.

정봉주 그 사람들, 미국에서 살아서 우리랑 뇌 구조가 달라요. 한국의 복잡

미묘한 관계를 이해 못해요. 그래서 당한 겁니다.

김어준 미안했다기보다 이랬을 수도 있겠네요. 검찰하고 계산이 다 끝났으니까 그쪽은 필요 없다.

정봉주 그것도 아니에요. 들어온 뒤에 김경준을 면회할 때는 계속 연락을 했으니까요. 두 번째 징후는, 지금 김경준 모친이 미국으로 돌아갈 수밖에 없는 상황이에요.

김어준 그것도 언론에 보도되지 않은 거네요.

정봉주 나꼼수처럼 의미 있는 방송 아니면 말 안 해요. (캴캴캴)

김어준 불러주는 데가 없으니까. (푸하하)

정봉주 왜 돌아갈 수밖에 없는 상황이냐면, 모친께서 건강이 무척 안 좋아졌어요. 또, 미국에 계신 아버지도 건강이 안 좋아졌다는 소리가 있어요.

김어준 부모님 건강이 나빠졌으니까 자녀들 입장에서 이 사건을 빨리 끝내야겠다는 생각을 했구나.

정봉주 그렇죠. 그다음으로 세 번째 징후. BBK가 너무 오래된 사건이라 사람들이 잘 기억하지 못할 텐데, 김경준이 어떻게 각하를 만났느냐.

김어준 에리카 김이 소개했다는 것 아닙니까.

정봉주 그런데 사건 당시에는 그게 금기에 가까운 말이었어요. 아무튼, 누나가 동생을 소개했는데 동생은 지금 어떻게 됐죠? 인생 완전 종 친 거 아니에요? 그러니까 누나는 원죄의식이 있죠. 자기가 원인 제공자니까.

이것을 결자해지結者解之, 즉 에리카 김이 풀어야 합니다. 그런데 8년형 받은 걸 무죄로 풀어줄 순 없잖아요. 미국으로 데려가는 게 가장 좋은 방법입니다. 그래서 미국으로 추방당하는 걸 염두에 두고 거래를 해서 한국에 왔을 가능성이 가장 높다고 제가 추정을 하는 겁니다. 그런데 그게 이상하게도 잘 맞아떨어져요.

김어준 길게 말씀하셨는데, 정리를 해보죠. 김경준이 추징금 100억 원에 8년 징역형을 받았는데 지금까지 3년을 살았다. 그걸로 100억 원을 먼저 깐 것으로 판단하는 것은 법무부 장관 재량이다. 외국 국적의 수감자들을 추방하는 법을 이미 2009년에 아무도 주목하지 않을 때 다 바꿔놨다.

정봉주 법을 바꾼 2009년 3월이 문제 되는 게 아니라, 그 전에 이미 몇 개월 전부터 준비해놨다는 거죠. '쟤를 미국으로 보내야겠다.'

김어준 그러니까, 지금 갑자기 이렇게 된 게 아니라 각하가 취임하실 때부터 이미 BBK는 이렇게 풀어야겠다는 계획을 세웠다고 볼 수밖에 없는 거죠. 법이 그렇게 바뀌었고, 3년 지나니까 에리카 김이 들어오고. 그래서 의원님이 두 달 전부터 '김경준은 추방될 것이다'라고 예언하셨는데, 아무도 주목하지 않았죠. 언론도 주목하지 않았고.

정봉주 요즘 언론보다 더 힘이 센 게 트위터나 페이스북 같은 SNS 아니에요? 이미 트위터에서는 다 알아요. 김경준 추방되는 거. 단정적으로 말씀드리면, 머지않은 시점에 레임덕이 가속화될수록 각하께서는 김경준을 더 빨리 추방하고 싶은 욕망이 끓어오를 겁니다. 그럴 필요성이 점점 더 절실해지고 있기 때문에 무리수를 두면서까지 추방을 할 겁니다.

김어준 만약 추방을 안 하면 에리카 김이 변심할 테니까.

정봉주 저는 2011년 안에 추방이 될 거라고 봅니다. 왜냐하면 김경준 측에서는 추방될 가능성이 있다고 판단해서 거래를 했을 테니까 본인들의 마음은 이미 미국에 가 있는 거죠. 그런데 빨리 안 보낸다? 그렇다면 사건이 커질 수가 있거든요.

김어준 이게 각하의 꼼수 3개년 계획입니다. 3년 전부터 계획했던.

정봉주 저는 국제수용자심사위원회 관련 법률이 개정되는 걸 보면서, 이렇게 치밀하게 준비하나 싶어 깜짝 놀랐어요.

김어준 제가 항상 주장합니다. 불법은 성실하다고.

각하와 처남의 재산분쟁 사건?

김어준 BBK 사건 처리가 각하 취임 직후부터 치밀하게 차근차근 마무리되고 있었는데, 우리가 주목하지 않은 사건이 또 하나 일어났어요. '다스 DAS'의 실소유주라고 주장해왔던 각하의 처남 김재정 씨가 2010년 2월에 사망했는데, 당시 유산이 전부 부인에게 갔어요. 자식에게 안 가고. 두 번 상속하면 상속세가 많이 나오니까, 자식하고 부인에게 골고루 가는 게 보통이죠.

그런데 이번에 갑자기 처남의 부인이, 그러니까 처남댁이 뜬금없이 청계재단에 다스 지분의 5%를 기부해요. 청계재단은 각하께서 재산을 사회에 환원하기 위해서 설립하신 재단 아닙니까? 각하와는 아무 상관없다는 다스의 돈이 청계재단에 들어왔습니다. 이걸 설명해주십시오.

정봉주 그 전에, 각하의 임기가 1년 반이나 남았는데 도대체 왜 BBK 사건을 신속하게 정리하려는 것인지 생각해볼 필요가 있습니다. 무리하는 게 다 보이거든요.

김어준 그래서 서태지 이혼까지도 의심받는 거 아닙니까.

정봉주 이렇게 보시면 됩니다. 임기가 아직 많이 남았고, 각하께서도 레임덕은 없다고 말씀하십니다. 하지만 정권을 받치고 있는 전략팀 내부에서는 심각한 경고등이 울려 퍼지고 있다고 판단하는 거예요. 각하의 아킬레스건인 BBK 사건을 빨리 정리해놓지 않으면 각하께서 힘을 잃었을 때 건잡을 수 없는 상황까지 가게 된다, 사건을 빨리 정리하자.

만일 도곡동 땅이 각하의 땅이라면 다스도 각하의 것이고 BBK도 각하의 것이다. 이 연결고리가 BBK 사건의 핵심인 거죠. 그렇지만 각하께서는 다스가 이상은 형님과 김재정 처남의 것이라고 말씀하십니다.

김어준 보통 대통령 임기가 끝날 때쯤이면 가족이나 측근 비리가 터지게 마련인데 BBK가 터져버리면 정신이 없는 거죠.

정봉주 표면적으로, 도곡동 땅은 각하의 형님인 이상은 씨와 처남인 김재정 씨 소유였죠. 그런데도 우리는 각하가 이 땅의 실소유주라고 '소설'을 쓰고 있습니다. 현재 감옥에 있는 안원구 전 대구국세청장은 "도곡동 땅을 포철에 팔 때 이명박 소유라고 적혀 있는 전표를 봤다"고 주장하고 있어요. 본인에게 이득이 될 게 없는데도 그렇게 말하고 있습니다. 국세청 직원들은 자료에 무척 민감하기 때문에 누군가 그것을 봤다면 어딘가에 복사본이 보관돼 있을 것이라고 '추정'할 수도 있습니다. 추정이라고 전제하고 이야기를 계속하죠. 도곡동 땅을 판 돈은 이상은 형님과 김재정 처남 소유의 '다스'에 투자됩니다.

김어준 여기까지는 추정이 아니라 '사실'입니다.

정봉주 그 뒤 다스는 BBK에 190억 원을 투자합니다.

김어준 정리하자면, 만일 도곡동 땅이 각하의 땅이라면 다스도 각하의 것이고 BBK도 각하의 것이다. 이 연결고리가 BBK 사건의 핵심인 거죠. 그렇지만 각하께서는 다스가 이상은 형님과 김재정 처남의 것이라고 말씀하십니다.

정봉주 그런데 갑자기 처남이 돌아가셨어요. 다스의 지분 48%를 가진 분이

다스의 지분 48%를 가진 분이 돌아가시면서 자식들은 빼고 부인에게만 상속했어요. 그런데 처남댁이 갑자기 상속받은 지분의 5%를 각하께서 설립한 청계재단에 넘겼어요. 청계재단의 5%와 이상은 형님의 지분을 합하며 50%가 넘게 됩니다.

돌아가시면서 자식들은 빼고 부인에게만 상속했어요. 만약에 김재정 처남이 차명으로 소유하고 있었다면 언젠가는 실소유주가 돌려달라고 할 겁니다. 그렇지만 유산을 아내한테 전부 상속하면 달라져요. 아내가 다른 사람과 결혼하면 완전 무관해지는 거죠. 그러니까 아내한테 상속하면 이 재산을 온전히 지킬 수 있다는 판단에서 처남이 아내한테 상속하지 않았을까, 이런 '소설'을 써볼 수 있는 거죠. 그런데 처남댁이 갑자기 상속받은 지분의 5%를 각하께서 설립한 청계재단에 넘겼어요. 청계재단의 5%와 이상은 형님의 지분을 합하며 50%가 넘게 됩니다.

김어준 다스 지분의 과반수가 각하의 직계가족에게 가는 거죠. 계속해서 소설을 써보자면,

정봉주 다스에 대해선 소설이 아니죠. 5%를 갖고 있는 청계재단이 결국은 다스의 캐스팅보트를 쥐고 있는 겁니다.

김어준 그건 팩트고요. 소설을 더 써보자면, 김재정 처남이 사망하면서,

정봉주 굉장히 두려워하시는 것 같아요. (캳캳캳)

김어준 일단은 소설을 써보도록 하겠습니다. 차명으로 처남한테 맡겨놨는데, 처남 자신도 그동안 대가를 치렀단 말이죠. 검찰에 끌려 다니고, 언론에 나오고. 그 과정에서 자기도 고생했다는 생각을 했을 것 아닙니까. 각하께서 스스로 다스는 자기 것이 아니라고 했으니까 처남도 '그럼 내가 이

걸 가질까?' 이런 생각을 할 수도 있지요. 그럴 때 가장 좋은 방법은 자식이 아닌 아내에게 물려주는 겁니다. 그런데 각하가 '그거 내놔' 이럽니다. 처남댁은 '무슨 소리냐, 줄 수 없다' 이럽니다. 이렇게 재산분쟁이 일어나지만, 사실을 공개할 순 없는 일 아닙니까. 그래서 거래를 합니다. '5%만 내놔.' 지분의 43%는 뜯기지만 5%를 떼어와도 형님 몫과 합쳐서 과반수는 되니까. 문제는 그걸 어딘가에 꽂아놔야 하는데 마땅히 꽂을 데가 없어요. 그렇다고 아들한테 줄 겁니까? 자기 것이 아니라고 했는데. 그래서 고민을 하다가 할 수 없이 청계재단에 지분을 꽂아버린 거예요.

정봉주 만약에 그 소설이 사실에 가깝다고 한다면 엄청난 꼼수인 거죠. 엄청난 고민을 한 거예요.

김어준 얼마나 다급했으면 청계재단에 꽂았겠어요. 하지만 처남댁이 기부하는 걸로 아무리 포장을 해도 제가 보기에 그건 말이 안 돼요. 누가 기부를 회사의 지분으로 합니까. 현금으로 기부하지 경영 참여권을 넘기는 기부가 어디 있어요? 어쨌거나 그 이상의 방법이 없습니다.

정봉주 안 그러면 최대 지분을 갖고 있는 처남댁이 다스를 좌지우지할 수 있으니까.

–이상 1회

140억 원의 정체

김어준 국내 유일의 이명박 각하 헌정 방송, 나는 꼼수다. 모든 내용이 오로지 각하를 찬양하고 기리기 위한 방송. 각하 퇴임 그날까지 이어가는 방송.

김용민 따지고 보면 헌정 방송 많던데. KBS, MBC…….

김어준 그들의 헌정은 약하죠. 저희가 진짜 헌정 방송입니다. 오늘은 세 번째 시간입니다. 첫 시간에 BBK를 다뤘는데 최근에 긴급 사안이 발생했어요. 저희가 감지하지 못했던, 상상도 못했던 사건이 일어났습니다. 저희는 돈거래가 있을 줄 짐작도 못했어요. 무슨 이야기냐면, 김경준이 다스에 140억 원을 돌려줬어요. 이게 무슨 의미인지 짚어보도록 하죠.

우선 기억하지 못하는 분들을 위해서 간단히 정리하면, 도곡동 땅을 판 돈이 다스로 갔다가 다시 BBK로 갔다. 그러니까 도곡동과 BBK와 다스는 한 몸이다. 그러므로 도곡동 땅이 각하 소유라면 BBK도 각하의 소유였다고 결론지을 수 있는데,

정봉주 중요한 매개체죠, 다스가.

김용민 하지만 우리 각하께서는 전혀 연관이 없다?

김어준 형님과 처남의 소유죠. 각하 자신은 전혀 관련이 없다고 하셨으니까 관련이 없겠죠. 없을 거라고 굳게 믿고 있지만, 저희는 소설을 써보는 거죠. 도곡동 땅 판 돈을 세탁해서 BBK로 집어넣을 때 그 중간 거처가 다스였는데, 그 다스로 김경준이 갑자기 140억 원을 꽂아 넣었어요. 이게 도대체 무슨 일이냐? 우선, 140억 원이 왜 튀어나왔는지를 알려면 190억 원 이야기부터 해야 합니다. 거기서부터 시작해주시죠.

정봉주 다스는 법적으로는 각하의 형님인 이상은과 지금은 고인이 된 처남 김재정의 50 대 50 공동 소유였습니다. 도곡동 땅을 매각한 돈의 상당 부분이 다스에 흘러들어갔다는 것은 법원에서도 밝혀졌죠. 그런데 다스가 2000년에 BBK에 190억 원을 투자합니다. 여기까지도 사실입니다. 그 투자 과정을 보면, 당시 다스의 대표이사는 형님인 이상은도 처남인 김재정도 아닌 전문경영인이었습니다. 2000년 3월 28일 김경준이 그 회사를 찾아갑니다. 전화로 약속만 하고. 그날 미리 준비된 약정서를 놓고, 긴 설명도 없이 30분 만에 투자가 결정됩니다.

김어준 재미있는 사실은, 각하께서 "형님과 처남이 190억 원을 BBK에 투자한다는 걸 전혀 몰랐다"고 말씀하셨다는 겁니다. 각하는 당시까지 김경준과 동업 상태였음을 인정하셨습니다. 그러니까 자신이 경영진으로 참여하고 있는 회사에 형님과 처남이 투자를 했는데, 각하께서는 투자하는 걸 몰랐다고 했어요.

정봉주 30분 동안 커피를 마시고 앉아 있는데 은행으로 송금했다, 투자 끝났다.

김어준 30분 만에 190억 원을 줬다?

정봉주 그때는 첫 투자이기 때문에 30억 원이었을 거예요. 어떻게 투자를 '결정'했는지 검찰 조서를 읽어보니까, '전망 있는 회사인 것 같아서 투자를 했다' 이래요.

김어준 전망이 있는지 없는지, 형님과 처남이 동업자로 있는 회사가 각하한테 그걸 안 물어봤다고?

정봉주 그래서 제가 김경준한테 물어봤어요. 그 회사 대표하고 사전에 의논이 있었느냐고. 그런데 그 자리에서 처음 봤대요.

김어준 다스는 처음 본 사람에게 그 자리에서 30억 원을 바로 내준 거죠.

정봉주 다스라는 회사는, 2010년에 처남인 김재정 씨가 돌아가시면서 지분을 부인에게 상속했죠. 그리고 처남댁은 그중에서 5%를 2011년 1월에 청계재단에 내놓았습니다.

김어준 각하께서 사회 환원을 위해서 설립한 청계재단!

정봉주 '각하재단'이라고 부르면 되죠.

김어준 각하재단을 실질적으로 운영하고 있는 사람은 각하의 사위가 됩니다. 사회 환원이 아니라 가족 환원이라고 해야죠.

김용민 사회 환원이 아니라 '사위 환원'.

정봉주 제가 다스를 장황하게 소개하는 이유는, 다스는 현대자동차에 시트를 납품하는 업체입니다. 현대자동차가 망하지 않는 한 다스는 문을 닫을 일이 없죠. 현대자동차 잘 나가고 있잖아요. 〈한겨레〉 보도에 따르면 다스는 2천억 원 정도의 자산가치가 있는 회사예요. 어마어마한 회사죠. 이번에 청계재단으로 넘어간 5% 지분을 시가로 따지면 100억 원입니다. 처남댁이 100억 원을 그냥 쾌척하신 거죠.

김어준 처남댁은, 만약에 재가를 한다든지 하면 각하와 전혀 관련 없는 사람이 됩니다. 그렇기 때문에 지난번에 '소설'을 한 번 써본 겁니다. 처남 김재정은 그동안 각하께서 해온 일들을 보면서 '이렇게 하면 먹을 수 있겠구나' 하고 배운 거죠. 그래서 아들한테 물려주면 상속세를 두 번 내지 않아도 되는데 처에게 모조리 넘겨준 것 아니겠냐, 그래서 재산분쟁이 일어난 게 아닐까, 이런 소설을 쓴 거죠.

정봉주 형님인 이상은의 주식과 청계재단의 5%만 가지면 최대 주주가 되어 마음대로 다스를 운영할 수 있습니다. 또 재미있는 게, 각하의 외아들이 있어요, 이시형이라고. 2010년 8월 다스에 입사했습니다. 형님 회사에 입사한 건 그럴 수 있어요. 그런데 입사해서 6개월 만에 경영기획팀장으로 초고속 승진을 합니다.

김용민 다스가 경주에 있지 않습니까? 그런데도 각하 아들을 위해서 서울지사를 만듭니다.

김어준 그렇지만 우리는 다스가 각하와는 아무 상관도 없는 회사라는 걸 다시 한 번 강조합니다. 어쨌든 도곡동 땅을 판 돈이 다스에 들어왔다가 BBK로 190억 원이 꽂힙니다. 거기서 시작을 해보죠.

정봉주 2001년에 김경준이 위조 여권으로 미국으로 도망을 칩니다. 그런데 횡령한 사람이 도망을 가면서 돈을 돌려줍니다. 그래서 제가 2007년,

자랑스러운 국회의원 시절에 이렇게 생각했어요. '야, 참으로 착한 횡령범이다.'

김어준 정리하자면, 190억 원이 BBK로 들어갔는데 사업이 잘 안 됐어요. 사업이 망하기 직전에 김경준은 각하가 안면으로 끌어왔을 것으로 추정되는 분들의 돈은 대부분 돌려줍니다. 각하와 전혀 관련이 없다고 우리가 굳게 믿고 있는 다스에도 50억 원을 돌려준 다음에 미국으로 튑니다.

정봉주 여기서부터 김경준과 각하의 분쟁이 생깁니다. 지금으로부터 8년 전(2003년) 다스는 미국에서 김경준과 에리카 김을 상대로 투자금 반환 청구 소송을 합니다.

김어준 나머지 140억 원을 토해내라!

정봉주 그런데 2007년 1심에서 다스가 패소합니다. 다스는 돈을 되찾을 방법이 없어졌죠.

김어준 투자금이었기 때문에 돌려줄 필요가 없다는 판결이었죠.

정봉주 그 뒤 항소심이 진행되고 있었는데,

김어준 항소심이란 것은 다스가 1심에서 졌지만 포기하지 않고 계속 140억 원을 돌려달라고 2심 재판을 하는 거죠.

정봉주 미국 언론에 보도되는 걸 보니까 항소심에서도 다스가 불리해요. 140억 원을 돌려받을 길이 요원해진 거죠. 그런데 2010년 11월에 느닷없이 다스 측과 김경준 측 변호사가 '지금 상호간에 상당 부분 합의가 진행되고 있어서 재판을 취하할 수 있다'는 뜻을 재판부에 전달합니다.

김어준 그때 의원님께서 '모종의 거래가 있을 수 있다, 그 내용은 정확히 모르겠으나 뭔가 움직임이 있다'고 예언을 하셨어요.

정봉주 그리고 그 전에, 옵셔널벤처스의 소액 투자자들도 우리 돈을 돌려달라고 민사소송을 겁니다.

김어준 옵셔널벤처스는 BBK가 얼굴을 싹 바꾸고 새로 만든 회사인데, 김경준이 주가 조작을 한 뒤 그 돈을 횡령해서 미국으로 튄 겁니다. 개미투자자들이 엄청나게 피해를 봤습니다. 그 개미투자자들이 남아서 2007년에 371억 원 반환 소송을 냈습니다. 그러니까, 당시 미국에서 BBK와 관련한 두 가지 소송이 진행되고 있었던 거죠. 하나는, 다스가 140억 원을 돌려달라는 것.

정봉주 그건 투자금이었습니다.

김어준 다음으로 회사 돈 빼돌린 횡령금 371억 원을 돌려내라는 건 개미투자자들이 소송한 겁니다.

정봉주 그런데 2007년에 다스는 1심에서 패했고 옵셔널벤처스 개미투자자들의 재판은 그분들에게 무척 유리하게 진행되고 있었어요. 김경준이 횡령금을 돌려줄 수밖에 없는 상황으로 가고 있었죠.

2010년 11월에 제가 이런 이야기를 했어요. 다스는 돈을 돌려받지 못하고 옵셔널벤처스에서 횡령한 돈은 개미투자자들에게 돌아갈 확률이 높다. 스위스 은행에 김경준의 돈 300억 원이 있다. 그래서 다스가 소송을 취하하고, 그 과정에서 다스에게 140억 원을 돌려준 뒤 나머지 돈을 나눠 먹으려는 것 아니냐.

김어준 만약에 개미투자자들이 소송에서 이기면 김경준은 스위스 은행에 있는 300억 원을 다 털리게 된단 말이죠.

정봉주 그렇죠. 김경준은 그 돈을 못 갖죠.

김어준 그래서 의원님은 다스는 돌려받을 근거가 없지만 서로 합의를 해서 돈을 나눠 먹지 않겠냐, 이런 추정을 한 겁니다. 그런데 그때는 너무 데이터가 없기 때문에 자신 있게 말하지 못했죠.

정봉주 제가 그렇게 자신 없게 말한 건 처음이었을 겁니다. (칼칼칼)

정상적인 상황이라면 다스에게는 돌려줄 필요가 없고, 옵셔널벤처스 주주에게 돌려줘야 할 371억 원을 어떻게든 깎든가 항소하든가 해야 하는데, 갑자기 자기가 재판에서 이긴 다스에 140억 원을 꽂아줘요. 이상한 일이 벌어진 겁니다.

김어준 그때는 완전한 소설이었죠.

정봉주 그 이후로 재미있는 일이 벌어지기 시작합니다. 2011년 초 옵셔널벤처스 개미투자자들이 미국 법정에서 승소합니다. 1월 28일에 확정 판결이 났는데, 미국에서는 판결이 나면 바로 명령서를 쓰는 게 아닌가 봐요. 법원 명령이 나온 게 2월 7일이니까 열흘 정도 차이가 있습니다. 재판을 진행하고 있는 오드리 콜린스 판사는 이미 2008년 12월 31일 스위스 은행 김경준의 계좌에 인출 동결 명령을 내립니다. 확정 판결이 나고 명령까지 나오면 김경준은 그 돈에 손을 댈 수가 없습니다. 그런데 그사이에, 그러니까 2월 1일에 스위스 은행의 김경준 계좌에서 140억 원이 빠져나간 거예요.

김어준 정상적인 상황이라면 다스에게는 돌려줄 필요가 없고, 옵셔널벤처스 주주에게 돌려줘야 할 371억 원을 어떻게든 깎든가 항소하든가 해야 하는데,

정봉주 돈을 좀 깎고, 김경준이 미국에 재산도 좀 있으니까 빚을 갚을 수 있습니다.

김어준 그렇게 조정할 수 있는 여지가 있는데, 갑자기 자기가 재판에서 이긴 다스에 140억 원을 꽂아줘요. 이상한 일이 벌어진 겁니다.

정봉주 만약 우리나라 언론에서 그 사실을 알았다면 대형 사고였죠. 미국의 오드리 콜린스 판사도 5월 2일에야 그 사실을 알았어요. 아무도 몰랐죠.

콜린스 판사가 양쪽 변호사를 불러서 "민사적 합의가 있었냐?"고 추궁하듯이 물어봅니다. 양쪽 다 "민사 차원의 합의가 있었다"고 인정을 합니다. 한쪽에서는 "담당 변호사가 아니기 때문에 자세한 내용은 모르겠다", 다른 한쪽에서는 "내용은 알지만 밝힐 순 없다"고 대답합니다. 아무튼, 민사 차원의 합의가 있었고 그 뒷거래가 있고 난 다음에 140억 원을 돌려줬다는 사실을 인정한 거죠.

김어준 자기가 이긴 재판이니까 다른 뒷거래가 없다면 돈을 돌려줄 이유가 없죠.

정봉주 김경준은 도대체 왜 돈을 돌려줬을까? 다스가 돈을 돌려받으려면 뭔가 김경준 측에게 내밀 만한 게 있어야 할 거 아니에요? '네가 미국으로 돌아갈 수 있게 추방해주겠다. 미국으로 송환된 이후에는 금보석으로 나올 수 있다.' 이런 카드가 있다는 걸 보여줘야 하거든요. 앞에서 말했듯이 3년 전부터 준비해서 2009년 3월 25일 국제수용자 심사에 관한 규정을 개정하지 않았습니까.

김어준 140억 원을 돌려받으려면 김경준 측에도 줄 게 있어야 하는데 그게 바로 '너를 미국으로 추방해줄 수 있는 법적 근거를 마련했다', 이거죠?

김용민 퇴임 후에 더 이상 사법적 추궁을 받지 않도록 각하께서 장치를 만든 것이다?

김어준 일사부재리一事不再理 원칙이란 게 있으니까. 그런데, 나꼼수 첫 방송을 할 때까지도 우리는 돈거래가 있었을 것이라곤 전혀 생각하지 못했죠. 저는 사실 140억 원은 포기할 줄 알았죠. 설마 했는데, 이 양반들이 돈을 포기 못해!

정봉주 그 욕심 때문에 대형 사고가 된 거예요. 미국 법원이 돈이 빠져나간 걸 뒤늦게 알고 2011년 5월 2일 미국 검찰에 수사 지시를 합니다. 그때 오드리 콜린스 판사가 이런 표현을 썼다고 합니다. "어떻게 감히 비밀 거래를 해서 인출할 수가 있느냐. 이거 조사해라." 미국 검찰은 조사하는 데 60일이 필요하니 7월 8일까지 보고서를 올리겠다고 했답니다.

현재 전방위적인 수사가 진행되고 있는데, 조금 쉽게 풀어서 설명하면 미국 재판부가 인출 동결 명령을 내렸을 때는 두 가지에 의거한 겁니다. 하나는 옵셔널벤처스에 돈을 돌려줘야 한다는 것, 다른 하나는 스위스 은행에 있는 김경준의 돈을 미국 국고로 환수할 수 있다는 겁니다. 그러니까 인출 동결 명령이 내려졌을 때는 일단 그 돈은 미국의 국고에 들어갔다고 봐야 해요. 그런데 이걸 양쪽이 은밀하게 합의해서 국가 재산에 대한 절도 행위를 한 거예요. 미국 법원 입장에서 보면 민사사건이 아니라 형사 처벌을 할 수 있는 심각한 사건으로 발전하게 된 거죠. 콜린스 판사가 양쪽 변호사를 불러 '추궁하듯이 따졌다'는 표현이 나와요.

오늘 새벽 2시에 트위터에 어떤 글이 올라왔냐면, '의원님 스위스 계좌에서 인출한 기록을 지우려다가 잘못 지워서 농협 전산망 사고가 났다고 하는데 그게 사실입니까?' 이 정도로 말도 안 되는 이야기까지 나와요.

김어준 그분은 너무 많이 나가셨네요.

정봉주 너무 많이 가셨죠. 그렇지만 서태지 사건 때도 BBK 사건 덮으려고 터트린 것 아니냐는 말이 나왔잖습니까? 처음에는 '이 사람들 소설을 왜 이렇게 써?' 그랬지만 법무법인 '바른'이 나오면서 개연성이 높아진 거 아니에요?

김어준 아무리 그래도 농협과 스위스 은행이 연관된다는 건 좀…….

정봉주 아무튼, 이번에 아는 변호사에게 이런 걸 물어봤어요. "BBK 사건이 나중에 형사 처벌을 받을 수 있는 개연성이 있습니까?" 그랬더니 그 변호사 말이, 주가 조작은 액수에 따라서 공소시효가 무척 길어진다고 합니다.

BBK(옵셔널벤처스) 주가 조작 사건은 아직 결론이 난 게 아닙니다.

김어준 옵셔널벤처스가 주가 조작 및 횡령 사건인 건 확실합니다.

정봉주 제 기억에는, 주가 조작은 혐의만 있을 뿐이고 사건은 횡령에서 끝난 것 같아요. 만일 나중에 각하가 관련이 있다는 게 밝혀지면 곤란해지거든요.

김어준 그래서 횡령을 한 주체를 김경준으로 몰아갔죠. 김경준이 먹고 튄 건 확실하니까.

정봉주 변호사들 판단은 주가 조작이 입증되면 공소시효가 생각 외로 무척 길어진다, 형사 처벌도 가능할 수 있다. 그런 무서운 이야기를 들었어요.

김어준 굉장히 복잡하게 이야기했는데, 간단히 말자면 BBK 사건을 각하 퇴임 전에 법적으로 완전히 털어야 하니까 에리카 김하고 거래를 해서 동생 김경준을 미국으로 돌려보내주기로 하고, 각하가 BBK와 관련됐다는 이야기는 거짓말이었다고 서로 털어내주고. 그렇게 주고받은 줄만 알았더니, 그 무렵에 스위스 은행에 있는 돈까지 가져오고 싶었던 거야?

정봉주 돈에 대한 욕심을 끊지를 못하네요.

김어준 끊지를 못해요. 140억 원을 포기하지 못해서 BBK 사건이 다시 시작됐습니다. 전혀 다른 양상으로.

정봉주 꼼수로 시작해서 악수로 끝나는 거예요.

더 이상의 꼼수는 없다

김어준 다스는 자산 가치만 2천억 원이 넘어요. 140억 원만 포기하면 다 끝나는 거였는데, 그 돈에 대한 욕심을 버리지 못한 거죠. 그렇다면 최종 순간에 이걸 결정내린 사람이 있었을 것 아닙니까?

김용민 그 사람이 각하일까요?

김어준 각하는 절대 그러실 분이 아닙니다.

정봉주 저는 그런 말을 하면 다음에 출마 못하니까 '침묵은 금이요. 웅변은 은이다.'

김어준 별로 상관없는 비유입니다. 어쨌든 지금 그 최종 결정을 내릴 수 있는 사람을 따져보면 일단 다스의 대표. 그렇지만 그 사람은 최대 주주가 아니라 전문경영인이기 때문에 결정을 내릴 순 없겠죠. 다음으로 형님인 이상은, 처남인 김재정의 처, 청계재단. 다스 지분을 가진 건 셋뿐이니까요.

정봉주 아니면 제3의 인물?

김어준 현재 다스의 최대 주주는 '이상은+청계재단'입니다. 그러므로 만약에 형님인 이상은이 실소유주라면 이상은이 결정을 내렸다고 볼 수 있습니다. 그러나 우리의 말도 안 되는 소설처럼 그것은 차명일 뿐이고 실소유주가 따로 있다면, 그리고 도곡동 땅의 주인이 각하였다는 안원구 전 대구국세청장의 진술과 우리의 추정에 근거해서 소설을 써보자면 또 다른 결론이 나올 수 있습니다. 옵션은 두 가지가 있을 수 있죠. 이상은이거나 각하거나.

정봉주 이해를 돕기 위해 재미있는 이야기를 제가 덧붙여드릴게요. 도곡동 땅의 실소유주가 누구냐, 이게 2007년 대선에서 가장 중요한 쟁점이었습니다. 검찰이 수사에 들어갔죠. 표면적으로 도곡동 땅은 처남 김재정과 형인 이상은의 소유로 되어 있었습니다. 그런데 검찰이 수사 결과를 발표하면서 "이상은의 땅이 아닌 것만은 분명하다. 제3자의 소유다" 이랬습니다. 제3자가 누구인지는 밝히지 않았습니다. 그래서 당시 언론으로부터 '의혹을 밝혀야 할 검찰이 의혹을 더 키웠다'는 질책을 받았죠.

다스가 무척 큰 회사니까 BBK에 190억 원 정도는 투자할 수 있다, 이렇게 쉽게 생각할 수 있어요. 그런데 그 돈을 투자할 당시 다스의 1년 당기순이익은 30억 원 남짓이었습니다.

김어준 우리 소설로 다시 돌아와서, 최종 결정권자가 '이상은+청계재단'일 가능성은 약해집니다. 검찰은 이상은의 땅이 아니라고 했으니까요. 역시 제3의 인물?

정봉주 다스가 무척 큰 회사니까 BBK에 190억 원 정도는 투자할 수 있다, 이렇게 쉽게 생각할 수 있어요. 그런데 그 돈을 투자할 당시 다스의 1년 당기순이익은 30억 원 남짓이었습니다. 그러니까 190억 원이라면 향후 5년 이상의 수익금을 다 투자한 거예요. 자칫하면 회사가 날아가고 거덜 날 수도 있는 상황이었습니다.

김어준 그런데 그걸 단 30분 만에, 처음 보는 김경준이 오자마자 묻지도 않고 30억 원을 입금합니다.

정봉주 그래서 BBK 사건 당시에 이런 추정이 가능했던 거죠. 다스라고 하는 알토란 같은 회사가 190억 원을 투자할 때 그 회사의 실질적 소유주가 아니면 어떻게 올인을 했겠냐.

김어준 이상은 형님과 김재정 처남의 호연지기! 190억 원 정도, 그냥 꽂아줘. 이런 호연지기?

정봉주 정치학자나 역사학자들 사이에서 하는 말이 있습니다. 독재자의 마지막 꿈은 재벌이다. 사실, 히틀러가 집권하고 3~4년 동안 독일 최대의 재벌이 됩니다. 카다피도 리비아의 최대 재벌 아닙니까. 지금 재스민 혁명으로 축출되는 아랍의 지도자들 엄청난 재벌이거든요.

BBK 사건을 보고 있으면 탐욕의 끝은 어디인가, 이런 생각이 듭니다. 돈에 대한 끝없는 집착이 결국 추락으로 이어지는 겁니다. BBK야말로 한국 정치사에 길이 남을 꼼수의 정수입니다. 더 이상의 꼼수가 없습니다.

김어준 BBK 사건을 보고 있으면 탐욕의 끝은 어디인가, 이런 생각이 듭니다. 돈에 대한 끝없는 집착이 결국 추락으로 이어지는 겁니다. BBK야말로 한국 정치사에 길이 남을 꼼수의 정수입니다. 더 이상의 꼼수가 없습니다.

– 이상 3회

각하의 '반띵' 정신

김어준 저희가 나꼼수 1회와 3회에서 BBK에 대한 총정리를 해놨어요. 그것만 들으시면, 제 생각에는 초등교육만 완수한 사람이면 누구나 쉽게 이해할 수 있습니다.

그때 7월 8일이 되면 미국 쪽에서 검찰 조사 결과가 나온다고 말씀드렸습니다. 도대체 왜 김경준 쪽에서 스위스 은행에 있던 140억 원을 각하의 친인척이 운영하는 다스에 줬냐? 그 일로 미국 판사가 검찰에 조사를 지시했고, 그 결과가 7월 8일에 나올 것이다. 이것이 이 직전까지의 스토리입니다.

정봉주 다스는 잘 아시다시피 형님 이상은과 처남댁 소유로 되어 있는데 항간에서는 각하께서 실소유주일 것이다, 이렇게 말합니다. 저희는 절대로

그런 일은 없을 것이다, 이렇게 생각하고 있습니다. (캴캴캴)

김어준 그럼요. 아직도 그렇게 생각하는 사람이 있나? 아, 씨바.

정봉주 정권을 3년 반 동안 지켜보면, 얼마나 훌륭하신 분인데. 아무튼, 다스가 미국에서 김경준과 에리카 김 남매를 상대로 투자금 반환 소송을 합니다.

김어준 재판에서 다스가 집니다.

정봉주 그런데 갑자기 김경준 쪽에서 다스에게 140억 원을 돌려줍니다. 여기서 그 유명한, 각하의 '반띵' 얘기가 나오는 겁니다. 3년 전, 재판을 진행하는 오드리 콜린스 판사가 김경준 남매의 계좌라고 추정되는 스위스 은행 비밀계좌에 동결 명령을 내립니다.

김어준 그런데 140억 원을 쏴준 거예요.

정봉주 그러자 오드리 콜린스 판사가, '도대체 동결 명령까지 내린 돈이 어떻게 다스에 넘어갈 수 있냐, 너희들 도대체 무슨 짓을 한 거냐, 조사해라.' 이렇게 된 겁니다. 그게 5월 초예요.

김어준 그랬죠. 그래서 우리가 기다리고 있지 않았습니까.

정봉주 약속한 7월 8일까지 미국 검찰은 수사보고서를 완료하지 않았습니다. 지금 항간에 떠도는 얘기들은, 한·미 외무부 장관 회담 이후에 수사보고를 하겠다는 건데, 그건 '설'에 불과한 거고 정확한 근거는 없습니다. 아무튼 오드리 콜린스 판사는 6월 17일과 6월 25일 양측을 대상으로 청문회를 열고 그 자리에서 "이건 법정 모독이다"라고 말했답니다.

김어준 그렇겠죠. 자기가 동결 명령을 내렸는데.

정봉주 또 하나, 옵셔널벤처스 문제가 걸렸잖아요.

김어준 아, 그 애기를 뺐군요. 짧게 정리하자면, 각하 가족과 에리카 김 가족이 싸우고 있었는데, 실제 피해자들은 누구냐면 개미투자자들이에요. 김경준이 개미투자자들의 돈을 떼먹고 미국으로 튀었거든요.

정봉주 그 옵셔널벤처스(옵셔널캐피털의 전신) 개미투자자들은 김경준을 횡령으로 걸었는데, 미국에서 벌어지고 있는 재판에서 개미투자자들이 이겼습니다. 청구한 돈이 371억 원입니다. 그런데 여기서 오드리 콜린스 판사가 조금 석연치 않은 행동을 보입니다. 개미투자자들한테 '모션을 취하라'고. 그러니까 '명령 신청을 하라', 이런 얘기를 해요. 당신들이 이의제기를 하고 모션을 취하면 받아들이겠다, 이런 거죠.

그 당시 오드리 콜린스 판사가 네 가지 주장을 했는데, 첫 번째가 다스 측 변호사가 법정 모독을 했다는 것, 두 번째가 김경준 측 변호사가 법정 모독을 했다는 것, 세 번째가 140억 원을 반환하라는 것, 네 번째가 김경준 남매의 스위스 은행 계좌 입출금 내역을 공개하라는 것이었죠. 그러면서 엄청나게 화를 냈습니다. 그런데 정작 청문회에서는 오드리 콜린스 판사가 석연치 않은 발언을 해요. 2008년에 자기가 내린 스위스 은행 계좌 동결 명령이 불충분했다고.

김어준 오히려 자기 잘못으로 돌리네요.

정봉주 불충분했기 때문에 법정 모독으로 볼 수 없다?

김어준 처음에는 자기가 그렇게 화를 내놓고?

정봉주 다스 측과 김경준 측 변호사의 변호사 자격을 박탈할 것 같은 얘기도 했어요.

김어준 처음에는.

정봉주 그런데 이제 와서 자기가 불충분하게 명령을 내렸기 때문에 돈이 인출된 것에 대해서 법정 모독으로 볼 수 없다고 말합니다. 그러나 마지막 네 번째 항, 스위스 은행의 김경준 남매 계좌 입출금 내역을 공개하라는 부분에 대해서는 또 강도 높게 얘기합니다. 현재 미국에 있는 기자들의 견해가 양쪽으로 나뉘는데, 오드리 콜린스 판사한테 '기술'이 들어간 것 같다고 보는 측이 하나 있습니다.

김어준 제 말이 그겁니다.

정봉주 또 하나는 미국에서 불충분한 조치를 취했다는 걸 인정하는 쪽입니다. 김경준 남매의 스위스 은행 계좌를 동결하면서, 질권설정質權設定이라든지 절대로 돈을 못 빼게 하는 법적 조치를 하지 않고 명령만 내렸다는 거죠. 그러니까 미국 법원이 허점이 있었다는 걸 인정하면서, 스위스 은행 계좌 입출금 내역은 공개하라는 겁니다. 이렇게 되면 스위스 은행 계좌에 김경준의 돈이 얼마가 들어 있는지 밝혀지게 됩니다.

김어준 입출금 내역 자체는 중요한 게 아니잖아요.

정봉주 여기서 우리가 예전부터 예상했던 꼼수가 밝혀질 수 있는 게,

김용민 실제 소유주가 밝혀질 수 있다?

정봉주 그게 아니라, 김경준 남매의 스위스 은행 계좌를 추적하면 양측에서 도대체 무슨 협상이 있었는지 공개될 수 있다고 보는 거죠. 그러나 그건 100% 공개됐을 때의 얘기고, 문제는 뭐냐면 스위스 은행 계좌에서 돈을 빼낼 때 김경준은 한국의 교도소에 있었단 말이에요. 그러니까 미국 재판부의 조치가 아무리 불충분했다손 치더라도 김경준과 에리카 김 공동 명의로 돼 있는 비밀계좌라면 에리카 김 혼자서는 인출이 도저히 불가능합니다. 뭔가 '높은 차원'에서 서포트가 없으면 불가능하다는 거죠. 그러니까 오드리 콜린스 판사 입장에서는 '거기까진 손을 댈 수 없으니, 너희들이 반띵한 거 맞냐, 그거라도 좀 들여다보자' 이런다는 거죠. 그러니까 만약에 계좌를 공개하면 실질적으로 많은 게 밝혀질 수 있다는 겁니다.

김어준 둘 사이에 어떤 합의가 이루어졌는지 밝히는 게 중요하잖아요.

정봉주 계좌가 공개되면 둘 간에 어떤 거래가 오갔는지, 합의가 뭐였는지를

추정할 수는 있잖아요. 그런데 또 문제는, 스위스 은행 계좌를 공개하지 않아도 판사가 어떻게 할 수 없는 상황이에요, 지금 이게.

김어준 처음에 콜린스 판사가 펄펄 뛸 때, How dare? 감히! 이렇게 나올 때까지만 해도 끝까지 파헤칠 줄 알았더니, 결과도 예정된 시간에 안 나오고, '기술'이 들어갔는지 점점 수위도 낮아지고…….

주진우 두 가지 느낌이 드는데요.

정봉주 우리 주진우 기자는 BBK의 달인이니까.

김어준 민간 영역의 달인이니까.

주진우 큰집하고 작은집 싸움이라는 느낌이 갑자기 드네요.

정봉주 그냥 느낌이죠? 각하는 절대 그럴 분이 아니죠?

주진우 네. 각하가 돈을 초월하는 분인 건 우리가 익히 알고 있잖습니까. 법도 초월하시고. 그런데 국내 판검사들을 고개 숙이게 하는 것까지는 알았지만 미국까지 초월적인 능력을 뻗치고 있는지는 몰랐습니다. 진짜 이 능력은 신비하고 놀랍네요. 그렇지만 BBK 사건은 각하께서 대통령이 되면서 공소시효가 정지되었기 때문에 한 번 더 다퉈볼 여지는 분명히 있습니다.

김어준 그럼요, 특별법 만들어서 할 수 있죠.

주진우 그리고 BBK 뒷정리를 깔끔하게 하신 분이 한상대 선생이라고, 이번에,

정봉주 검찰총장 후보로 올라갔죠? 슬그머니.

주진우 아까 말씀하셨다시피 감옥에 있는 김경준을 어떻게 법적으로 잘 처리해주느냐, 이게 문제입니다. 스위스 은행에서 금고를 열었잖습니까. 거기가 원래 잘 안 엽니다.

김어준 감옥에 있는 김경준이 법률적인 액션을 취할 수 있도록 우리 쪽에서 허용해주지 않으면 안 되는 거죠.

정봉주 그럴 거라고 추정하지만, 이건 어디까지나 소설입니다. 미국에서는

스위스 은행 계좌에 들어 있는 김경준 남매의 돈을 2천600만 달러로 추정하고 있습니다. 그런데 이번에 쏴준 140억 원이 1천300만 달러예요.

김어준 진짜, 정확하게 반띵이야, 반띵! — 이상 10회

어머나, 설마 이자까지?

김어준 김경준을 미국에 보낼 것이다, 결국은. 우리가 그렇게 얘기해왔잖아요?

정봉주 다들 아시겠지만, 김경준이 8년 징역형에 100억 원 벌금(추징금)을 받았죠. 형사소송법상 징역과 벌금을 같이 받았는데, 지금 벌금을 못 내겠다고 하면 하루 징역에 2천만 원씩을 깝니다. 일당 2천만 원짜리 징역을 살고 있는 거예요. 그러니까 1년 3개월만 살면 100억 원이 다 까지는 거예요.

김어준 우리가 전에 액수를 잘못 추정했군요.

정봉주 그렇죠. 3년쯤 될 거라고 봤죠. 벌금을 징역형으로 대체하는 기간이 최대 3년이니까. 그런데 다시 알아보니 100억 원을 까는 데 1년 3개월이면 됩니다. 엄청난 일당이에요.

김어준 아니, 100억 원 먹고 1년 3개월만 살면 되는 거야?

정봉주 그런데 징역 8년이 더 센 것이기 때문에 형사소송법에 따르면 징역을 먼저 살고 난 뒤 벌금 대체형을 살아야 되는데, 검사가 법무부 장관에게 요청하면 바뀔 수가 있어요. 이거, 전에도 한번 말씀드렸죠. 그런데 김경준은 징역 대체형을 먼저 산 걸로 하고, 8년은 미국 가서 살게 해달라고 요청했어요. 그렇지만 지금은 벌금을 낼 여지가 있는 걸로 판단할 수 있습니다. 스위스 은행 계좌에 있는 140억 원을 다스에 송금했으니까. 제가 여기

서 '반짝'한 거죠. 또 다른 꼼수가 숨어 있다고.

김어준 뭡니까?

정봉주 에리카 김이 2011년 2월에 귀국해서 "내가 각하한테 잘못했다, 우리 동생 빨리 미국으로 보내줘라."

김어준 그렇게 거래를 했을 거라고 추정했죠.

정봉주 그걸로 끝난 게 아니고, 2011년 2월에 에리카 김이 들어오기 전에 이미 다스가 받을 수 없는 돈 140억 원을 쏴줬단 말이에요. 그러면서 요청을 했을 거란 거죠. '돈도 보내주지 않았냐, 미국으로 빨리 보내라.' 그런데 미국으로 보내주지 않고 외국인 수용소가 있는 천안으로 보낸 거예요. 이유가 뭐냐면, 김경준이 한국말에 능통하지 않답니다.

김어준 사실이든 아니든, 그게 무슨 이유가 돼? 갑자기 능통 안 해졌나? 그동안 능통하다가?

정봉주 한국말에 서툰 김경준이 그동안 애로사항이 많았다고 그러는데, 제가 최근에 듣기로는 한국인 수용자들과 생활하면서 한국말이 아주 유창해졌고 완전 한국 사람과 똑같아졌답니다.

주진우 검찰 특별수사부에서 수사 받을 때도 통역이 필요하냐고 물으니까 한국말을 너무 잘해서 필요 없다고 했답니다, 검사들이.

정봉주 하긴 쓰는 건 좀 능숙하지 않았어요.

주진우 초등학교 글씨, 맞아요. 하지만 말하는 건 상관없어요.

김어준 설마 각하하고 영어로 말했겠어? (푸하하)

정봉주 아니, 각하가 영어 잘하시잖아요. 외국 정상들 만나면 꼭 영어로 말하잖아요. 다른 사람들은 다 자기 나라 말 쓰는데, 혼자만 아임 파인 땡큐, 앤 유?

어쨌든 미국으로 보내달라고 계속 요청을 하는데 천안으로 보냈어요.

다스는 원금 190억 원만 돌려받았지 수익은 하나도 못 남겼어요. 10년 동안 금리 5%로 계산했더니 70억 원이에요. 너, 스위스 은행에 140억 원쯤 남았지? 반띵! 물론 각하는 절대 그럴 분이 아니지만.

그래서 이게 뭘까? 에리카 김이 잘못했다고 사과하고 돈도 보내줬는데 기껏 천안으로 보내줬어? 그래서 들여다봤는데, 지금부터는 '소설'입니다. 140억 원 돌려받은 건 원금을 돌려받은 거예요.

김어준 그렇죠.

정봉주 원금만.

김어준 어머나, 이자? 이자까지?

정봉주 지금 스위스 은행 계좌에 남은 돈이…….

김어준 아, 우리가 너무 각하를!

정봉주 각하의 재테크 마인드를 너무 몰랐던 거죠.

김어준 이자를 못 받아서 다른 데로 보냈다는 거?

정봉주 이미 신호는 줬어요. 천안이 무척 편하답니다. '너, 천안으로 보내줬지? 미국 가면 훨씬 더 편해. 그러니까 우리한테 아직 갚지 못한 거 갚아!' 김경준이 300억 원을 들고 미국으로 튄 게 2001년인데 김경준은 140억 원을 쓰고도 아직 150억 원 상당의 돈을 남긴 거예요. 그런데 형님 이상은과 다스는 원금 190억 원만 돌려받았지 수익은 하나도 못 남겼어요. 2001년이면 10년 전 아닙니까? 은행 금리를 5%로 계산해봤어요. 그랬더니,

김어준 각하라면 그러시고도 남을 분이야.

정봉주 10년 동안 금리 5%로 계산했더니 70억 원이에요. 너, 스위스 은행에 140억 원쯤 남았지? 반띵! 물론 각하는 절대 그럴 분이 아니지만.

제 소설은, 꼼수가 너무 드러나니까 스텝을 좀 조정하는 게 아닌가 하는 거죠. 그런데 이자까지? 만약에 정말 각하께서 이자까지 바라신다면, 저는 이제부터 각하를 사랑할 겁니다.

김어준 저는 조금 다른 소설인데, 꼼수가 너무 커지다 보니까 우리한테 '뽀록'이 났잖아요. 미국으로 보낼 거라는…….

정봉주 김 총수가 늘 주장하는 각하의 호연지기는 국민들을 생각 안 하는 거잖아요. 국민들은 좀 지나면 잊어먹는다?

김어준 제 소설은, 꼼수가 너무 드러나니까 스텝을 좀 조정하는 게 아닌가 하는 거죠. 그런데 이자까지? 만약에 정말 각하께서 이자까지 바라신다면, 저는 이제부터 각하를 사랑할 겁니다.

정봉주 그럼 지금까지는 사랑하지 않았단 말야?

김어준 존경만 했는데, 이제 정말 사랑할 겁니다. 정말로 이자까지 받으신다면.

– 이상 13회

에리카 김 누나

"각하는 나한테만 밥 사줘"

김어준 주진우 기자는 국내에서 BBK 양대 산맥입니다. 정치계의 BBK 1인자 정봉주 전 의원과 언론계 1인자가 만났습니다.

정봉주 저는 백수가 된 지 3년 정도 되니까 디테일을 다 잊어버렸어요. BBK 책을 쓰려고 했더니 제목밖에 기억이 안 나요.

주진우 청계재단이 입주해 있는 영포빌딩은 각하께는 유서 깊은 빌딩인데…….

정봉주 각하에 대해서 자세히 연구한 걸 보니까 주진우 기자는 각하를 유난히 존경하는 것 같아.

김어준 존경하는 걸 보면 저희 못지않아요.

주진우 제가 BBK 기사를 쓰고, 소송을 당하면서…….

정봉주 정치적으로, 사상적으로, 재테크적으로 각하를 존경하지 않는 측면이 없어.

주진우 각하께서 선거법 위반으로 재판 받고, 미국으로 가기 전 영포빌딩 사무실에서 혼자 고독을 씹으실 때 옆에서 같이 씹어준 사람이 에리카 김 누나였어요. 결심공판 때 옆자리에 앉아 있어준 사람도.

정봉주 그거 팩트인가요?

주진우 당연하죠.

정봉주 왜 그걸 물어보냐면, 각하께서 1992년에 비례대표로 국회에 들어옵니다. 그리고 4년 뒤에 재선되죠.

김어준 그 무렵 도곡동 땅 기사가 처음으로 보도됩니다.

정봉주 1995년 〈세계일보〉에 '도곡동 땅 실소유주가 이명박 의원이다'라고 1면 톱기사로 나오고, 그것 때문에 1996년에 공천을 못 받을 뻔했죠. 재산을 차명으로 소유하고 있다는 이유로. 그런데 공천을 받아서 종로에서 당선되고, 1997년 선거법 위반으로 아웃된 뒤에 미국으로 가거든요. 저는 각하가 그때 미국에서 에리카 김을 처음 만난 걸로 알고 있었어요.

주진우 그 전부터 오랫동안 알고 지낸 사이였어요. 1994년에 각하가 로스앤젤레스에 신앙 간증하러 갔을 때 교회에서 만난 게 첫 번째 만남이에요. 그 후 계속 관계를 이어온 거죠.

정봉주 하긴, 당시에 각하보다 더 에리카 김과 가까웠던 의원이 소개를 해줬다는 기사도 있었어요. 1997년 각하가 재판 받을 때 에리카 김이 미국 변호사였죠. 그러다 보니 자문도 해주고.

주진우 제가 2007년에 로스앤젤레스에 가서 에리카 김 누나를 만나지 않았습니까. 기자들 몇 백 명이 줄을 서 있는데 저만 만났어요. (수줍수줍)

김용민 진짜 예뻐요?

주진우 에리카 누나, 예뻐요. 그런데 각하께서 말도 못하게 짠돌이에요. 절약정신이 강한 분 아닙니까.

정봉주 그건 우리가 여러 차례 이야기했어요.

김어준 지난번에 축의금 이야기를 했는데, 다시 한 번 재탕!

정봉주 그 이야기가 뭐냐면, 미국에 있을 당시에 각하를 열심히 도와준 기자가 있었습니다. 그 기자가 한국에 돌아와서 결혼을 하게 됐어요. 김경준이 각하에게 이렇게 말했답니다. "아무개 기자가 결혼을 한다는데 축의금 좀 보내시죠." 그런데 안 보내는 거예요. 그래서 물어봤대요. "왜 축의금을 안 보내십니까." 그러자 각하께서, "한국 사람들은 조금만 지나면 다 잊어먹어!" 이랬다는. (캳캳캳)

주진우 혹시 그때 그 기자, 좋은 자리로 가지 않았습니까? 각하가 미국 워싱턴에서 만났던 신재민·이동관 기자, 이인규 전 중수부장이 중용됐습니다.

김어준 축의금 안 보낸 기자는 관계 끝.

주진우 각하는 절약 정신이 강한 분인데 예외가 있어요. 각하가 입으시는 양복, 브리오니Brioni라고 들어보셨습니까? 이태리 명품인데 아르마니, 구찌는 상대가 안 되는 최상위 옷입니다.

김어준 한 벌에 얼마죠?

주진우 이건희 회장 정도나 돼야 입는 옷인데, 한 벌에 1천만 원이 넘습니다. 참, 각하께서 대치동에서 머리 심은 이야기는 아시죠? 절약 정신은 강하신데, 멋에는 돈을 쓰시는 분이에요.

김어준 우리 각하, 멋쟁이!

정봉주 브리오니 브랜드는, 저희 집사람이 청담동에서 20년 동안 미술 관련 사업을 해서 제가 걸치지는 못하지만 대충은 아는데, 방금 이야기했던 아르마니 이런 건 명품 축에도 못 들고 제냐Zegna, 질샌더Jil-sander 이런 게 유럽에서 최고 명품인데 그보다 한두 수 위에 있답니다.

김어준 그런 것만 입으시는군요.

주진우 여사님도 에르메스 백 계속 들고 다니시고 그러지 않습니까. 절약 정신이 강하면서도 멋을 아는…….

김어준 트렌드에 강하시죠.

정봉주 머리 심은 이야기 하다가 넘어갔어요.

주진우 대치동 포스코 사거리에 있는 병원에서 머리를 심으셨는데, 개당 얼마라고는 말씀 안 드릴게요.

정봉주 제가 발모에 관심이 많은데, 보통 3천 가닥을 심습니다. 모발이 살아서 안착하는 걸 전문용어로 생착률이라고 하는데, 전에는 3천 개 심으면 50%인 1천500개가 살아남았지만 지금은 생착률이 90%가 넘어요. 2천700가닥이 살아남습니다.

주진우 자, 이제 에리카 김 누나의 말씀이에요. 옛날에 인터뷰해서 썼던 기사를 가져왔습니다. (성대 모사)

'이명박 씨는 말도 못 하는 짠돌이다. 미국에 와서 설렁탕 한 번 산 적이 없다. 미국에 오면 손님이니 그럴 수 있다. 그러나 교민이 와도 밥 한 번 안 샀다. 내가 로스앤젤레스 한인상공회의소 회장 시절에 환대가 열려서 왔는데, 전직 상공회의소 회장들이 하는 말이, 야 이명박이 유일하게 밥 사는 사람이 너니까 너 이명박에게 밥 사라고 해라. 그래서 내가 전화를 해서 밥 좀 사라고 하시는데요? 그랬는데.'

각하가 밥을 샀게요 안 샀게요?

각하께서 워싱턴에 있을 때, 유유자적하면서 트렌드를 배우고 계실 때 열 명이 골프를 같이 치러 갔대요. 가끔 골프를 치던 멤버였대요. 그런데 골프를 치러 갈 때마다 각하께서 지갑을 안 가져온대요. 그건 이해하셔야 합니다. 스윙의 아름다움을 생각하는 사람은 지갑을 안 가지고 다녀요.

김어준 밸런스가 무너질까 봐?

주진우 그렇죠.

김어준 스윙에 민감한 사람들은 바지에 지갑을 넣으면 볼록해지니까 안 가지고 다닌다 이거죠. 그 정도로 민감한 분이다.

주진우 골프가 끝나고 300달러씩 갹출하기로 했는데 그날도 각하께서 돈이 없다고 해서 어떤 한 분이 화가 나셨대요. '카드가 있냐?'고 물었더니 '카드는 있다'고 했대요. 그분이 그날만큼은 돈을 받아야겠다면서 각하를 태우고 은행을 돌아다녔답니다. 그런데 가까운 은행에서 돈을 뺄 수도 있는데 각하께서 자꾸 '저쪽으로, 저쪽으로' 돌리는 바람에 네 번째 은행에서 300달러를 뺐다는 일화가 있습니다.

정봉주 그게 사실이에요?

주진우 〈시사IN〉에 쓴 기사입니다. 에리카 김 누나, 저만 단독으로 만났어요. 제가 에리카 김 누나에게 하나 더 물어봤습니다. "누나한테도 돈을 안 썼어?" 그랬더니, "나한테는 항상 밥도 사주고 잘해줬단다. 사건이 벌어져서 사이가 안 좋아지기 전까지는 내가 한국에 가면 이명박 씨가 항상 공항으로 차와 기사를 보내시기까지 했어. 시내에 들어와 다른 사람과 일을 보면 기사가 갔다가 나중에 또 오곤 했지" 하길래 "그러면 여사님께서 에리카 김 누나 싫어했을 것 아냐?" 이렇게 물었더니, "내게 불같이 화낸 적이 있단다. 그건 오해라고 말했지" 하더군요. 이건 실화입니다.

김어준 주진우 기자가 직접 취재한 거예요.

주진우 녹취록이 남아 있을 겁니다. 당시 100명 이상의 기자들이 에리카 김 누나를 만나려고 했는데, 저만 만났어요. 실수한 거죠.

정봉주 2007년 대선 당시 민주당 김한길 원내대표가 실수를 한 적이 있어요. 민주당이 각하와 관련한 충격적인 내용을 발표하겠다고 흘렸어요. 뭐였냐면, 각하와 에리카 김이 옛날에 경기도 어느 별장에서 지냈다는 거였는데, 당시 안민석 의원이 제보를 접수해서 조사하는 중이었어요. 그걸, 팩트를 찾기도 전에 먼저 흘려서 무산된 적이 있죠.

주진우 에리카 김 누나도 별장에 갔다는 이야기를 하셨어요. 동해안에도 가고.

정봉주 당시 사진까지 나왔어요. 여사님께서 불같이 화를 내고 에리카 김이 살고 있는 집까지 찾아와서 다툼이 있었다는 제보도 들어왔습니다. 그래서 우리가 각하는 절대로 그럴 분이 아니다, 각하 부부를 음해하는 제보를 하지 말라고 했죠. 각하를 존경하는 마음으로.

주진우 한 가지 더 말씀드리자면, 2007년에 제가 로스앤젤레스에서 장시간 에리카 김 누나와 인터뷰를 하다가 라스베이거스에 잠깐 갔어요. 삼성의 김용철 변호사를 취재하면서 삼성 비자금 관리인을 만나고 있었는데, 그 분이 저를 만난다고 삼성에 들이대 삼성에서 300만 달러를 받고 미국으로 튀었다고 합니다. 그분이 공항에서 저한테 전화를 했어요.

김어준 자세히 설명 좀 해봐요.

주진우 제가 삼성 김용철 변호사 비자금 사건 기사를 제일 먼저 쓰지 않았습니까. 그때 삼성의 해외 비자금을 관리하다가 문제를 일으킨 사람이 저를 만나서 정보를 줬어요. 그런데 진짜 정보는 자기가 쥐고 삼성하고 거래를 해서 돈을 받고 미국으로 갔다고 봅니다. 그런데 에리카 김 누나를 인터뷰하고 있는데 라스베이거스 벨라지오 호텔 VIP룸에서 그 사람을 봤다는 정보가 들어왔어요. 그래서 식당 배추 배달차를 타고 라스베이거스로 넘어갔죠. 허탕을 쳤습니다. 그때 갑자기 에리카 김 누나가 급히 오라고 연락을 했어요. 이 이야기는 나중에 더 할게요. 그때 제가 '검찰이 김경준에게 이명박을 빼주면 3년 안에 나가게 해주겠다'고 제안한 BBK 메모를 기사화했어요. 그 보도가 나가고 에리카 김이 기자회견을 하겠다고 하지 않

그때 에리카 김이 마지막 기자회견을 하기로 했었어요. 그런데 기자회견장에 안 나타났어요. 그래서 국민들은 알 수가 없었죠. 뭘 밝히려고 했는지.

왔습니까.

김어준 그때 에리카 김이 마지막 기자회견을 하기로 했었어요. 그런데 기자회견장에 안 나타났어요. 그래서 국민들은 알 수가 없었죠. 뭘 밝히려고 했는지.

정봉주 당시 김경준은 각하가 BBK의 실소유주라는 걸 증명하는 이면계약서가 있다고 주장했어요. 언론에서는 에리카 김이 그 이면계약서의 진위 여부를 밝혀줄 것이라고 추정했죠.

김어준 마지막 기자회견에서 터트리려고 했던 게 뭐예요?

주진우 제가 미국에 가면서 이런 이야기를 했습니다. '나, 주진우인데 좀 알아봐라. 거짓말 안 하고 열심히 기사 쓴다. 그런데 아무리 취재를 해도 안 풀리는 점이 있다. BBK, LKe뱅크…… 이렇게 많은 이름이 나오고 복잡해 죽겠는데, 도대체 각하가 왜 김경준한테 돈을 줬냐. 살로먼스미니바니에서 다른 사람 돈에 손을 대서 징계받았던 서른세 살 청년에게 왜 수백억 원을 모아 줘야 했는지, 이유가 뭐냐? 당신 때문이지? 당신과의 특별한 관계에 대해 밝혀라.'

김용민 당신이라 함은 에리카 김?

주진우 네. 에리카 김 누나요. 2007년 대선 직전에 김경준이 한국에 들어오면서 두 장짜리 이면계약서가 자기와 이명박과 BBK의 관계를 풀어줄 것이다, 이렇게까지 말했는데 가짜를 들고 왔을 리가 없지 않습니까. 아무튼

당시 김경준은 각하가 BBK의 실소유주라는 걸 증명하는 이면계약서가 있다고 주장했어요. 언론에서는 에리카 김이 그 이면계약서의 진위 여부를 밝혀줄 것이라고 추정했죠.

저는 '누나와 각하와의 관계를 밝히지 않으면 이 문제가 풀리지 않는다. 어떤 관계였는지 똑바로 말해라.' 이렇게만 말했습니다. 그러자 자기가 '각하와 특별한 관계였다'는 이야기를 했습니다.

김어준 특별한 관계는, 한국에 왔을 때 자연 경관을 소개하고 그런 우애죠.

정봉주 주진우 기자는 두 사람이 특별한 관계였다고 추정을 하는 거죠?

주진우 추정이 아니라 들었죠. 에리카 김 누나한테.

김어준 이건 한 사람의 일방적인 주장이기 때문에 양쪽의 말이 다를 수가 있습니다.

정봉주 대통령 각하께서는 가정을 사랑하시는 분인데 그런 일은 결코 없었겠죠. 가족과 민족과 국가를 사랑하는 신앙인으로서 절대 그럴 리가 없죠.

주진우 왜 그런 이야기를 하고 그러세요? 독실한 크리스천이고 얼마나 열심히 사시는데. 교회가 보통 교회가 아닙니다. 믿음, 소망, 사랑 중에 제일가는 소망교회 아닙니까. 아무나 가는 교회도 아니고. 그 교회 목사님들은 말이죠, 스포츠카도 타셔야죠, 일단 주먹이 강하셔야 해요. 부목사님께 맞아서 담임목사님 안면 뼈가 부러졌는데, 그건 주먹으로 아무리 때려도 잘 안 부러집니다. 부목사님의 내공이 얼마나 큰지. 그런 건 알아주셔야죠.

김어준 혹시 사진이라든가 영상물이라든가…….

김용민 주진우 기자는 혹시 그 사진 보셨습니까?

아무튼 저는 '누나와 각하와의 관계를 밝히지 않으면 이 문제가 풀리지 않는다. 어떤 관계였는지 똑바로 말해라.' 이렇게만 말했습니다. 그러자 자기가 '각하와 특별한 관계였다'는 이야기를 했습니다.

주진우 결정적인 장면은 보지 못했지만, 보긴 했죠.

정봉주 그때 당시 돌아다니던 사진이 있었어요. 둘이 무척 친한 관계라는 것까지는 알 수 있지만, 그걸로 문제를 삼기엔 어려운 사진이었죠.

주진우 다른 사진도 본 적 있어요. 그리고 '특별한 관계'라는 건 제가 한 말이 아니고 에리카 김 누나가 하신 말씀입니다.

김어준 그분의 일방적인 주장.

정봉주 그런 걸 기자의 입장에서 기사로?

주진우 저는 거르고 걸러서.

정봉주 빠져나갈 구멍도 마련해야 해요. 우리 네 명 중에 현직은 주진우 기자밖에 없어.

– 이상 8회

김경준 기획입국설의 진상

김어준 며칠 전 위키리크스Wikileaks가 외교 문서를 폭로했는데, 2007년 대선 때 '김경준의 귀국을 막는 대신 이라크 추가 파병을 해주겠다고 약속했다'는 이야기가 나왔어요. BBK 최전방 공격수였던 정봉주 17대 국회의원과 당시 미국에서 에리카 김 옆에 있었던 주진우 기자, 그때 어떤 상황이었습니까?

정봉주 대선을 앞둔 2007년 10월이죠. 한나라당 공동선대위원장이던 유종하 전 외교부 장관이 버시바우 주한 미국대사를 만나서 했다는 말이 "김경준 입국시키지 말아라. 이건 내정 간섭이다. 입국시키지 않으면 이라크 추가 파병을 하겠다."

그 전에 무슨 일이 있었냐면, 2005년부터 김경준을 한국으로 송환해달라고 우리나라에서 미국에 요청을 했어요. 당시 김경준은 미국 로스앤젤레스 교도소에 수감되어 있었는데, 메트로폴리탄 구금 센터, 구치소 같은 데죠. 거기에 수감된 이유가 주가 조작 및 횡령을 했다고 이쪽에서 범죄인 인도협정에 따라 인도 요청을 해서 잡힌 거예요. 당시 미국에서는 민사재판만 진행되고 있었어요. '네가 불법적인 방법으로 재산을 축적했으니 그 재산을 국가(미국)가 환수해야 한다'는 게 미국의 입장이었고 그래서 민사재판이 진행 중이었기 때문에 구속될 이유는 없었어요. 한국에서 범죄인 인도를 요청해서 구속된 거죠.

그런데 한국으로 송환하려고 하면 재판이 진행 중이라는 이유로 김경준이 계속 연기 신청을 해요. 그러다가 대선이 있던 2007년 8월에 다스하고 붙은 재판에서 이겨요. 김경준은 '다스'한테도 이기고 미국 정부와의 민사재판에서도 이깁니다. 이렇게 되니까 김경준이 '이제 한국에 들어가도 되겠다. 양쪽 다 이겼으니 한국에 들어가도 BBK 문제는 무죄가 될 것이다'라고 믿은 거죠. 그래서 한국에 들어오겠다는 의사를 밝혀요. 2005년부터 2년 넘게 연기 신청을 하다가 재판에서 이기니까 김경준이 더 이상 연기 신청을 안 합니다. 그때 우리 정부가 '김경준 입국시키지 말라'고 한 겁니다.

김어준 정부가 아니죠.

정봉주 한나라당 당시 이명박 후보의 선대위원장이 공식 요청한 거죠.

주진우 그리고 각하가 대통령이 된 이후에는 오히려 기획입국설로 조사하면서 민주당이나 BBK에 대해 의혹을 제기한 사람들을 괴롭혔죠.

정봉주 그러다가 대선을 4, 5일 정도 앞두고 '홍반장'이 느닷없이 편지를 깝니다.

김어준 홍준표 반장.

정봉주 홍반장이 편지를 까면서 뭐라고 하냐면 "민주당이 김경준을 기획 입국시키려고 했다." 자기들이 못 들어오게 해놓고 오히려 우리가 김경준을 기획 입국시키려고 했다면서 편지를 공개합니다.

신경화라고, 우리나라에서 강도 상해 범죄를 저지르고 미국으로 도망갔다가 김경준하고 같은 교도소에 있었던 사람이 김경준에게 편지를 씁니다. '여기에(한국에) 막상 들어왔더니 당신과 내가 이야기했던 게 사실 잘 안 될 것 같다. '큰집'에서 뭔가 약속을 해줬는데 그게 우리에게 불리한 상황이 될 것 같다. 당신에게 다 잘못됐다.'

그 당시 신경화 씨는 한국으로 인도돼 국내에서 복역 중이었다.

정봉주 여기서 '큰집'은 청와대고, 마치 노무현 정권과 김경준 사이에 거래가 있는 것처럼 편지를 쓴 거죠. 그 편지를 들고 김경준의 입국은 기획 입국이라면서 홍반장이 물타기를 하는 바람에 BBK 문제가 확 날아가버린 거예요. 그때부터 검찰이 기획입국설로 조사를 하는데, 저하고 박영선 의원하고,

주진우 저도 오라고 했는데 엿 먹으라고 했죠.

김어준 저한테도 오라고 했습니다. 당시 제가 라디오 시사 프로그램을 하나 진행하고 있었는데, 방송에서 정봉주 전 의원과 홍준표 대표를 만났거든

요. '봉도사'란 별명도 그때 제가 붙였죠.

주진우 정봉주와 홍준표가 카운터파트였네요.

김어준 두 수비수와 공격수를 제가 매주 번갈아 만났어요. 그때 오고갔던 진짜 재미있는 이야기가 있지만 다음 기회에 하기로 하고. 아무튼 자기들이 뒤에서 그렇게 해놓고 민주당의 기획 입국이라고 역공을 폈죠.

정봉주 그런데 2011년 3월에 무슨 일이 있었냐면, 김경준과 같이 교도소에서 살았다는 신경화의 동생, '신명'이라는 치과 의사가 기자회견을 해요. '그때 편지는 형이 쓴 게 아니라 내가 쓴 거다. 그 편지는 조작된 거다. 편지를 써 주면 우리 형을 감형해주고 석방을 당겨준다는 약속을 받았다. MB의 가족과 측근이 연루되어 있다.' 그런데도 그걸 검찰이 전혀 조사를 안 해요.

김어준 그건 저희가 조사하면 됩니다.

정봉주 제가 아는 사람이 김경준에게 물어봤대요. 신경화라는 사람과 교도소에 같이 있었냐고. 그랬더니 김경준 말이 "그 사람은 아주 무서운 조폭이었고, 자기가 영어를 못하는데 저놈들과 싸워야 하니 통역을 해달라기에 두세 마디 나눈 게 전부였다"는 거예요.

김어준 이게 기획입국설과 관련된 뒷이야기죠.

각하의 일관성

정봉주 여기서 짚고 넘어갈 게, 각하는 역시 일관돼요. (캴캴캴) 아주 민감한 이야기인데, 2010년에 천안함 사건이 터졌잖아요. 며칠 있다가 국방부 장관이 국회에서 마치 북한과 연관되어 있는 것처럼 설명하니까 쪽지가 들어와요. '북한과 관련이 없으니 연관시키지 말아라.' 처음에는 미국에서도

'북한과 관련이 없다'고 성명서를 내지 않았습니까? 그런데 한두 달 정도 있다가 '북한 소행이다'라고 발표하고, 미국 측도 같은 발표를 해요.

김어준 그런 적이 있었죠.

정봉주 발표 3, 4개월 뒤에 FTA 협상을 하는데, 자동차 분야에서 상당 부분 미국에 대단히 유리한 내용으로 수정됩니다. 이게 만약 천안함을 이러저러하게 도와주면 FTA 문제를…… 각하는 절대 그러실 분이 아니죠?

김어준 절대 그러실 분이 아니죠. 어디, 말도 안 되는 소설을!

정봉주 죄송합니다. 어디까지나 소설인데, 이런 소설을 쓰면 불충하기는 하지만 기분은 좋아요.

김어준 소설쟁이!

정봉주 나도 얼른 손자 얻어 깡충깡충 뛰고 싶은데.

주진우 저는 천안함이 침몰한 날 북측 분들하고 저녁에 술을 마시고 있었어요. 안중근 의사 순국 기일이었는데, 천안함 이야기는 나중에 한번 몰아서 하시죠. 미국의 디테일과 각하 디테일의 접합점이 있습니다.

김어준 우리 각하가 파병을 졸라 좋아하세요. 부시가 방한했을 때 '아프간 파병을 논의했냐?'는 기자의 질문에 각하께서 "파병 논의 안 했다"고 합니다. 그러자 옆에 있던 부시가 "논의했다"고 바로 뒤집습니다. 그때 우리 각하께서 조그맣게 말씀하셨어요. "아, 했구나." 이거 동영상으로 보면 아주 골 때립니다. 오바마랑 정상회의할 때도 아프간 파병 이야기 안 했다고 했다가 이회창 총재가 폭로했죠. 했다고. 그리고 아랍에미리트UAE 원전, 그 대가도 파병 아닙니까. 우리 각하는 군대도 안 갔다온 양반이 땜빵으로 군대를 많이 보내세요.

정봉주 각하의 철학이 이런 것 같아요. '지금 말하면 곤란하니까 기다려달라.' 그래서 일본에서도, 독도 이야기를 했냐고 하니까 "안 했다"고 하시잖아요. 때가 아니다. 기다려달라. 그런데 〈요미우리 신문〉에서 '독도 이야기 했다'고 보도하지 않았습니까?

멕시칸 레스토랑에서 에리카 누나와 단둘이

김어준 다시 BBK로 돌아가죠. 의원님이 기획입국설로 당하고 있을 때, 주진우 기자는 당시 에리카 김 옆에 있었어요.

주진우 멕시칸 레스토랑에 둘만 있었죠. (수줍수줍)

정봉주 그때 우리가 마지막으로 기자회견을 기대하고 있었는데, 두 번 연기했다가 결국엔 안 하지 않았나요?

주진우 첫 번째 기자회견 때는 이보라 씨(김경준의 아내)하고 머리가 벗겨진 미국 변호사가 나왔습니다.

정봉주 저도 김경준이 한국에 들어올 때 변호사를 통해 이보라 씨와 통화했어요. 검찰을 우습게보지 마라. 우리도 마음속 깊은 곳에서 검찰을 존경한다. 잘못하면 당한다. 그랬더니 "법적으로 따지면 되죠" 이러면서 저를 비웃어요. 우리가 상황을 정확히 알 수 있도록 자료를 넘겨달라고 했더니, "신경 쓸 거 없어요. 검찰은 우리가 알아서 할 거고요" 그러는 거예요. 그만큼 자신이 있었던 거죠. 그때 김경준이 당당하게 들어왔잖아요. 들어오면서 손가락으로 V자 만들고 손 흔들고. 당연히 이길 줄 알고.

주진우 그때 가져온 이면계약서가 각하와 김경준이 BBK를 같이 했다는 것을 밝혀줄 증거가 될 것이라고 믿었죠.

정봉주 그게 마지막 무기라고 생각하고 갖고 왔던 거죠.

주진우 홍반장도 조작된 거라고 계속 주장하다가 나중에는 "이건 맞다"고 인

김경준이 한국에 들어올 때 이보라 씨(김경준의 아내)에게 검찰을 우습게보지 마라. 잘못하면 당한다. 그랬더니 "법적으로 따지면 되죠" 이러면서 저를 비웃어요. 그만큼 자신이 있었던 거예요.

정했습니다. 바로 그때 업어치기로 '모든 게 김경준의 조작이다'라는 검찰의 발표가 나오는 거죠. 아무튼 그때 에리카 김 누나와 계속 같이 있었는데 에리카 누나가 검찰 상황을 너무 잘 알아요. 미리미리.

정봉주 그때가 김경준이 들어와서 구속된 상황인 거죠?

주진우 그렇죠. 당시 저도 정보원들을 가동해서 검찰하고 청와대 쪽 상황을 계속 알아보고 있었는데, 에리카 김 누나가 너무 자신이 있는 거예요. 그러면서 "주 기자님 저와 내기할까요?" 그러는 거예요. 제가 이런저런 이야기를 하면 "검찰이 그럴 수 없다"는 거예요. 그때 김경준은 김기동 검사의 전화기로 계속 에리카 김 누나와 통화를 하고 있었습니다.

정봉주 김기동 검사는 누구죠?

주진우 특수 1부장과 특수 2부장을 지냈고 이번에 영전하셨는데, 그분이 BBK 주임검사였습니다.

정봉주 그 위에 최재경?

주진우 그렇죠.

정봉주 최재경 검사는 중수부장으로 계시고 김기동 검사는 한명숙 전 총리를 기소했다가 창피를 당했죠. 지금 청주로?

주진우 대검.

정봉주 이건 소설입니다만, 한 달에 한 번씩 거의 정기적으로 김기동 검사가 김경준을 접견한답니다. 끊임없이 관리를 한다는 거죠. 이 정보를 준 사람에게 제가 "절대로 김기동 검사가 그렇게 할 리가 없다. 그렇게 한가한 사람이 아니다"라고 말했죠.

주진우 김경준한테도 김기동 검사가 자기를 형이라고 부르라면서 마음을 풀어줬다고 하던데요.

김어준 에리카 김에게 들은 이야기죠?

주진우 여러 가지 녹취록에 나오는 부분입니다.

정봉주 에리카 김이 계속 김기동 검사와 통화했다는 이야기도 한 거죠?

주진우 녹취록도 직접 들었죠. 제가 짧은 영어로 듣고 나서, 설마 하고 물어봤더니 직접 통화한 내용을 들려줬어요. 메모도 했죠. 에리카 김 누나가 검찰의 BBK 수사 상황을 너무나 잘 알고 있는 거예요. 이렇게 될 것이다, 저렇게 될 것이다. 서로 이야기를 하는데 항상 저보다 두 발씩, 세 발씩 더 가 있는 거예요. 그러기가 쉽지 않거든요.

김어준 쉽지 않죠. 일선 기자보다 앞선다는 게.

정봉주 천하의 주진우 기자가 한국에서는 영향력이 없어도 미국에서는 그 정도 기자들이 별로 없잖아요.

김어준 태클 실패!

주진우 에리카 김 누나를 7, 8일 동안 하루에 서너 차례 만났는데, 아무리 봐도 뭔가를 쥐고 있어요. 제가 로스앤젤레스에 갈 때 'BBK 사건을 정봉주 의원이 아무리 주장해봤자 해결이 안 난다. 어렵기만 하고 말짱 황이다'라고 생각했어요. 그래서 '왜 서른셋, 서른네 살의 젊디젊고 외국계 은행에서 쫓겨난 김경준한테 각하가 수백억 원을 만들어줬느냐. 그 이유를 밝혀라. 각하와의 관계를 밝혀라. 그렇지 않으면 누나도 죽고 동생도 죽고, 다 죽는다'고 했더니, 에리카 김 누나는 '각하하고 특별한 관계다'라는 이야기만 했어요. 인터뷰를 계속하는데 저를 너무 밀고 당겨서, 저는 그런 데

약해요. (수줍수줍)

김어준 주진우는 '밀땅'에 약해!

주진우 그래서 아예 포기를 하고 라스베이거스로 갔어요. 로스앤젤레스에서 배추 같은 걸 배달하는 식당 배달차를 타고. 앞에서 말했던 삼성 비자금 제보자가 벨라지오 호텔 VIP룸에 나타났다는 제보를 받고 막간에 잡으러 간 거죠. 그런데 에리카 김 누나한테서 갑자기 전화가 왔어요. 할 이야기가 있으니까 빨리 와라. 제가 식당차는 내일 저녁에나 출발한다고 하니까 비행기 표를 보낼 테니까 빨리 비행기를 타고 오라는 거예요. "그래도 저는 식당차를 타고 가야 하는데요." 이렇게 말하고 식당차를 빨리 당겨서 타고 왔어요.

에리카 김 누나를 만날 때는 항상 호텔 앞에서 누나가 픽업을 해주곤 했는데, 그날 저녁엔 사무실로 오라고 하더라고요. 그날 '검사들이 이명박을 두려워해서 이명박 이름을 지워주면 형량을 낮춰주겠다고 했다'는 BBK 메모를 저에게 줍니다. 그리고 김기동 검사 전화로 김경준이 BBK 수사에 관해서 에리카 김 누나와 직접 이야기한 걸 저한테 들려줍니다.

김어준 녹취록을?

주진우 아니요. 그땐 아예 테이프를 들려줬어요. 그날 에리카 김 누나가 기자회견을 하겠다고 결심합니다. 그래서 '내가 기사를 써서 운을 띄울 테니 누나는 각하와의 관계에 대해서만 말하라'고 했죠.

김어준 각하와의 특별한 관계?

주진우 그러지 않고는 BBK 사건이 풀리지 않아요. 왜 이렇게 어려운지 아십니까? 각하와 에리카 김 누나의 관계가 정확하게 나오지 않기 때문에 어려워요. 둘만의 관계가 만약에, 각하는 결코 그럴 분이 아니지만, 각하하고 에리카 김하고 특별한 관계를 넘어서는 관계라면, 김경준이 얼마나 예뻐겠어요. 그러니까 김경준한테 돈을 준 거죠.

김어준 절대 있을 수 없는 소설이잖아요. 말도 안 되는. 화가 나려고 하네, 씨바.

주진우 저는 그 이야기만 했어요. '누나와 각하의 관계가 밝혀지지 않으면 BBK 문제는 풀리지 않고 김경준은 절대 살아서 돌아올 수 없다.' 계속 그 이야기만 했는데 에리카 김 누나가 결단을 내린 거죠.

김어준 그게 마지막으로 예정된 기자회견의 내용이었고. 결국은 못했죠?

주진우 에리카 김 누나는 그저 울기만 하기로 했습니다.

정봉주 공소시효 끝났어요? 그렇게 배후 조종을 해도 되는 거예요?

주진우 배후 조종이고 뭐고, 당신이나 똑바로 해. 아니 뭘. 지금 봐봐. 공작은 한나라당이 다 했는데 혼자서 다 당하고 만날 검찰에 끌려 다녀. 이게 뭐야.

정봉주 그래 나 1년 받았다. 왜?

주진우 형, 미안해. 형을 좀 받았군. 아무튼 제가 BBK 메모 기사를 썼죠. 그래서 고소를 당했습니다. 당시, 월셔플라자호텔이었던가? 거기에서 기자회견을 하기로 했습니다. '에리카 김이 마지막으로 기자회견을 합니다.' 이렇게 기자회견문을 작성하고 돌렸어요. 그날 에리카 김 누나는 기자회견 내내 각종 자료를 가지고 하염없이 울기만 하기로 했습니다. '저 때문에 동생이 이렇게 아파도 되나요?' 하면서 울기로 했습니다.

그런데 그다음 날 검찰에서 에리카 김을 잡아오겠다, 범죄인 강제 소환, 인터폴, 이런 이야기가 나오자 누나가 도망가죠. 그냥 도망가진 않았을 겁니다. 누나가 그때 당당하게 나오는 걸 보고 여러 가지 많이 느낀 모양입니다. 노무현 대통령 서거 전 그 모든 권력기관이 노무현 주변으로 달려들 때 유일하게 단서를 쥐고 각하에게 가서 예쁨을 받았던 한상률 전 국세청장, 그분이 하루 사이에 귀국해서 정리했지 않습니까. 한상대 당시 서울지검장은 이걸 정리하고 검찰총장이 됐습니다. 눈물의 기자회견은 딱 거기서 미수에 그칩니다. 검찰이 세게 '잡는다'고 해서.

김어준 무서워서 도망갔던 거죠.

주진우 그래서 저는 에리카 김 누나 이해했어요. 그 이후로도 저희는 통화했어요. 이해해줘야죠.

– 이상 18회

무늬만 기부, 청계재단

맛보기 꼼수, 운전면허 간소화

김어준 이런 이야기들이 있습니다. 나꼼수가 대본이 있느냐? 아이템 회의를 하느냐? 그래서 제가 이렇게 말했습니다. 우리가 갑부인 줄 아느냐. 어떻게 작가를 따로 써? 딱 만나서 바로 떠들고, 끝나면 바로 편집 없이 올린다. 저희는 바로 여기 앉아서 입 터진 대로 씨부립니다. 진정한 생방송!

정봉주 요즘 〈나는 꼼수다〉가 계속 1등을 하지 않습니까. 그래서 제가 두 가지 생각을 했어요. 하나는, 이번에 KBS가 민주당을 도청했다는 언론 보도가 나왔는데, 민주당이 대응하는 것을 보면서, 제가 비록 현역 국회의원은 아니지만 '나꼼수'를 통해서 민주당 국회의원들 50명과 맞먹을 정도의 위력을 보여주고 있다는. (캴캴캴)

김어준 전직 의원님께서 〈나는 꼼수다〉 방송을 하는 것이 현역 의원 50명과 맞먹는다는 발언을 자기 입으로 하셨는데, 말이 많을 때는 다 자기 자랑이에요.

정봉주 두 번째가, 진중하게 방송해달라는 사람들이 있는데 그건 잘못 알고 있는 거예요. 대한민국 정치인들은 유머가 없습니다. 유머가 없는 사람들은 내공이 없는 거예요. 유머가 있는 새로운 정치의 장을 여는 정봉주 의원을 주목해주시기 바랍니다.

주진우 지금까지 광고였습니다.

김어준 정봉주 의원의 오늘 자랑은 이걸로 분량이 끝난 걸로 알고, 깔때기를 들이댈 때마다 제가 커트를 하겠습니다. 오늘은 다룰 것이 여러 가지 있는데, 청계재단이 제일 따끈따끈한 것 같아요. 본격적으로 청계재단으로 넘어가기 전에, 오늘 아침 제가 나오다가 기사를 하나 봤어요. 운전면허 간소화. 그걸 보자마자 이것은 각하의 꼼수구나, 이런 느낌이 들었어요.

원래 장내 기능시험이 코스를 다 돌면 700미터쯤 됩니다. 테스트 항목도 열댓 개 되죠. 그런데 이게 50미터로 줄었어요. 자동차가 리어카야? 체력장도 100미턴데, 이게 뭐야? 50미터 코스에서 두 가지를 테스트합니다. 깜빡이랑 브레이크. 이걸로 떨어질 수도 있나? 하여튼 이걸 보는 순간, 운전면허를 간소화하면 비용이 줄어서 좋아할 사람들이 있겠지만 우리 각하께서는 그렇게 단순한 분이 아니거든요. 절대로. 그래서 한 달에 면허를 몇 명이나 따는지 뒤져봤어요. 2010년 8월 통계인데 한 달에 13만 명이 땁니다. 간소화를 한 뒤 합격률이 얼마나 높아졌나 찾아봤더니 2배가 됐어요. 그러면 차를 살 사람이 졸라 많아지잖아요. 한 달에 10만 명으로 퉁쳐도 1년이면 잠재고객이 120만 명이잖아요. 자동차 회사가 잠재고객을 두 배로 늘리려면 아마 마케팅 비용으로 수천억 원을 써야 할 겁니다.

우리 각하께서는 이렇게 한 번에 끝내는 분이 아닙니다. 워낙 치밀하신 분이니까 과거에 자동차 판촉을 위해서 하신 일이 뭐가 있는지 잠깐 뒤져봤어요. 2년 전에 뭐가 있었냐면, 10년 이상 된 차를 폐차하고 신형차를 사면 세금 혜택을 줬습니다. 졸라 골 때려. 중고차를 오래 쓰라는 것도 아니고, 10년 이상 된 중고차 폐차를 장려하는 국가 정책. 그리고 또 한 가지, 경차는 혜택이 없어요. 큰 차를 사야 해. 소나타 이상을 사야만 혜택이 있어요. 대기환경이나 에너지 절약하곤 전혀 상관이 없는 거예요.

더 골 때리는 게 있어요. 만약에 폐차를 안 하면 돈을 토해내야 해요. 6개월 내에 폐차하고 2천 시시 이상 새 차를 사야 혜택이 있고, 폐차를 안 하면 돈을 다시 토해내야 할 뿐 아니라 10%의 추징금을 내야 해요.

주진우 각하가 섬세한 분이에요.

김어준 금융위기 터지고 나서 환율 방어하느라고 국민연금 많이 까먹었잖아요. 그래서 고물가 시대에 고생하고 있는데, 각하께서는 아마도 자동차 회사의 수출과 내수 진작을 위해서, 섬세하게!

주진우 누군가를 밀어줘서 많이 벌면 토해내리라고 생각을 했겠죠.

정봉주 각하는 그런 생각 안 해요. 얼마나 훌륭하신 분인데. 이상은 형님이 사업을 하는 데도 별로 도와준 것도 없잖아요.

김어준 자동차 잘 팔리면 현대에 시트를 납품하는 '다스'도 잘 나가거든요.

정봉주 각하의 꼼수가 빛나는 게, 운전면허 시험 간소화는 자동차 업계의 숙원 사업이에요.

김어준 학원에서는 당연히 반대해요. 길에서 연습하라는 거니까.

정봉주 학원 업계는 극히 미미하고.

김어준 학원 업계는 반대하고 자동차 업계에서는 오랫동안 요구했죠. 이렇게 이해 충돌이 생기면 정부가 조정을 해줘야 하는데, 한쪽 손을 팍 들어줍니다.

정봉주 각하의 꼼수를 예리하게 분석하는 김 총수는 꼼수의 수준이 각하 수준과 비슷해서 그런 거 아니에요?

청계재단은 누가 관리하나

김어준 아무튼 이제부터 청계재단. BBK 문제를 다루다가 다스 지분 5%가 청계재단에 기부됐다는 이야기를 한 적이 있습니다. 인류애! 기부!

정봉주 그 결과 다스의 절대적인 캐스팅보트는 청계재단이 쥐게 됐다.

김어준 청계재단은 각하의 사위께서 관리하고 계시다.

정봉주 사위가 이사장인가요?

주진우 아니요. 이사입니다.

정봉주 청계재단 이사 구성이 어떻게 되는지 소개해주시죠.

주진우 청계는 각하의 아호입니다.

김어준 언제부터 아호가?

주진우 오래됐대요. 작고하신 진의종 국회의원, 그 양반 동생이 써줬다고 합니다. 여사님의 아호도 여러 가지 있습니다. 2007년이었나요? BBK, LKe뱅크, 도곡동 땅…… 복잡했죠. 하도 재산이 많다고 돌팔매질을 당하니까 각하께서 용단을 내리셨어요. 내가 살 집 한 칸 이외의 모든 걸 내놓겠다.

김어준 그 당시 미국 부시 대통령이 제주도에 놀러와서 사회 환원은 정말 잘한 일이라고 말했다는 기사가 났습니다.

주진우 그런데 차일피일 미루다가 2009년 여름에 와서 재단을 설립합니다. 재단 이사장은 송정호 전 법무부 장관. 각하와 가장 친한 대학교 친구이고 후원회 회장을 맡았던 분입니다. 그리고 이사는 김앤장 대표변호사 이재우, 대통령 사위 이상주, 그다음으로 박미석 수석, 기억 나십니까?

김어준 숙대.

숙명여대 교수 출신의 박미석 전 사회정책 수석비서관은 2008년 4월 26일

논문 표절, 부동산투기, 서류 조작 등의 의혹을 받고 자리에서 물러났다.

주진우 이렇게 친구들하고 주변 사람들 10명을 이사로 세우셨죠. 그 밑에 재단 사무국장은 이병모라고, 영일·영포빌딩 있지 않습니까?

정봉주 BBK 사건 때 영일빌딩 지하 룸살롱에서 2차를 주선했느니 어쨌느니 그런 이야기가 있었습니다.

주진우 청계재단 이병모 사무국장은 영포빌딩을 관리하면서 세를 주고 했던 사람입니다. 그분이 두 사람을 위장취업시키셨죠. 대통령 큰딸하고 아들. 큰딸의 남편인 이상주 사위가 청계재단의 이사를 맡고 있는데, 실질적으로 재단의 가장 중심에 있다고 보면 됩니다.

김어준 친구들과 사위가 다 맡고 있는 재단.

주진우 경비 아저씨도 다 그대로 있습니다. 한 명만 빼고. 다들 잘 먹고 잘살고 있습니다.

정봉주 청계재단은 지금 어디에 있죠?

주진우 서초동 영포빌딩 1층 오른쪽에 위치하고 있는데, 여직원 한 명과 이병모 국장이 지키고 있습니다. 그 옆에 앉아 있는 인상 좋은 아저씨는 운전기사입니다.

김어준 위대한 각하의 재산을 관리하는데 여직원 한 명?

주진우 영포빌딩의 디테일을 하나 더 이야기하면, 김용균이라고 법사위 출신의 전직 한나라당 국회의원이 있어요. 그분이 정치자금을 잘못 받아서 구속됐다가 나왔는데, 저를 민형사로 고소했다가 제가 이겨서 그분이 구속되는 사건이 있었습니다. 그래서 변호사 면허가 취소된 줄 알았는데 그걸 다시 살려서 법무법인 영포를 영포빌딩에서 운영하고 계세요. 위대하신 분이죠. 노무현 대통령 탄핵 때 한나라당 간사로 열심히 하시던 분이에요.

청계재단으로 돌아갈게요. 각하께서 전 재산을 환원하신다며 영포빌딩, 영일빌딩, 대명주빌딩, 건물 3채를 기부하셨어요. 전부 해서 약 390억 원 가치인데, 재산을 환원하자마자 청계재단이 우리은행에서 50억 원을 빌려서 영포빌딩과 영일빌딩의 빚을 갚습니다. 그러니까 그걸 빼면 330~340억 원 정도 환원하신 셈입니다.

각하께서 전 재산을 환원한 건 아닙니다. 논현동 집 말고도 골프 회원권이 2개 있습니다. 여사님은 롯데호텔의 헬스클럽 회원권을 갖고 계시지 않습니까. 그런 데서 목욕해줘야 진짜 잘 나가는 사람들이죠. 그리고 요트가 있고. 신고 재산이 55억 원 정도인데, 청와대 수석이나 비서 중에서도 가장 많은 재산입니다. 더 놀라운 것은 각하의 재테크, 이건 우리가 배워야 합니다. 매년 재산이 5억 원씩 늘어납니다. 2010년에도 5억 원이 늘어났는데, 중요한 것은 2010년에 여사님께서 재산을 신고하실 때 은행예금 2억 원이 새로 나왔습니다. 공직자들이 재산을 신고할 때 은행에서 두드려보면 어느 은행에 얼마나 예금했는지 다 나오지 않습니까. 그런데 10년 이상 숨겨져 있던 예금이 이제야 나왔어요. 엄청난 내공을 보여주셨습니다.

김어준 여사님께서 따로 관리하던 통장이 처음 나온 건가요?

정봉주 얼마짜리?

주진우 2억 원짜리 통장이 나왔습니다.

김어준 푼돈이니까 잊어버리셨겠지.

주진우 그럴 수 없는 것이 전산망에 다 나옵니다.

정봉주 차명계좌?

주진우 그건 모르겠어요. 아마 국민들에게 조금이라도 더 보탬이 되려고 있는 돈을 좀 찾지 않았을까 싶어요. 하도 섬세한 분이니까. 아무튼 이런 건 잘 배워야 합니다. '영일대군' 이상득 형님은 신고 재산이 79억 원인데,

2010년에도 5억 4천만 원이 늘었어요.

김어준 더 많이 벌지도 않고 딱 5억 원씩만?

주진우 이상득 형님은 현금을 39억 원 가지고 계세요. 아주 대단한 분입니다. 그런데 이상득 형님의 아들 이지형 씨와 각하의 아들인 이시형 씨의 재산은 독립가구라고 해서 신고를 안 합니다. 아들의 재산이 나오지 않으면 각하의 재산은 정확하게 알 수 없습니다.

다스나 BBK의 관계는 차치하고라도, 아까 대통령의 재산이 55억 원이라고 했지만, LKe뱅크로부터 받아야 할 채권 30억 원이 더 있어요. 얼마 전에 김경준이 에리카 김 누나랑 같이 140억 원을 다스에 갚지 않았습니까. 이상은 형님의 회사니까, 각하와 한 다리 건너 있는 사람의 빚 140억 원은 갚으면서 각하에게 빚진 30억 원을 안 갚는다는 것은 좀 이상하지 않습니까? 채권도 재산으로 봐야 하니까 각하께서 전 재산을 환원한 것은 아니라는 거죠.

김어준 형님 빚만 갚고 각하의 빚은 안 갚았다?

청계재단의 장학금 계산법

주진우 그런데 청계재단이 장학금을 얼마나 줘야 한다고 생각하세요? 아니면 어느 정도 주고 있다고 생각하십니까?

김어준 청계재단의 추정 재산이 300억 원 정도 아닙니까?

주진우 넘죠.

김어준 그러면 한 해에 최소한 5억 원씩? 이자 수익이 있을 수 있으니까.

주진우 2010년과 2011년 각각 6억 2천만 원, 6억 8천만 원을 냈는데, 여기서

각하께서 청계재단에 내놓은 빌딩 3개만 놓고 볼 때 35%의 세금을 감면받은 셈입니다. 2009년 청계재단의 수입이 19억 2천만 원가량 됩니다. 그래서 6억 원 정도의 장학금을 주는 겁니다.

또 섬세한 재테크 기술을 보셔야 합니다. 공익재단을 만들면 세금감면 혜택이 있습니다. 부가가치세 10%는 내지만 소득세가 있잖습니까. 건물 임대 수익은 소득세가 많이 나갑니다. 건물만 지어놓고 일은 하지 않으니까 소득세가 많습니다. 그게 22%가 되고, 거기에 주민세, 보유세, 이런 게 붙으면 35%가량 됩니다. 각하께서 청계재단에 내놓은 빌딩 3개만 놓고 볼 때 35%의 세금을 감면받은 셈입니다. 2009년 청계재단의 수입이 19억 2천만 원가량 됩니다. 그래서 6억 원 정도의 장학금을 주는 겁니다.

김어준 그게 35%?

주진우 딱 그 수준에 걸립니다.

김어준 세금 낼 만큼만, 손해가 전혀 없는!

정봉주 각하의 재산 관리인들은 디테일이 강해!

주진우 아주 머리가 좋은 사람들입니다. 영포빌딩 건너건너에 있는 건물의 주인을 어렵게 만났습니다. 다방에서 만났는데 "자식한테 건물 한 채 물려주면 증여세 등으로 40% 이상 뺏기지만, 재단을 만들어서 주면 5~10%에서 막을 수 있다." 이런 이야기를 하세요. "건물 하나 가지고 재단을 만드는 사람은 없고, 서너 채 되는 사람이 재단 만드는 게 이 동네 트렌드다."

김어준 각하는 유행에도 밝으셔! 그렇게 바쁘신 분이 어떻게 최신 트렌드를 다 따라 하시나.

청계재단 만들 때 민주당에서 그게 무슨 사회 환원이냐, 자기 돈 관리를 측근에게 맡기는 게 무슨 사회 환원이냐, 이렇게 논평했는데 실제로는 그것보다 더 복잡한 이해관계가 있었네요.

정봉주 청계재단 만들 때 민주당에서 그게 무슨 사회 환원이냐, 뒷주머니에 있는 돈 빼서 앞주머니에 넣는 게 무슨 환원이냐, 자기 돈 관리를 측근에게 맡기는 게 무슨 사회 환원이냐, 이렇게 논평했는데 실제로는 그것보다 더 복잡한 이해관계가 있었네요.

김어준 절세 효과 및 증여의 효율성.

주진우 꼭 그렇게 볼 것까지는 아니고, 이상하게 맞아떨어진 우연이라고 봐요. 각하께서 마음 쓰시는 게 크고 섬세하시잖아요. 아드님과 따님을 150만~200만 원씩 주면서 영포빌딩에 취직시켜서 취업률을 높이겠다는 마음 씀씀이.

정봉주 당시 따님이 줄리어드 음대에 다니고 있었는데, 음대생을 거기 관리인으로 등록한 거 아닙니까. 3년 가까이.

주진우 그때 건물 관리 기법을 배우라고 말씀하셨어요. – 이상 8회

인천공항 매각, 국가를 수익 모델로 삼다

세계 1등 인천공항을 매각하려는 이유는?

김용민 인천공항에 대해서 한 마디만 하죠. 인천공항은 네모다.

정봉주 인천공항은 못 팔아먹는다.

김어준 인천공항은 개인 돈 문제다.

정봉주 지금 인천공항을 해외에 매각하려고 한다는 내용만 보도되고 있는데, 저는 그게 답답하다는 거죠. 매각을 한다면 누구를 통해서 하느냐? 그 에이전시를 들여다봐야 합니다. 그걸 들여다보면 구린 냄새가 팍팍 날 겁니다. 그걸 추적하는 게 국회의원의 일이에요. 그런데 아무도 못하고 있어요. 인천공항을 못 팔게 질질 끌고 있다가 내년 4월에 제가 국회에 들어가자마자 바로 에이전시 조사하면 사건 터집니다. 측근 비리, 친인척 비리로 터질 가능성이 높습니다. 이렇게 섹시하게 이야기해줘야죠.

김어준 결국 돈 문제라는 거죠.

– 이상 7회

이상득 형님의 아들이자 각하의 조카, 이지형 씨가 공항 매각의 중요한 연결 포인트에 있다는 게 세간의 추정이죠. 절대적인 소설. 그런데 그분이 한때 대표로 계셨던 곳, 그 회사가 하필이면 공항을 사려고 하죠.

주진우 인천공항은 대통령 형님 아들의 신공을 보셔야 해요.

김어준 이지형. 이상득 형님의 아들이자 각하의 조카, 이지형 씨가 공항 매각의 중요한 연결 포인트에 있다는 게 세간의 추정이죠. 절대적인 소설. 그런데 그분이 한때 대표로 계셨던 곳, 그 회사가 하필이면 공항을 사려고 하죠.

주진우 매쿼리. 매가리 아닙니다. 호주의 투자은행 매쿼리Macquarie.

김어준 매쿼리가 처음 언론에 보도된 게 강만수 당시 기획재정부 장관의 입을 통해서예요.

정봉주 2008년이죠. 그때 한 번 시도했다가 정치권에서 강하게 반발하자 추진을 못 했죠.

김어준 제가 뒤져봤더니 만수 형님께서 국회 질의를 받다가 이렇게 대답했어요. 호주 매쿼리와 합작을 해서 연구하고 있다고. 민영화에 대해서. 그때 처음 매쿼리라는 이름이 나왔고, 이상득 형님의 아들 이지형 씨가 그곳의 대표로 있었죠.

주진우 운전하고 가다가 왜 이렇게 통행료가 비싸? 이런 말 나오는 비싼 도로들 천안, 군산, 춘천, 인천공항 고속도로, 마창대교. 통행료 비싼 고속도로 다 불러보십시오. 매쿼리가 지분 투자를 했습니다. 20% 정도 투자해요.

김어준 원래 SOC(사회간접자본) 투자를 하는 회사죠.

주진우 네. 20% 정도 투자해서 몇 년 동안 수익을 나눠 갖습니다. 기본적으

매쿼리가 한국에서 투자한 돈이 약 1조 2천억 원입니다. 매년 10% 이상 지원받습니다. 2009년에 1천900억 원 정도 받은 것 같은데요. 이익을 주주들에게 배당하고, 배당을 했다고 세금을 안 냅니다.

로 매쿼리가 투자한 고속도로 중에서 수익을 내는 데는 거의 없습니다. 그런데 이면계약이 있죠.

정봉주 일정 정도의 수익이 나지 않으면 정부가 보조를 해준다는 건 이면계약이 아니라 단서조항입니다.

주진우 정부가 이익을 보존해줘서 매쿼리가 돈을 버는데, 매쿼리가 한국에서 투자한 돈이 약 1조 2천억 원입니다. 매년 10% 이상 지원받습니다. 2009년에 1천900억 원 정도 받은 것 같은데요. 이익을 주주들에게 배당하고, 배당을 했다고 세금을 안 냅니다. 이 사람들이 이렇게 디테일이 강한 사람들입니다.

김어준 각하하고 결이 맞는 사람들이네.

주진우 인천공항은 아시다시피 깨끗하고 좋습니다. 수익률 면에서도 단연 독보적입니다. 굳이 이걸 내놓으려는 이유는, 송영길 인천시장은 다른 예산이 부족한 거 아니냐고 이야기하는데, 그런 식으로 말하면 안 되죠.

김어준 그건 너무 낮은 수야.

정봉주 저도 송영길 시장의 이야기를 들어봤는데.

김어준 국가의 세수가 부족해서?

정봉주 세수 외의 수입을 만들기 위해서 그런다는 건데, 그건 김어준 총수가 국회의원도 안 해봤고 인천시장도 안 해봤기 때문에 잘 모를 겁니다. 송영길 시장이 만약 우리와 같은 신분에서 〈나는 꼼수다〉에 나오면 하고 싶은 이야기 다 합니다. 그러나 시장의 입장에 있다 보니까 "대통령과 관계가 있는 모 금융투자 기업으로 넘어간다는 이야기는 있지만 잘 모르겠다" 이렇게 말하고 그냥 빠져요. 시장이나 국회의원 입장에서는 면책 특권이 보장되지 않으면 아무 이야기도 할 수가 없는 거죠.

주진우 인천공항은 소득을 좀 얻기 위해서가 아니고 누군가를 챙겨주려고 하는 거예요. 그냥 주려고 하는 거지.

김어준 각하의 성향으로 볼 때는 너무나도 당연한 것이고.

정봉주 6년 연속 세계 국제공항 평가 1위. 그리고 공기업 중에서 직원 1인당 얻는 수익이, 참고로 포철이 가장 많은 수익을 올리는 기업인데, 그 포철을 능가합니다.

김어준 제가 듣기로는 당기순이익이 3천억 원이 넘어요.

정봉주 영업외수입까지 합치면 6천억 원 가까이 됩니다.

김어준 그런데 직원이 1천 명이 안 넘어요. 엄청나게 벌어들이는 거죠.

정봉주 재미있는 게, 중국의 선양瀋陽공항이라든지 새로 지어놓은 공항을 가보면 인천공항하고 똑같이 지어놨어요. 그러니까 새 공항을 짓는 데 롤 모델이 되고 있어요. 공항으로선 이보다 성공적인 공항이 없는 거죠.

김어준 진짜 말이 안 되는 게, 저도 한 번 뒤져봤는데 원래 이 이야기가 2008년부터 시작됐잖아요. 그때 공기업 평가에서 꼴찌를 했어요. 이렇게 많이 벌고 있는데도. 지금까지 6년 연속 세계 국제공항 평가 1위잖아요. 그런데 매각 명분이 뭐였냐면 선진 경영기법 도입이에요.

주진우 그 디테일!

정봉주 유럽도 그렇고, 공항을 리모델링하거나 새로 지을 때 다들 인천공항에 와서 배워 가거든요. 그만큼 최고의 선진 경영기법을 갖고 있다는 거죠.

김어준 그래서 나중에 다른 이야기가 나와요. 2017년에 확장 공사한다고.

지금 내가 식당을 하고 있어. 4억 원 들여서 식당 인테리어를 새로 하려고 해. 지금까지 식당으로 번 돈만 2억 원이야. 그런데 아예 식당을 팔아버린다는 거잖아. 인테리어 새로 하기 위해서. 말이 안 되잖아.

확장 공사를 하는 데 4조 원인가 얼마가 드는데 그 돈을 마련하려면 팔아야 한다고. 그런데 지금 벌고 있는 돈만 합해도 그때까지 2조 원이 쌓인대요. 이게 말이 안 되는 게, 지금 내가 식당을 하고 있어. 4억 원 들여서 식당 인테리어를 새로 하려고 해. 지금까지 식당으로 번 돈만 2억 원이야. 그런데 아예 식당을 팔아버린다는 거잖아. 인테리어 새로 하기 위해서. 말이 안 되잖아.

주진우 시드니 공항에 매쿼리가 똑같이 지분 참여를 해서 매쿼리 공항으로 바뀌었답니다.

정봉주 공항 이름이?

주진우 네. 그 매쿼리가 이 매쿼리이니까 똑같은 일을 할 텐데, 세금이나 이용료가 몇 배가 올라서 공항이 계속 폐허가 되고 있답니다.

정봉주 인천공항을 매각하기 위해서는 관련 법안이 통과되어야 합니다. 지금 청와대에서 한나라당에 '당에서 입법 발의를 하라'는 지시가 내려온 상황이죠. 그게 만약에 어떤 방식으로든 통과가 되면, 아니 이번 연말에 졸속 처리를 해서라도 강제로 이 법안을 통과시키겠다는 겁니다. 그러지 않으면 각하 임기 안에 매각이 안 되거든요. 2012년 4월 총선에서 한나라당이 질 게 뻔하니까 그때는 도저히 안 됩니다.

김어준 팔아야 한다고 내세우는 이유 중에 맞는 말이 없어요.

정봉주 민주당이 이 법안을 못 막으면 총선 치를 생각하면 안 돼요.

주진우 각하께서는 디테일이 워낙 강하신 분인데, 이 법안하고 언론관계법 그러니까 종편을 위한 특혜 법안 몇 가지는 강제로 처리할 가능성이 큽니다.

정봉주 만약 이걸 밀어붙이면 수도권에서 한나라당 의원 중에 살아남을 의원이 없어요.

주진우 지금도 살아나면 그건 정상이 아니죠.

정봉주 그렇지만 한나라당 소장파들은 지금 상태에서 조금만 잘하면 수도권에서 해볼 만하다, 이런 생각을 해요.

주진우 한나라당 소장파가 무슨 차별성이 있습니까?

정봉주 주진우 기자가 유난히 한나라당을 싫어하시네.

주진우 아니, 왜 그러세요. 저는 민주당이 더 싫어요. 각하의 성은이 없으면 민주당도 없어요.

김어준 공항 문제는 말이죠, 제가 보기에 4대강보다 임팩트가 더 큽니다. 왜냐하면 4대강은 우리 눈에 보이지 않아요. 서울시민들에게 특히. 그러나 대부분 공항은 한 번씩 다 가봤고, 1등 한다는 것도 알고, 공항 좋다는 것도 알고, 돈 많이 벌고 있다는 것도 알고. 확장 공사에 4조 원이 필요하다지만 조금만 지나면 몇 조 쌓인다는 것도 알고 있으니까 논리가 통하지 않아요.

주진우 그런데 각하께서는 이런 반대 논리에 꺾이면 용기 부족이라고 말씀하시는 분이에요.

김어준 각하 하나 살고 한나라당 다 죽어요.

주진우 아무튼 인천공항 민영화, 각하의 뚝심으로 꼭 이뤄내리라 믿습니다.

정봉주 민영화가 아니라 매각이죠. 알토란 같은 알짜 기업을 파는 건데. 아까 주진우 기자가 누군가를 챙겨주려 한다는 식으로 추정을 하셨는데, 마치 뒷돈을.

주진우 아니죠, 앞돈이죠. 대놓고 챙겨주는.

정봉주 이거 참. 아, 앞으로 나는 못 나오겠어. 방송이 너무 위험해.

김어준 인천공항 매각이 골 때리는 게, 세금 줄어서 국가한테 불이익이고, 이용 요금 오르면 이용객들이 싫어할 거 아니에요.

정봉주 두 배 오릅니다.

김어준 두 배가 뭡니까. 히드로 공항 이런 데는 6~7배 올랐어요.

주진우 매쿼리 공항은 더합니다. 9배.

김어준 항공사도 싫어해요. 이용 요금이 오르니까 싫어해. 국가에도 나빠. 좋아할 사람 아무도 없어.

주진우 그래도 몇 명은 좋습니다. 앞돈을 받는 몇 명한테는 좋습니다. 그 논리에서 보셔야죠.

김어준 그런 걸 호연지기라고 합니다. 오늘은 이만. – 이상 8회

인천공항 매각 '앞돈'은 누구에게?

김어준 지난번에 했던 그거부터 끝내죠. 앞돈.

정봉주 인천공항 앞돈?

김어준 지난번까지 나온 이야기가 뭐냐면, 각하께서 집권하자마자 인천공항 민영화 이야기가 나왔습니다. 그래서 2008년 공기업 평가에서 우리 각하께서 인천공항을 거의 꼴찌를 시킵니다. 그러면서 선진 경영기법을 도입해야 된다고 했습니다. 그런데 인천공항은 6년 연속으로 국제공항 평가에서 세계 1등을 하고 있으니까 선진 경영 따로 필요 없죠? 이미 1등인데. 이게

만약 인천공항을 팔면 세금이 줄어듭니다. 민간인이 사면 공항 이용 요금이 폭등합니다. 세금 손해, 이용객도 손해, 이용료 오르면 또 항공사도 손해. 다 싫어해. 아무 이유가 없어.

안 먹히니까 확장 공사 비용을 마련하기 위해서 팔아야 된다고 합니다. 확장 공사 예산이 4조 원이에요. 그런데 지금 인천공항은 매년 순이익이 몇 천억 원씩 쌓여.

주진우 공사 때까지 2조 원이 넘죠.

김어준 그렇기 때문에 절반은 금방 마련할 수 있고, 매년 몇 천억 원씩 벌고 있습니다. 게다가 독과점이에요. 우리나라에선 인천공항을 통해야 외국으로 나가 전부 다. 우리나라가 없어지지 않는 한 인천공항은 망하지 않아! 돈 빌릴 수 있는 확률도 백 퍼센트야. 차입할 수 있어. 근데 이걸 왜 팔아? 게다가 확장 공사가 2017년이에요. 필요하면 그때 팔면 되지 왜 각하 임기 중에 팔아야 돼? 이게 다 기본적으로 말이 안 돼요. 만약 인천공항을 팔면 세금이 줄어듭니다. 지금 조세 수입이 한 1천억 원 됩니다. 민간인이 사면 공항 이용 요금이 폭등합니다. 이미 호주 매쿼리 공항은 9배 올랐고, 히드로 공항도 6배 올랐습니다. 세금 손해, 이용객도 손해, 이용료 오르면 또 항공사도 손해. 다 싫어해. 아무 이유가 없어.

인천공항을 사겠다는 회사가 매쿼리인데, 그들이 사겠다고 말했을 때 한국지사 대표가 바로 각하의 조카. 연결고리가 여기서 나옵니다. 각하의 조카, 이상득 형님의 아들. 지난주에 여기까지 했는데, 주진우 기자가 마지막에 얘기한 게 뭐냐면,

정봉주 앞돈을 주는 거다.

국가가 51%를 소유한다니까 49%를 전부 해외에 매각하는 걸로 알고 있는데, 해외에 매각할 수 있는 지분은 30%입니다. 나머지 19%는 이렇게저렇게 쪼개고, 또 그중 15%는 국내 기업에 매각할 수 있는 길을 열어놓은 겁니다.

김어준 우리가 뒷돈, 뒷돈 얘기를 하니까 주 기자는 앞돈을 주는 거라고.

정봉주 그 내용은 조금 있다 말씀하시고, 국회에서 법안이 어떻게 됐는지 그 상황을 말씀드리겠습니다. 지난번에 제가 잘못 발언했습니다. 국회에서 법안이 통과돼야 매각할 수 있다고 말했는데, 그게 아니라 지금도 매각할 수 있습니다.

김어준 그건 왜 그렇습니까?

정봉주 현재 인천국제공항공사가 외국 자본에 매각해도 아무런 문제가 없습니다. 법적 규제가 없어요. 국가가 '자기 물건' 자기가 팔아먹는 겁니다. 그런데 지금 국회에 발의해놓은 법은 뭐냐면, 공항을 외국 기업한테 헐값에 매각하는 것은 특혜다, 이런 비판이 있으니까 두 가지 법안을 제출해놓습니다.

첫 번째는 '인천국제공항공사법 일부개정 법률안'을 만들어서 51. 5%를 국가가 소유하게끔 만드는 겁니다. 그러니까 이런 꼼수예요. 51% 이상을 국가가 소유하고 있으니 결정적 지배권을 국가가 갖고 있다. 이게 어떻게 매각이냐? 이런 얘기를 하기 위해서 주식 51%를 국가가 소유하는 법을 만드는 겁니다. 그리고 공항 활주로 같은 기반 시설은 국가에 귀속시키겠다. 그러니까, 실질적으로 우리 국가가 공항을 소유하고 있는데 무슨 매각이냐? 이러는 거죠.

김어준 그걸 거꾸로 얘기하면 49%는 팔아도 된다는 얘기죠.

정봉주 그렇죠. 그 법안을 한나라당 의원 33명이 공동 발의해서 2010년 3월 21일에 제출했습니다. 그 법안에 또 무슨 내용이 있냐면, 외국의 국가 기관이나 외국 자본은 30% 이상 소유할 수 없게 했습니다. 국가가 51%를 소유한다니까 49%를 전부 해외에 매각하는 걸로 알고 있는데, 해외에 매각할 수 있는 지분은 30%입니다. 나머지 19%는 이렇게저렇게 쪼개고, 또 그중 15%는 국내 기업에 매각할 수 있는 길을 열어놓은 겁니다. 외국 기업에 판 것과 비슷한 금액으로 팔겠다는 건데, 앞으로 만약에 매각을 한다면 그걸 누가 먹을 것이냐 이것도 들여다봐야 합니다. 국내 기업 중에서 아마 각하의 친인척이 관련된, 각하께선 가족애가 남다르시기 때문에, 그런 기업이 파고들어가지 않겠냐, 저는 이렇게 보고 있는 겁니다.

김어준 쓰리쿠션.

정봉주 네. 쓰리쿠션 기법이죠. 그리고 또 하나, '항공법 일부개정 법률안'을 내놓았습니다. 항공법은 간단해요. 매쿼리 공항의 이용료가 9배 뛰었다고 비판하니까 이번에는 또 그걸 피하기 위한 법률안을 낸 겁니다.

김어준 어떻게 해서든 팔려는 거군요.

정봉주 항공법 개정안은 뭐냐면, 공항 사용료에 대한 가격 규제 제도를 변경하는 겁니다. 지금은 신고제입니다. 국가가 운영하니까 신고만 하면 되죠. 그런데 이걸 앞으로 정부 승인 제도로 변경하겠다는 겁니다. 그러니까 만약 사용료를 비싸게 받으려고 하면 정부가 승인하지 않을 거니까 팔아도 된다, 이겁니다. 목숨을 걸고.

주진우 누가 그렇게 목숨을 겁니까? 도대체 누구예요?

정봉주 위대하신 각하께서 어떻게든 팔려고? 선진 경영기법을 도입하려고?

김어준 어떻게든 비판을 피해서 팔아보려고?

정봉주 2010년 9월에 한나라당 송광호 국토해양위원장이 이 법안을 올렸는데, 그때 민주노동당 강기갑 의원이 극력 반대했어요. 안 된다. 이 법안 올리면 안 된다. 그랬는데 여기서 민주당이 잘못했어요. 원래 국회에서는 상임위원회에서 법안을 올리기 전에 양당 간사가 협의를 합니다. 한나라당 최구식 간사, 민주당 최규성 의원, 이 말 분명히 들으셔야 합니다. 그때 최규성 의원이,

김어준 합의를 해줬구나.

정봉주 법안을 일단 올리고, 올린 상태에서 막겠다고 했다는데, 이런 식으로 밀려나간 법들이 많아요.

김어준 민주당 잘못이네.

정봉주 제가 국회의원 떨어지니까 이런 문제가 발생하는 거예요. (캴캴캴)

김어준 찬스 나왔어, 찬스. (푸하하)

주진우 깔때기야 깔때기. (수줍수줍)

김어준 그 미세한 틈을 뚫고 들어와.

정봉주 현재 이 법안은 국회 법안심사소위원회에 올라가 있습니다. 법안심사소위의 위원장은 최규성 의원입니다. 최규성 의원이 그때 잘못을 반성한다면 이 법안은 심사하면 안 됩니다. 물론 지금 전체적인 상황은, 각하가 힘이 빠져서 통과가 안 될 것으로 봅니다.

검은머리 외국인

김어준 그런데, 제가 보기에 아까 그 쓰리쿠션 기법과 국내 기업이 먹는 부분,

정봉주 약 19% 됩니다.

김어준 그걸 처리하는 데 쓰리쿠션 기법만 있다고 생각하지 않습니다.

정봉주 한발 더 나가시는군요.

김어준 각하께서는 굉장히 창의력이 넘치시는 분이거든요. 특히 이 분야에서는. 제가 론스타를 보면서 그 생각을 했는데, 론스타에 '검은머리 외국인' 많잖아요? 우리나라 사람인데 외국 자본인 척하면서 론스타에 올라타서 배당으로 빼먹는 사람들. 그 론스타가 약 2조 원을 배당으로 빼갔지 않습니까? 제가 보기에는 이 론스타처럼 배당으로 빼먹을 수 있다, 이렇게 생각해요. 왜냐하면 이미 매쿼리가 배당으로 1천억 원대를 가져가지 않았습니까?

주진우 SOC에 투자할 때, 특히 매쿼리는 SOC 건설비용의 20% 정도만 내고 전권을 가집니다. 20%만 투자하면 정부에서 SOC 건설자금을 약 20% 대주고 산업은행에서 시행사한테 대출을 해줘요. 인천공항 고속도로, 서울-춘천 고속도로, 우면산 터널도 그렇게 했습니다. 20%만 가지면 전권을 쥘 수가 있습니다. 하나 더 말씀드리자면, 각하께서 서울시장으로 계실 때 매쿼리가 우면산 터널을 이런 식으로 인수했습니다.

김어준 아, 그때부터 이미 관계를 텄군요.

주진우 매쿼리하고 서울시하고 30년 협약을 그때 맺었습니다.

김어준 각하의 의리!

정봉주 그렇게 의리 있는 분이 왜 축의금을 안 보냈는지는 정말 궁금합니다.

김어준 10만 원!

주진우 매쿼리인프라(매쿼리한국인프라투융자회사, MKIF)에 투자를 한 회사가 우리나라에도 많은데 군인공제회, 신한금융, 금호, 대한생명. 이렇게 매쿼리가 국내 기업들을 모으면 30%가 아니라 40%도 채울 수 있습니다.

김어준 그러니까 검은머리 외국인을 통해 론스타 수법대로 할 것 같아요,

저는.

주진우 매쿼리인프라에 자산을 투자하고 운영하고 관리하는 회사가 신한이에요.

김용민 신한은행?

주진우 신한매쿼리금융자문, 그다음에 매쿼리신한인프라스트럭처. 뭐 이름을 일단 어렵게 해놔야 사람들이 모르죠.

김어준 그 기법이 그런 거군요. 옵셔널벤처스, LKe뱅크. 이미 BBK에서 터득한 기법이죠.

주진우 그렇죠, 각하가 생각이 깊어요. 2009년에 매쿼리인프라에서 신한 측에 지불한 컨설팅 비용이 250억 원이 넘습니다. 신한하고 이 정권의 관계에 대해서 좀 더 짚어봐야 하는데, 라응찬,

김어준 신한 회장님!

주진우 지금은 그만두셨죠. 어쨌든 라응찬 전 회장님이 대단히 큰 인물인데, 이상득 형님하고 상당히 친합니다. 이분이 박연차 사건 때 50억 원을 준 혐의가 있지 않습니까? 무혐의였습니다. 그다음에 204억 원짜리 차명계좌가 나왔죠? 무혐의였습니다. 돈 있는 사람이 통장 하나 만든 거? 이렇게 얘기하지만 그때 비자금 3억 원이 외부로 나갔다고 했을 때, 누군지는 몰라도 이씨 이름들이 계속 나왔습니다. 바로 무혐의였어요.

김어준 디테일 리.

주진우 그 이름들이 계속 나옵니다. 그런데 그때, 이상득 형님께서 노환균 서울지검장이라고, TKK(대구·경북·고려대) 사단의 적자嫡子를 계속 박아두면서 신한 수사에 관심을 기울였다는 풍문이 있습니다. 그런 데까지 연결이 됩니다. 만일 매쿼리인프라가 인천공항을 20% 인수하면 신한이나 다른…….

어쨌든 19%, 국내 자본이 먹을 수 있는 분량에 어떻게 수저를 올리느냐, 혹은 검은머리들이 어떻게 변장을 하고 들어가느냐, 또 어떻게 배당으로 빼먹느냐, 요거, 론스타가 실제로 했지 않습니까? 2조 원을 한방에 빼먹는 거.

정봉주 30%까지 인수할 수 있는 법안도 올라갔죠.

주진우 그렇지만 그 사람들, 원래 그 정도 돈밖에 없어요. 조금 내놓고 많이 빼먹는 빨대 작전 아닙니까. 그 정도만 내고 '검은머리'를 충분히 모아서 전권을 행사할 수 있는 그런 능력은 되는 사람들입니다.

김어준 각하와 매쿼리의 역사가 그렇게 올라가는군요. 그러고 나서 쭉 조카가 그 회사 대표 일을 했었고. 어쨌든 19%, 국내 자본이 먹을 수 있는 분량에 어떻게 수저를 올리느냐, 혹은 검은머리들이 어떻게 변장을 하고 들어가느냐, 또 어떻게 배당으로 빼먹느냐, 요거, 론스타가 실제로 했지 않습니까? 2조 원을 한방에 빼먹는 거. 이 방식으로 하면 몇 천억 원씩 나오거든요.

주진우 세금도 피할 수 있습니다. 매쿼리가 2009년에 1천900억 원을 배당하면서 세금을 한푼도 안 냈습니다.

김어준 그러니까요. 어차피 주주들끼리 배당 나눠 먹는 거니까. 그래서 제가 계속 말하는 게, 인천공항 매각이 아니고 매입입니다, 이건.

정봉주 한나라당에서도, 2010년 10월 4일 인천국제공항공사 국정감사를 하는데 민주당처럼 반대를 해요. "인천공항은 지금 성장 초기 단계이고, 저평가 상태다. 서두르면 헐값 매각이 될 수 있고, 국부 유출 의혹을 피할 수 없다." 한나라당 정희수 의원의 발언입니다.

김어준 자기들도 다 아니까.

정봉주 저는 한나라당에서도 분명히 막을 거라고 봐요. 한나라당의 요즘 상황을 보면 계파가 세 개로 나눠졌답니다.

김용민 친이, 친박 말고 또 있나요?

정봉주 친이는 이미 몰락해서 완전히 와해됐고 '친박, 비박, 반박' 이 세 개밖에 없대요. 친이라고 하는 존재는, '너 친이지?' 하면 대답 안 하고 다 도망간답니다. 반박은 거의 숫자도 없대요. 한나라당 장재원 의원은 인천공항 매각에 대해 뭐라고 하냐면 "국민 정서가 별로 좋지 않다. 흑자 기업을 해외에 팔면 경영의 간섭을 받고 공항의 공공성이 떨어질 것이라는 우려가 있다." 민주당 발언하고 똑같습니다. 인천공항은 매각하지 못하게 막아야 합니다.

주진우 그렇게 생각하는 건 각하의 용기를 폄하하는 거라고 봐요.

김어준 지난 시간에 얘기했잖아, 호연지기!

주진우 절대 물러서지 않는 분이죠. 그런데 아까 매각이 아니라 매입이라고 했는데.

정봉주 매입이 맞을 것 같아요. 그러니까 이렇게 보시면 돼요. 각하께서 재테크를 통해 사기업은 많이 가져봤는데, 이제는 전직 대통령으로서 공공성 있는 공기업 하나쯤 갖고 있어야 하지 않겠냐.

김어준 비즈니스 모델의 무한 확장인 거죠. 각하만이 가질 수 있는 창의력.

정봉주 퇴임 후까지 이어지는 국가에 대한 관심, 그리고 출국하고 입국하는 국민들에 대한 애정. 이걸 위해서, 내가 한번 인천공항을 매입해야겠다?

김어준 이 안정적인 수익 모델. 국가의 수익 모델화. 각하만이 도달할 수 있는 높은 경지죠.

정봉주 국가와 자신을 일체화시키는 거죠.

– 이상 9회

매각이 아니라 매입이다?

김용민 인천공항 얘기를 좀 더 하죠.

김어준 아, 에이에스할 게 너무 많아.

주진우 2011년 8월 1일 우리 홍반장께서 국민주 매각 얘기를 들고 나왔습니다.

김어준 그게 진짜 핵심이에요.

주진우 홍반장이 7월 14일 한나라당 대표가 된 다음에 한국노총을 방문해서 이용득 한국노총위원장을 만났습니다. 그날 "인천공항은 말도 안 돼, 양양공항이나 팔면 모를까 인천공항을 누가 팔아?" 이런 식으로 말했습니다.

김어준 그 양반은 원래부터 인천공항 파는 건 말도 안 된다고 생각하고 있었어요.

주진우 우리 홍반장이 말은 시원시원하게 하시거든요.

김어준 흔히 말하는 잔대가리 안 굴리는 사람이에요.

주진우 그렇죠. 일단 질러놓고, "맞을래?" 이러죠. 아무튼 7월 30일 홍반장이 청와대에서 이명박 각하하고 조찬을 했습니다.

김어준 그때 확 바뀌었어.

주진우 2009년 10월 30일 매킨지에 30억 원을 주고 '인천국제공항 용역 보고서'를 받습니다. 경영 진단 용역 보고서인데, 341페이지를 보면 인천공항을 어떻게 팔 것인가에 대한 내용이 나옵니다. '기업 상장을 통해 지분을 국민들한테 우선 매각한 후 전략적 필요에 따른 투자자를 유치함으로써 지분 매각의 효과를 극대화할 수 있다고 기대된다.'

김용민 매킨지 보고서에 이미 국민주 매각 시나리오가 있었던 거예요?

주진우 2009년에 벌써 나왔어요.

김어준 그냥 팔면 저항이 심하니까 국민주로 쿠션을 한번 주자는 거죠.

매킨지 보고서에 이미 국민주 매각 시나리오가 있었던 거예요? 예전에 포스코나 한전도 국민주 방식으로 지분을 매각했지만 나중에 재매입했잖아요.

주진우 시장에서 다수에게 매각하면 일부 개인이나 집단에 대한 특혜 제공 가능성이 없어진다, 그러니까 먼저 국민한테 지분 매각을 한 다음 주가를 올려서 국민들한테 혜택을 주는 척한 뒤 전략적 투자자를 유치해서 사들인다. 이런 뜻이죠.

김용민 예전에 포스코나 한전도 국민주 방식으로 지분을 매각했지만 나중에 재매입했잖아요.

김어준 공기업의 이윤을 국민들한테 돌려준다는 명분을 내세우지만 국민들이 받는 주식은 10주가 안 돼.

김용민 2주.

김어준 이번엔 2주야? 그걸로 무슨 이익을 줘. 그게 얼마나 된다고.

주진우 그거 바로 시장에 나옵니다.

김어준 곧바로 내다팔죠.

주진우 그게 바로 이 사람들이 사들이기 좋은 주식입니다. 49% 매입이 아니라 20% 정도만 매입하면 충분히 컨트롤할 수 있다고 지난번에도 말했지 않습니까. 이 사람들 목표가 딱 15~20%예요.

김어준 홍반장은 그것도 모르고…….

정봉주 여기에 아주 중요한 꼼수가 있습니다. 지금 주진우 기자가 정리한 그 내용입니다. 앞에서 국회에 두 가지 법안이 발의돼 있다고 말씀드렸죠. 요약하면, 외국 자본에 매각할 경우 30%를 넘길 수 없다, 정부가 51% 이상

국민주로 팔려나간 49%는 몇 주일 있다가 다시 시장에 나옵니다. 이때 사들이는 쪽은 대부분 외국 자본이에요. 그러면 30%가 아니라 49%가 통째로 외국 자본에 넘어가는 것을 막을 수 없는 거예요.

을 보유한다, 나머지 약 19%는 일반인에게 매각할 수 있다. 그런데 그때의 방식은 전략적 투자자에게 먼저 30%를 매각하고 나머지 19%를 국내에 매각하는 거죠.

지금 나온 국민주 방식은 완전히 다른 겁니다. 원래 두 가지 방식이 늘 있었어요. 전략적 투자자에게 먼저 매각을 하는 방식이 하나고, 나머지는 국민들에게 먼저 매각하는 방식. 이번에는 후자를 택했어요. 이때의 결정적 꼼수는 뭐냐? 처음에 국민주 15%를 먼저 매각해서 빗장을 푼 다음에 나머지 30%도 매각해 결국 49%를 다 국민주로 매각하겠다는 발상을 갖고 있는 거예요. 여기서 무슨 문제가 생기냐면, 국민주로 팔려나간 49%는 몇 주일 있다가 다시 시장에 나옵니다. 이때 사들이는 쪽은 대부분 외국 자본이에요. 그러면 30%가 아니라 49%가 통째로 외국 자본에 넘어가는 것을 막을 수 없는 거예요.

김어준 그러니까 쿠션을 한 번 더 주는 거구나. 직접 외국 자본에게 판매하지 않았기 때문에.

정봉주 직접 외국 자본에 매각하는 방법은 30%를 넘기지 못하도록 법안이 제출돼 있죠.

김어준 이런 식으로 '뻠빠이'해가지고 다 뿌려버리면 49%를 누가 주워가는지 어떻게 알아?

정봉주 그게 시장의 논리인데, 1988년에 국민주 매각 방식으로 판 포항제철,

즉 포스코의 지분 49%가 외국 자본에 넘어가 있잖아요.

김어준 여기서 오해의 소지가 있는데, '순수' 외국 자본이 사들이는 게 아니에요.

정봉주 외국 자본을 빙자해서 각하가 직접 매입?

주진우 인천공항으로 가는 길과 다리는 이미 매쿼리에서 다 가지고 있어요.

김어준 길, 다리, 공항까지 다 먹으려고 하는 거죠, 지금.

주진우 그런데, 일반적으로 공항을 관광객들이 해외로 골프를 치러 가거나 여행을 가기 위해 이용하는 플랫폼 정도로 생각하시는데, 이건 국가 기간 시설입니다.

김어준 그리고 국제공항이 그거 하나밖에 없어요. 서울 경기에.

주진우 거기다 빨대 꽂으면 얼마나 좋습니까.

김어준 대한민국이 망하지 않는 한 공항도 망하지 않아요.

정봉주 또 하나 문제가 뭐냐면, 만약 외국 자본에 넘어갔을 때 그 외국 자본이란 게 각하의 조카가 관여하고 있었던 매쿼리 아닙니까. 그리고 또, 항공법을 개정해서 공항 이용료를 신고제에서 허가제로 바꾸면 이용자에게 피해가 가지 않는다고 말하는데, 공항 이용료 자체는 크지 않아요. 주차료 있죠, 도로 사용료 있죠. 호주 매쿼리 공항도 공항 이용료는 오르지 않았지만 주차료 올랐죠, 무료 셔틀버스 유료로 됐죠. 그러면서 공항을 이용하는 비용이 전체적으로 6배 이상 뛰었다는 거 아닙니까.

김어준 그것도 꼼수네요. 그러니까 '설사 외국 자본으로 넘어간다 해도 각하가 무슨 상관이야?' 이게 바로 오해라는 거죠.

주진우 검은머리 외국인을 가장 잘 이용한 사람이 각하죠. 대표적으로 김경준.

김어준 돈의 성격이 외국 자본 같은데 실질적으로 그 돈의 주인이 한국인인

돈의 성격이 외국 자본 같은데 실질적으로 그 돈의 주인이 한국인인 거죠. 그걸 검은머리 외국인이라 부르는 건데, 론스타가 그런 방식으로 빼먹었다는 말이죠.

거죠. 그걸 검은머리 외국인이라 부르는 건데, 론스타가 그런 방식으로 빼먹었다는 말이죠. 그런데 외국 자본이, '검은머리 외국인'이라고 불리는 권력을 가진 국내의 누군가가 도와주지 않으면 절대 그런 방식으로 먹을 수 없습니다. 외국 자본이 앞줄에 나왔어도 그들의 힘만으로 이 모든 일을 해낼 수 있느냐? 모두가 반대하는 걸 추진할 수 있느냐? 외국 자본이 뭐라고 그걸 해요? 아니죠.

주진우 지금 각하께서 거의 목을 맨 것처럼 추진을 하고 있는데.

김어준 그러니까 홍반장도 청와대에 들어가서 말 듣고 나오더니 바뀐 거죠. 전체 윤곽을 모르는 거예요.

주진우 웬만하면 버티려고 했겠지만 청와대의 의지를 보고 이건 꺾을 수 없겠구나, 꼭 해야 되는 거구나. 이런 거겠죠.

정봉주 국회 쪽에 알아봤더니 항공법은 아마 처리가 안 될 거다, 이렇게 안이한 생각들을 해요. 국민주라는 방법으로 치고 나올 줄 몰랐던 거죠. 또 한가지 의혹이 가는 게, 만약 국민주로 풀렸을 때 불가사리처럼 집어삼킬 회사가 어디냐면 매쿼리인프라펀드예요. 이 펀드의 특징이, 다국적 기업이지만 우리나라에 들어온 법인은 독립채산적 성격을 띠고 있어요. 그래서 이런 의미로 이해할 수도 있다는 거예요. 가령 매쿼리인프라펀드가 인천공항 주식을 계속 매입한다. 그리고 한국에 진출한 매쿼리인프라펀드의 일정 지분을 각하가 소유한다. 그런 식으로 우회해서 들어갈 가능성이 있

매쿼리인프라펀드의 실질적 오너가 지금은 다국적 기업이지만, 만약 어떤 특혜를 받아서 조카 이지형 씨나 각하가 지분을 많이 소유하게 된다면 실질적으로 인천공항은 각하가 매입하는 것과 별반 다를 게 없다.

다는 거죠.

김어준 배당금 형식으로 해결할 수도 있어요.

정봉주 매쿼리인프라펀드의 실질적 오너가 지금은 다국적 기업이지만, 만약 어떤 특혜를 받아서 조카 이지형 씨나 각하가 지분을 많이 소유하게 된다면 실질적으로 인천공항은 각하가 매입하는 것과 별반 다를 게 없다. 우리는 각하가 절대 그럴 분이 아니라고 생각하지만.

김어준 지금 말씀하신 그 방식도 가능하겠고, 배당도 가능하겠고, 여러 가지가 있겠지만 각하께선 우리의 상상을 초월할 수도 있을 것 같아요.

주진우 각하하고 관련 있는 사람과 측근들이 그 매쿼리에 포진해 있습니다.

김어준 거기까진 확실해요.

주진우 몇 명이 있습니다. 미국에서부터 친분이 있었고, 서울시장 때부터 같이 일을 해왔던 사람들입니다. 국민주, 국민, 이렇게 말씀하시지만 각하께서 보통 위대하신 게 아니잖습니까? 국민이 아니라 몇몇을 위해 이익이 된다는 확신이 서면, 무조건 하십니다.

머슴에서 재벌로

김어준 우리가 방송 초반에 농담처럼 이런 얘기를 했잖아요, 각하의 꿈은 재벌이라고.

정봉주 정치학 원론에서 독재자의 마지막 꿈은 재벌이에요, 원래.

김어준 저는 이런 생각이 들어요. 각하의 출신이, 현대그룹 머슴으로 시작한 거 아닙니까. 정주영 회장의 표현을 따르면, 머슴.

정봉주 아무리 그래도, 각하의 과거 경력을, 머슴이 뭡니까.

김어준 그때 정주영 회장 아들들한테 굉장히 견제를 받았거든요. 제가 얘기를 들었는데, 밑에 있는 사람은 물론 자기 비서들도 안 믿었다는 거예요. 아들들이 견제하고 사람 심어놓고 그래서. 그렇다면 끊임없이 내가 받았던 굴욕을 되갚아주겠다는 생각, 정주영 회장을 뛰어넘는 강력한 재벌이 되겠다는 생각. 각하께서 이런 걸 가지고 있다. 요즘 그런 생각이 많이 들어요. 일단 여기까지 하고, 인천공항 얘기는 앞으로도 계속해서 파야 할 것 같아요. 각하께서 계속 노력하실 거니까.

주진우 각하는 몇 사람한테만 도움이 되면 그냥 합니다.

김어준 4대강 보세요. 그냥 해버리잖아, 그냥.

정봉주 그런데도 국회에서는 아직 제대로 파악을 못하고 있는 것 같아요.

김어준 파악 못했어. 설마 대통령이 자국의 기간 시설을 외국인을 이용해서 매입하겠어? 그런 상상을 누가 해? 상상조차 할 수가 없지.

정봉주 여기서 재미있는 게, 한나라당 유승민 최고의원이 결사반대합니다, 지금.

김어준 그 양반 알거든요. 똘똘해서.

정봉주 혹시 이런 거? 우리가 먹어야 될 걸 왜 니들이 먹어? 니들 이제 끝났잖아.

김어준 제가 보기에 그 양반은 이런 거 같아요. 꼼수가 밝혀졌을 때 받게 될 타격이나 부담을 결국 박근혜가 끌어안아야 되니까 그걸 막으려는 거겠죠.

– 이상 13회

자원외교냐 자위외교냐

원전 수주한 거 맞아?

김어준 최근에 각하께서 크게 한 건 하신 게 아랍에미리트 원전 수주죠. 수주하면서 원유 채굴권도 확보했답니다. 이 건이 큽니다. 원전을 수주했는데 우리나라 수출입은행이 돈을 대고 지어준다? 이건 많이 알려졌죠. 이거 말고.

2011년 초 일본 원전 사고 났을 때 각하께서 아랍에미리트로 날아간 적이 있습니다. 비행기 타고 뿅. 그러면서 10억 배럴 원유를 확보했다고, 방송 중단하고 기자회견을 한 적 있어요. 그때 원유 확보 MOU(양해각서) 체결했다는 이야기가 나왔거든요. 그런데 이 MOU라는 것이 Memorandum Of Understanding. 서로 무슨 말 하는지 잘 이해했다, 잘해보자는 거죠. 이 양해각서, 법적 구속력 전혀 없습니다. 이거 해놓고 나중에 본계약 안 해도 돼요. 그래서 MOU 체결하러 대통령이 다른 나라 가는 법은 없어요. 다른 일로 갔다가 패키지로 하고 오는 거지. 이거 하나 하려고 나가는 경

MOU에 '확보'라는 말 쓰는 것 자체가 구라죠. 아랍에미리트에 이미 석유 파이프 박고 있는 메이저 업체들이 2014년에 계약 연장을 해야 하는데, 그 계약이 깨져서 걔네가 안 한다고 하면 한국이 협상에 참여할 수 있다는 거예요.

우는 우리 역사상 최초일 겁니다. 보통 주무 부처에서 가죠.

정봉주 과장급.

김어준 그런데 골 때리는 게, 사진이 있어요. 일부 언론에 나왔는데 각하가 사인을 안 해요. 곽승준 미래기획위원장, 이 양반이 아랍에미리트 관료하고 둘이 앉아서 사인합니다. 그리고 각하는 뒤에서 자애롭게 지켜보십니다. 'MOU 체결했다'가 아니라, '체결을 지켜봤다'고 제목 나와야 해! 체결을 지켜보신 분이야, 우리 각하! 증거 사진 있어! (푸하하)

MOU는 대통령이 사인하지 않는 건데, 그런데도 갔어요. 본인이 원유 확보한 걸로 티브이에 나오려고. '10억 배럴 이상의 유전 개발에 참여한다, 한국이 확보한 유전 중에서 단일 유전으로 가장 크다', 그렇게 표현했죠. 그러면서 조중동 짝짝. '쾌거.' 이거 다 거짓말입니다. MOU에 '확보'라는 말 쓰는 것 자체가 구라죠. 실제 내용 보면 더 골 때려요. 아랍에미리트에 이미 석유 파이프 박고 있는 메이저 업체들이 2014년에 계약 연장을 해야 하는데, 그 계약이 깨져서 걔네가 안 한다고 하면 한국이 협상에 참여할 수 있다는 거예요. 그러니까 걔네가 안 하면 우리가 협상에 참여할 수 있는 응모권을 받은 거죠. 응모권.

주진우 계약 연장 협상이 깨질 가능성은 로또에 당첨될 확률만큼이나 희박합니다.

김어준 각하는 로또를 사면 10억 원짜리 당첨됐다고 발표하실 분이에요. 로또 한 장 사놓고 그런 호연지기를 발휘하신 거예요.

정봉주 아랍에미리트 건을 보면 정말 내용이 기가 막힙니다. 10억 배럴 이상 되는 광구에 대한 조광권, 그러니까 유전 개발에 참여할 수 있는 권리를 얻었다는 건데, 아랍에미리트 73개 유전 중에 10억 배럴 넘는 게 6개입니다. 그런데 현재 거기에 참여하고 있는 업체들이,

김어준 그 메이저들이 엑슨모빌, 쉘, BP, 토탈, 그러니까 미국, 영국, 프랑스의 기업들이죠.

정봉주 세계 1위가 엑슨모빌인데 2009년 매출액이 우리 돈으로 310조 원이에요.

김어준 우리나라 1년 국가 예산과 똑같습니다.

정봉주 세계 2위가 BP인데 영국 회사죠. 여기는 2009년 매출액이 우리 돈으로 246조 원이에요. 국가 예산 단위예요.

김어준 그렇게 큰 회사들입니다.

정봉주 그런 데가 포기하면 우리 석유공사가 들어간다는 거거든요. 석유공사는 참고로 세계 원유 개발 업체 순위 77위예요. 들어갈 가능성이 전혀 없죠.

김어준 걔네들이 수십 년간 뽑아내고 있다가, 석유가 펑펑 나오는데도 계약을 포기한다?

정봉주 계약을 포기할 리가 없죠.

김어준 미쳤다고 관둬요? 그렇지만 만약에, 걔들이 연장 계약을 안 한다면 그건 가격이 안 맞든가 석유가 더 이상 안 나오는 거죠. 더 웃기는 건, 엑슨모빌이 제일 큰데 그 유전의 지분 60%를 아랍에미리트가 갖고 있어요.

정봉주 개발한 거 60%는 아랍에미리트에 다 가는 거죠.

김어준 그런데 MOU 한 장 달랑 쓰고, 말도 안 되게, 확보? 외신을 보면 엑슨모빌의 라이벌이 쉘인데 엑슨모빌은 라이벌들 다 떨궈내고 혼자 먹으려고 해요. 얘들이 아랍에미리트에 진출한 게 1930년대입니다. 그러니까 벌써 70~80년간 거래해왔어요. MOU 한 장 쓰고, MOU 체결 구경하고 온 각하하고는 거래 기간 자체가 달라요. 설사 얘들이 서로 안 한다고 해도 그 다음을 노리는 업체가 없느냐? 또 있습니다. 유명한 업체 중에 오스트레일리아의 OMV라고 있어요.

김용민 오, MB!

김어준 OMB가 아니라 OMV. 이 회사의 대주주가 또 아랍에미리트예요. 그러니까 제가 보기에는 아랍에미리트에게 완벽하게 놀아난 거죠. 들러리가 많을수록 좋은 조건을 끌어낼 거 아닙니까. 아랍에미리트도 상대 업체들의 매출 규모가 한 국가의 예산 규모라는 건 안단 말이죠. 진짜 웃기는 건, 그날 지식경제부 에너지자원실 김정관 실장이 브리핑을 해요. 에너지 주무부서가 거기니까 그쪽이 아랍에미리트에 가서 사인해야 하는데 각하의 양아들이라고 불리는 곽승준 미래기획위원장이 갔단 말이죠.

정봉주 이름도 이상한 게 미래기획위원회가 뭐예요? 원래 기획은 미래를 위해서 하는 거잖아요. 과거기획위원회도 있나?

김어준 폼이 나잖아.

주진우 좋은 단어는 막 쓰는 경향이 있습니다.

김어준 브리핑을 하는데 기자들이 물어봤어요. 그때 김정관 이 양반이 사실대로 말을 합니다. "우리한테 기회가 안 올 수도 있다. 배타적 권리가 아니다. 기존 메이저 업체들이 아랍에미리트에 유리한 조건 제시하면 당연히 그 업체와 계약한다." 너무나 사실대로, 각하의 호연지기에 '빅 엿'을 드린 거야, 빅 엿을! 그래서 사실이 밝혀졌네? 그런데 기자들이 나쁜 거야. 대서

특필해야 할 거 아냐. 그런데 이 기사는 조그맣게 나왔어.

정봉주 그리고 오후에 말을 바꾸죠.

김어준 각하의 호연지기를 뒤늦게 알고.

주진우 기자들이 있는 대로만 쓰면 이렇게까지 막나갈 수는 없는데, 너무 심각합니다.

김어준 여기까지가 최근에 자원외교와 관련한 각하의 플레이 중 하나입니다.

주진우 전문가들 말을 들어보면, 자원외교는 거의 자위외교라고 합니다. 마일리지 적립 이상의 효과가 거의 없다고 해요. 말씀하셨듯이 우리 각하께서 MOU 좋아하지 않습니까. 이거 애매해요. 각하가 대통령에 당선된 뒤 정부인수위원회에 있으면서 힘이 가장 셌을 때 첫 번째 MOU를 맺습니다. 바르자니 쿠르드 자치정부. 이라크에 있는 자치정부입니다. 이라크 정부하고 사이가 안 좋습니다. 수니파, 시아파, 터키계도 와 있고 여러 가지로 좀 복잡합니다. 중국의 신장 위구르, 티베트, 네이멍 자치구, 이런 걸 생각하면 됩니다.

2008년 2월 15일 각하께서 바르자니 쿠르드 자치정부 총리와 MOU를 체결합니다. 그때 한국석유공사, 삼성물산, 쌍용건설 등 한국 컨소시엄이 쿠르드 광구 4개를 탐사하는 MOU를 맺습니다. 원유 매장량이 10억에서 20억 배럴이고, 한국이 1~2년 동안 소비할 정도라고 뻥, 터트립니다. 그때 우리 쪽에서 윤진식 국가경쟁력강화특위 부위원장, 하찬호 당시 주이라크 대사, 류우익 당시 대통령 비서실장 등이 참여했는데, 여기서 한국으로 들어오는 석유 전혀 없습니다.

정봉주 그래서 SK를 비롯한 한국 기업들이 이라크 SOC 건설에 참여하기 위해 들어가려 해도 쿠르드 자치족하고 MOU 체결한 것 때문에, 이라크 정부의 승인을 못 받아서 일체 못 들어가고 있습니다.

주진우 이걸 주선한 사람이, 최규선이라고 기억하십니까? 최규선 이 양반, 훌륭한 사람입니다. 김대중 대통령 아들들한테 용돈 주고 그 사람들 앞장 세워서 사기 쳤다고 하는데, 2003년인가 2004년인가 감옥에 갔습니다. 그때 감옥에 DJ 주변 사람들 많았어요. 박지원 실장을 비롯해서. 최규선이 많이 두들겨 맞았죠. 교도관한테도 맞고, 지나가는 사람한테도 맞고. 귀가 퉁퉁 붓고 눈이 밤탱이 됐대요. 이건 빵잡이 동료의 증언입니다. 최규선이 네가 어떻게 그럴 수 있냐고.

최규선 씨는 1997년 대선 때 마이클 잭슨하고 알 왈리 사우디아라비아 왕자를 모셔온 사람입니다. 이 사람이 미국에서 유학을 했는데, 마이클 잭슨과 어떻게 사귀었는가 하면 처음에는 안 만나주더래요. 키도 작고, 동양에서 왔는데 마이클 잭슨이 만나주겠어요? 그런데 마이클 잭슨이 애를 좋아한다니까 아이들한테 색동옷을 입혀서 무작정 집 앞에 그냥 서 있었다는 거죠. 며칠을 그렇게 서 있었더니 마이클 잭슨이 '너 누구니?' 하고 물어보면서 관심을 기울이더래요. 마이클 잭슨 생일날 최규선이 어린이 사물놀이패를 조직해서 공연을 벌였답니다. 그렇게 마이클 잭슨과 친해져서 대선 때 마이클 잭슨이 한국에 와서 DJ와 비빔밥을 먹은 건 사실입니다.

김어준 그게 최규선 작품이었군요.

주진우 그거 말고는 한 일이 없어요. 감옥에서 회사 하나 만든 게 있긴 한데, 각하가 딱 그걸 가지고 MOU를 체결합니다. 그다음부터는 애매해요. 아무것도 없습니다.

정봉주 아랍에미리트에서 우리 각하가, "자주개발률을 15%로 끌어올렸다"고 했어요. 이미 끌어올렸대요, 석유는 아직 오지도 않았는데. 어떻게 끌어올렸냐? 그랬더니 뭐라고 하냐면, "아랍에미리트 양해각서 맺은 곳에서

아랍에미리트에서 우리 각하가 "자주개발률을 15%로 끌어올렸다"고 했어요. 어떻게 끌어올렸냐? 그랬더니 뭐라고 하냐면, "아랍에미리트 앙해각서 맺은 곳에서 약 10억 배럴 나오지 않겠냐."

약 10억 배럴 나오지 않겠냐", 이런 희망 사항을 덧붙이고 나서, "이외에 미개발 유전이 3개 있는데 탐사권을 얻었기 때문에 한 광구에서 하루 3만 5천 배럴씩 나온다면……."

김어준 저, 빛나는 상상력.

정봉주 그렇게 가정했을 때 15%다.

김어준 그 정도 경지에 도달하신 분은 허경영 총재밖에 없어요. (푸하하)

정봉주 그런데 외국 언론에서 뭐라고 평했냐면, '자주개발률이라는 건 그때 당시 석유가 나오는 양과 전체 사용하는 양의 비율을 계산하는 것이다, 앞으로 나올 석유를 예상해서 자주개발률이라고 계산하는 나라는 없다.'

김어준 당연히 없지. 아직 나오지도 않았는데.

'인터내셔널 호구'

정봉주 각하께서 2009년 12월에 또 대단한 크리스마스 선물이라면서 이라크 바지안 광구 개발 MOU를 맺었습니다. 지금 석유공사가 가서 캐고 있습니다. 그런데, 비용이 엄청나게 들어서 석유공사가 지금 부실 위기에 몰려 있어요. 바지안 광구 때문에.

김어준 원래 우리 석유공사가 그런 식으로 MOU 체결하고 파서 나온 적이 없어요.

주진우 석유 말고 조개나 캔다고 했으면 좋겠어요.

정봉주 앞에서 말했듯이 탐사권을 얻은 미개발 유전이 3개 있는데, 유일하게 보도하는 언론이 있어요. 그게 순전히 허구였다고 대놓고 깠어요. 난리가 났죠. 실제 내용을 들여다보고, 그 기자하고 통화도 해보고 했어요. 그랬더니,

주진우 요샌 준비도 해오시네요.

정봉주 준비해야죠. 감옥 갈지 모르니까.

주진우 원래 안 하던 짓 하면 감옥 가요.

정봉주 보세요, 각하께서 미개발 유전 3개 광구에 대해 탐사권을 얻었습니다. 그런데 여기는 이라크, 아랍에미리트에서 1970년대에 이미 경제권이 없다고 해서 포기했어요. 세 군데 전부.

김어준 놀아난 거라니까, 완전히.

정봉주 놀아났죠. 우리 석유공사는 아랍에미리트가 제시한 과거 자료, 즉 1970년대에 경제성이 없어 포기한다는 내용은 빠진 자료만 보고, "우리가 과거에 조사했었다. 당신들이 와서 해봐라"는 말만 듣고 미개발 탐사권을 얻은 겁니다. MOU로는 안 되니까.

김어준 알고 갔군. 완전 사기네.

정봉주 여기서 진짜 '인터내셔널 호구'라는 이야기가 나옵니다. 뭐냐면, 아랍에미리트와 MOU 맺는 조건으로 아랍에미리트가 보유한 석유 600만 배럴, 이걸 3년 동안 우리가 비축해준다는 약속까지 했어요.

김어준 공짜로?

정봉주 '공짜로 600만 배럴의 석유를 우리가 비축해주겠다.' 그런데 지금 우리나라가 1년에 얼마만큼 아랍의 석유를 비축해주냐면, 3천600만 배럴을

비축해줍니다. 거기서 1년에 1천억 원 정도 수익이 나와요. 일종의 창고 비용입니다. 이 가격으로 600만 배럴을 3년 동안 비축해주면 수입이 450억 원 정도 돼요. 그러니까 450억 원을 아랍에미리트에 공짜로 준 거예요.

김어준 내가 10억 배럴을 확보했다는 말 한 마디를 티브이에 내보내기 위해서? 아, 우리 각하는 절대 그럴 분이 아니긴 하지만.

주진우 마음 씀이 넓은 분이에요.

김어준 통이 크시니까. 자기 돈이 아닐 때는 통이 굉장히 크세요.

정봉주 그러면서 한 발 더 나가십니다.

주진우 거기서 더 나가면 어떻게 해.

정봉주 '600만 배럴을 그냥 우리가 비축해주는 게 아니라, 유사시에 우리가 쓸 수 있다. 그리고 전략 비축 비용 7천억 원을 부담할 수 있다.' 우리 정부가 이렇게 발표해요.

김어준 뻥을 친다고?

정봉주 그런데 석유공사 측은 뭐라고 하냐면, '비축해놓은 원유는 비상사태일 때 우리가 쓸 순 있지만 돈 주고 사야 한다'는 겁니다. 석유공사가 각하한테 '스몰 엿'을 먹인 거죠.

김어준 공사 실무자들은 각하의 호연지기를 이해 못하니까.

정봉주 MOU 맺고, 석유 안 나오는 탐사권 3개 얻고, 거기다 450억 원을 얹어주고 온 거죠.

김어준 각하께서 해냈다는 걸 알리기 위한?

정봉주 여기서 또 다른 꼼수. 아랍에미리트라는 나라가 회계가 깔끔한 나라가 아니거든요. 그러니까 450억 원은 반띵?

김어준 저도 거기 한 표.

정봉주 각하가 그랬다고 볼 순 없잖아요. 그렇지만 아랍의 경우는 해외 개발 국가에 자원 지원하는 거, 이게 대체로 반땅 돼서 돌아온다는 건 상식이죠.

김어준 단순히 광구뿐만이 아니었구나.

정봉주 호구가 아니라 재테크.

김어준 국민만 그렇죠. 각하는 그렇게 허술한 분이 아니니까. 어쨌든 자원외교에서 우리가 뭘 받은 적이 없어요. 그다음에 또 어디라구요?

주진우 카메룬 다이아몬드.

정봉주 이어서 미얀마 천연가스로 넘어갑니다.

주진우 그러면 깔끔하게 정리됩니다.

김어준 그 전에 아랍에미리트 건과 관련해서는 토탈이라는 프랑스의 메이저 회사가 자기들은 재계약한다, 이미 확정됐다고 말했어요. 그들의 주장이긴 하지만.

정봉주 우리 정부 부처에서 불어를 잘 몰랐겠죠.

카메룬 다이아몬드와 주가 조작

주진우 옛날에 자원외교 한다면서 철광석이니 석탄, 천연가스 얘기하고 다니던 사람들은 90%가 사기꾼입니다. 2008년 이후 각하 정권 들어서 사업 목적에 자원외교 한다, 자원 개발하겠다고 적어 넣은 회사들이 230개나 생겼어요. 그중에서 수익을 내고 있는 데가 10개도 안 됩니다.

자, 카메룬으로 갑니다. 2010년 12월 17일입니다. 얼마 안 됐죠. 외교통상부에서 보도자료를 냅니다. '우리나라의 C&K마이닝—오덕균이라는 사람이 대표입니다—회사가 카메룬 CAPAM과 공동으로 다이아몬드 광

박영준 차관이 카메룬을 방문합니다. 그러고 나서 외교통상부 보도자료가 나옵니다. C&K인터내셔널의 주가가 연일 상승합니다. 그러자 C&K인터내셔널이 29억 원어치 자사주를 팝니다. 당연히 주가가 빠지죠. 전형적인 주가 조작입니다.

산을 개발했다. 매장 추정량이 최소 4.2억 캐럿이다.' 이거, 상상도 안 됩니다. 전 세계 다이아몬드 생산량이 1억 7천만 캐럿입니다. 그러니까 2배가 넘습니다. 굉장합니다.

그런데 이 보도자료가 나오기 전에, 우리 이상득 형님의 오른팔인 박영준 지식경제부 2차관, 왕차관이죠. 이상득 형님의 보좌관 생활을 오래하다가 각하가 서울시장일 때부터는 선진국민연대를 만들면서 대권가도를 깔았던 사람입니다.

정봉주 지식경제부 2차관으로 갈 때 이미 박영준 차관은 '자원외교를 전담하기 위해 간다'고 선언하고 갔습니다.

주진우 그 박영준 차관이 국무총리실 국무차장으로 재직하던 2010년 5월에 그러니까 보도자료가 나오기 6개월 전이죠, 민간 고위급 대표단 단장으로 탄자니아와 카메룬을 방문합니다. 한국 기업이 다이아몬드를 캘 수 있도록 도와달라고. 그러고 나서 외교통상부 보도자료가 나옵니다. C&K인터내셔널의 주가가 연일 상승합니다. 1천 원대였는데 2010년 12월 말에 1만 7천 원까지 뜹니다. 그러자 C&K인터내셔널이 29억 원어치 자사주를 팝니다. 당연히 주가가 빠지죠. 전형적인 주가 조작입니다.

정봉주 자원외교가 다 그렇게 연결됩니다.

김어준 항상 느끼는 건데, 이 정권은 금융사기단 정권 같아요. 옛날에는 조직

항상 느끼는 건데, 이 정권은 금융사기단 정권 같아요. 옛날에는 조직폭력단 정권 같았는데. 모든 게 재테크로 연결돼.

폭력단 정권 같았는데. 모든 게 재테크로 연결돼.

주진우 정부의 발표로 C&K인터내셔널 주가는 춤을 추기 시작합니다. 그런데 막상 아무런 성과가 없어요. 그러니 주가가 떨어져서 개미들만 피해를 보는 겁니다.

C&K마이닝의 대표인 오덕균이라는 사람은 2003년 초반까지만 해도 수원에서 목욕탕을 하던 사람입니다. 실제로 카메룬에 가서 금을 좀 사오긴 했나 봐요. 이 양반이 목욕탕을 하다가 배우자 정씨 명의로 청주에서 단란주점을 운영했는데 미성년자를 고용해서 처벌을 받았습니다. 그리고 2007년에는 금괴를 밀반입하다가 걸려서 또 처벌을 받았어요. 그런 사람이 갑자기 카메룬에서 다이아몬드 광산을, 그것도 전 세계 생산량의 2배짜리 광산을 개발했다고 떠들고 다닌 겁니다. 바람잡이는 박영준 차관이 해주고 외교통상부가 나서고. 누구는 빨대로 쪽 빨아먹고. 이 무슨 개, 이런 강아지 같은……. 그때 외교부 국제경제국장이라는 사람이 브리핑을 합니다. C&K마이닝의 부가가치 창출은 300배 이상이 될 것이다. 무슨 300배야. 진짜 세 대씩 때려주고 싶어요.

김어준 모든 게 결국 금융사기단과 똑같은 수법이군요.

정봉주 카메룬 다이아몬드 했으니까.

주진우 버마로 갑시다.

미얀마 해상 가스전, 불법은 성실하다!

정봉주 버마, 지금은 미얀마죠. 아무튼 다이아몬드를 측정할 때 중요한 게 4C입니다. 4개의 C를 봐야 해요. 첫 번째 클리어리티Clearity, 투명도. 두 번째 캐럿Carot, 크기. 세 번째 컬러Color, 색깔. 마지막으로 컷Cut, 깎인 면을 봐야 합니다. 다이아몬드 살 때는 4C를 유심히 살펴보시기를. 저는 평생 살 리 없지만.

주진우 다이아도 없으면서 뭐 그런 말을 해.

정봉주 이건 수능시험에 나온 지문입니다. 제가 강의할 때.

주진우 쓸데없는 건 많이 알아요. 하여튼.

정봉주 오늘 아침 〈경향신문〉에 이런 기사가 나와요. '유전 개발업체 관찰 필요. 주 미얀마 대사관이 총리실에 보고했다.' 그런데 이 기사에 누가 나오냐면, 이영수라고,

김어준 스타야, 이분은. 나꼼수에 매번 등장해.

정봉주 이영수가 누구냐면, (158쪽, '부산저축은행과 삼화저축은행' 참조) 민주당 우제창 의원이 "신삼길 삼화저축은행 명예회장의 불법자금 24억 원이 이영수를 통해서 2010년과 2011년 한나라당 전당대회에 흘러들어간 듯하다"고 말했다는 이야기를 했죠. 그래서 한 기자가 홍반장한테 물어보니까 "너 이러다 맞는다" 했다는 게 바로 그 사건입니다. 그때 등장한 사람이 이영수인데, 한나라당 전 청년위원장이고 지금은 내년 대선을 위해 해외 조직 관리를 하고 있어요. 이 양반이 운영하고 있는 회사가 KMDC입니다. 우제창 의원을 허위사실 유포와 명예훼손으로 고발해놓은 상태입니다.

주진우 고소 고발은 빨라요, 이분이.

정봉주 아주 빨라요. 그리고, 불법은 부지런하다?

김어준 불법은 성실하다.

정봉주 오늘 〈경향신문〉 기사가 뭐냐면, KMDC가 미얀마에서 해상海床 가스전 탐사개발권을 따냈는데, 이 회사가 좀 관리될 필요가 있다는 거죠. KMDC는 설립된 지 9개월 된 회사인데, MOU 과정을 거치지 않고 미얀마와 계약합니다. 이때 박영준 차관이,

김어준 박영준. 존경스럽습니다, 박영준.

정봉주 그 박영준 차관이 설립된 지 9개월밖에 안 되는 KMDC를 대기업이 참여하는 탐사개발 컨소시엄에 끼워 넣고 미얀마로 갑니다. 두세 차례 왔다 갔다 하더니 다른 대형 회사들은 빠지고 KMDC 이영수가 개발권을 따냅니다.

KMDC 마포 사무실에 가보면 아줌마 한 분이 계십니다. 그리고 아저씨 한 분이 과장이라고 나오는데, "저는 들어온 지 얼마 안 되고 아줌마보다 좀 높기 때문에 제가 대신 나왔습니다", 이래요. 미얀마에도 사무실이 있는데 연락이 안 돼요. 지금은 어떨지 모르죠.

그렇지만 KMDC는 탐사개발권과 관련한 계약을 실제로 맺었어요. 미얀마 해상 가스전 개발에는 우리나라에서는 대우인터내셔널이 2000년 초부터 나가 있어요. 2013년에 상업 개발이 완료되는데 총 4조 원이 투자됩니다. 현재까지 2조 원이 투자되었고 앞으로 2조 원이 더 투자될 예정입니다. 중국 회사들도 투자했습니다. 그게 태국과 미얀마 바다 밑에 있는 A1, A3 광구예요. 여기서는 지금 천연가스가 나옵니다.

KMDC는 자본금이 16억 원밖에 안 되는 회사예요. 그런 회사가 계약을 맺은 거죠. 어디어디 했냐면, 해상 A5, A7, 그리고 M5, M15, M16, 이 광구들을 다 계약했어요. 이쪽 업계에서는 박영준 차관 없었으면 개발권 못 땄다고 비판합니다. 그런데 계약을 따낸 뒤 아무런 역할을 안 하고 있

KMDC가 코스닥에서 다 죽어가는 기업을 인수할 것이다. 미리 자기 지분을 상당 부분 확보해놓고 '이 회사가 미얀마와 해상 가스전 개발 계약을 맺었다, 뒤에는 박아무개 차관이 있다'는 정보를 흘릴 거라고 합니다. 그러면 주가가 대폭 상승한다는 거죠.

습니다.

김어준 돈거래는 다 끝났겠죠?

정봉주 이 사람들, 주진우 기자가 말한 대로 탐사개발권 계약서를 들고 증권가 주변을 배회하고 있어요.

주진우 그런 걸 '펄'이라고 하는데 코스닥 업체나 코스피 상장 업체의 호재가 될 만한 주요 이슈, 개발권, 계약권, MOU가 증권가에 많이 돌아다녀요.

정봉주 그런 걸 들고 다니는 게 무슨 의미냐? 이쪽 전문가한테 물어봤더니 이렇게 말해요. "KMDC가 앤젤 펀딩을 받는 게 첫 번째 목표일 수 있고, 펀딩을 해서 자본이 어느 정도 확보되면 코스닥에서 다 죽어가는 기업을 인수할 것이다."

주진우 그런 회사 5억에서 10억 원 정도 합니다.

정봉주 다음 단계로, 인수하기 전부터 미리 자기 지분을 상당 부분 확보해놓고 KMDC와 합병하면서 '이 회사가 미얀마와 해상 가스전 개발 계약을 맺었다, 뒤에는 박아무개 차관이 있다'는 정보를 흘릴 거라고 합니다. 그러면 주가가 대폭 상승한다는 거죠.

주진우 전형적인 수법입니다.

정봉주 정권이 얼마 남지 않았기 때문에 KDMC 계약을 급속하게 추진한 겁니다. 빨리 치고 빠지자, 이런 전략인지도 모르죠.

국가가 수익 모델이라고 하는 제 주장이 비유가 아니라 사실인 거예요.

김어준 국가가 수익 모델이라고 하는 제 주장이 비유가 아니라 사실인 거예요.

주진우 돈 벌기 위해서 정치를 했다. 어떤 사람들에 대해서는 그렇게 생각해도 무방합니다.

김어준 모든 게 끝에 가면 돈이 있습니다. 항상.

주진우 LKe뱅크, BBK, KMDC, C&K마이닝, 영어 무척 좋아해요.

김어준 그리고 졸라 복잡해서 기억이 안 나.

주진우 그게 수법이죠. 이름을 금방금방 바꿉니다. KMDC가 나중에는 K5DC로 바뀌어요.

정봉주 이 사람들 참 성실한 게, 각하보다도 한 수 위입니다. 각하는 MOU를 맺고 10억 배럴 확보했다고 터트리잖아요. 그런데 이 사람들은 실제로 계약을 따내긴 했어요.

김어준 상대방과의 거래가 있었겠죠.

정봉주 가스전 개발하려면 15년 걸린답니다.

주진우 그러나 우리가 모르는 빼먹는 수법이 있을 겁니다.

김어준 아예 자기들이 소재를 개발해요. 연구개발을 하는 거죠. 그다음에는 쭉 해왔던 금융 기법, 주가를 뻥튀기해서 '먹튀.' 더 성실해졌어.

주진우 지금 금융 사기의 좋은 소재로 자원 개발, 석유, 금, 천연가스, 이런 걸 갖다 쓰는 겁니다.

정봉주 김대중 대통령 시절에 그 주위에서 사기 친 사람들은 수가 낮았어요. 신안 앞바다 보물섬. (캳캳캳) 그런데 이 사람들은 이름도 복잡한 영어를 쓰면서 해외로 나가요. 투자자가 나오면 실제로 미얀마에 데리고 가서 장관을 만납니다.

김어준 얘들이 소재를 스스로 발굴해내고, 그걸로 주가 뻥튀기하고, 먹고 튀고, 이런 사이클을 돌리는데 어떻게 그 사이클에 항상 각하 주변 인물이 있나 몰라. 얼마나 신기해.

정봉주 제가 캄보디아에 간 적이 있어요. 우리나라 지점장 8명이 모여서 캄보디아 금광 개발을 한다고 해서 갔더니, 왕회장이란 사람과 한국 사람 180명이 있었는데, 150명이 지명수배자예요. 왕회장이라는 현지 브로커도 한국에서 하와이로 도망갔다가 다시 하와이에서 캄보디아로 도망 온 사람인데, 하와이에 있는 캄보디아 난민들과 친해져서 들어왔대요.

금광 개발권을 따냈다고 해서 왕회장을 통해 그 나라 산자부 장관을 만났는데 반바지에 슬리퍼를 신고 나와요. 진짜 장관 맞아요. 그런데 3일 있다 또 장관이 나오는데 다른 사람이에요. 어떻게 된 거냐니까 바뀌었대요. 장관이 일주일에 한 번씩 바뀌나? 그러니까 투자하려는 사람이 현지에 가면 실제로 장관을 만나니까 독점 개발권 따냈다고 착각하는 거죠. KMDC 같은 경우도, 계약권을 갖고 눈먼 투자자들을 미얀마에 한 번 데리고 갔다 오면 '가능성 있구나, 어마어마하구나' 이렇게 생각할 수 있다는 거죠.

주진우 캄보디아나 미얀마에서 이런 거 따고 싶은 사람 연락 주세요. 따드릴 수 있어요. 그런데 왜 자원 개발과 관련해서 이렇게 성과가 없을까요? 회사가 230개 정도 생겼다고 했잖아요. 그런데 성과 내는 기업은 SK에너지나 LG 같은 큰 데 말고는 거의 없어요.

아, 성과 있는 사람 하나 있다. 이상득 형님. 아프리카 12개국 순방, 23차례 정상회담. 총 29만 833킬로미터 강행군. 마일리지로 그대로 쌓였고. 그런데 자원외교 성과를 포항에서 내고 있죠. '형님 예산'이 1조 원 가까이 증액됐잖아요. 3년 동안 외국 열심히 다니고 성과는 포항 앞바다에서 내고 있죠. 이게 유일한 성과가 아닐까 해요. 그 많던 자원 개발 회사, 지금 거의 사라졌습니다.

정봉주 해외 자원 개발을 통해서 뭘 어떻게 해보려는 게 이 정권의 트렌드 같아요. 며칠 전 어떤 분이 저한테 전화를 해서 마다가스카르를 아냐고 해요.

주진우 이름이 쉬우면 안 걸려드니까.

정봉주 그 나라 대통령 처삼촌이 한국에 곧 들어온다. 만나볼 의향이 있냐? 왜 그러냐니까, 마다가스카르에 최근에 20억 배럴의 유전이……. (캳캳캳)

김어준 각하가 최고의 기법을 보여주시니까 밑에 애들도 보고 배우는 거죠.

정봉주 그게 트렌드야, 트렌드.

주진우 나꼼수 듣는 분들, 아프리카, 동남아시아 자원 개발 이런 데 절대 주식투자하지 마세요.

– 이상 14회

6미터의 진실

6미터? 돈 먹을 놈은 이미 다 먹었어

김어준 4대강에 대해서 너무 오해가 많아요. 환경 파괴, 대운하, 리버크루즈. 이게 다 페인트 모션에 속고 있는 거예요. 일단 낙동강 9개 공구 중에 8개를 각하께서 졸업하신 동지상고 출신이 다 먹었다는 거 아닙니까. 우리 각하의 애교심!

정봉주 저는 8개로 알고 있었는데, 그 숫자는 중요하지 않습니다. 어떻게 먹느냐가 중요합니다. 동지상고 출신이 CEO로 있거나 혹은 핵심적 재정담당 이사로 있는 건설 회사들이 먹는데, 그 회사들 대부분이 4대강 공사를 책임질 정도로 큰 건설사가 아니에요. 게다가 턴키Turn-key 방식입니다. 계약을 하면 설계부터 시공까지 끝내요. 원샷으로 밀어주는 거죠. 각하의 통 큰 정치가 여기서 딱 나오는 거예요.

김어준 항상 말하지만, 호연지기!

주진우 호연지기 플러스 애교심.

동지상고 출신이 CEO로 있거나 혹은 핵심적 재정 담당 이사로 있는 건설 회사들이 먹는데, 계약을 하면 설계부터 시공까지 끝내요. 원샷으로 밀어주는 거죠. 각하의 통 큰 정치가 여기서 딱 나오는 거예요.

정봉주 동지상고 출신들의 건설회사가 연매출 100억, 150억 원밖에 안 되는 작은 회사인데 어떻게 먹느냐? 연매출 몇 조 단위가 되는 현대, 대우 등과 컨소시엄으로 묶여서 들어갑니다. 대기업들은 간판만 들어가고, 실질적 수주는 동지상고 출신들이 하게끔. 각하는 모든 걸 다 해보셨잖아요. 대한민국의 꼼수는 다 해본 거 아닙니까.

김어준 에티오피아에 가서도 선언을 하셨어요. '나는 십장이다.'

정봉주 동지상고 출신들이 그런 식으로 먹어 들어가는 겁니다.

김어준 그 뭐랄까, 동문까지 일일이 챙겨주시는 섬세함. 자애로우신 분이죠. 어쨌든 4대강 사업과 관련해서 제일 큰 오해가 뭐냐면, 대운하를 할 거라는 겁니다. 이게 16개 구간이에요. 지금은 보(댐)를 막고 있죠? 그걸 나중에는 관문을 다 설치해서 연결할 거다, 이런 얘기들을 하는데 지금 각하는 그런 데 관심 없어요. 왜냐하면 각하 임기 중에 그거 다 연결 못해요. 나중에 박근혜 대표가 되건 아니면 문재인이 되건, 그거 안 할 거거든요. 그래서 관심 없어요.

사람들이 대운하를 하기 위해서 강바닥을 6미터나 판다고 말하는데 그건 포인트가 아닙니다. 그리고 리버크루즈 배를 띄우는 데는 6미터까지 필요하지 않아요. 그 배는 2~3미터 깊이면 갑니다. 문광부에서 나온 용역 보고서에 그렇게 나와요. 그러니까 이 사안을 그런 식으로 접근하면 우리 각하를 모독하는 겁니다. 각하는 그런 식으로 접근하시지 않죠.

토사가 졸라 흘러가서 진짜로 6미터를 팠더라도 그게 5미터가 되고 4미터가 된다 이거죠. 그러니까 검증이 불가능해요. 1미터를 덜 팠을 때 2조 원이라고 치고, 전 구간을 따져보세요.

정봉주 심플하게는 안 하시죠.

김어준 돈입니다. 그러면 6미터에서 돈이 어떻게 만들어질까? 이걸 봐야 됩니다. 어떻게 돈이 나오는지. 예를 들어서 6미터를 판다고 해놓고 5미터만 팠다고 쳐요. 그런데 진짜로 6미터를 팠는지 5미터를 팠는지 강바닥 실사를 어떻게 합니까?

주진우 1미터를 더 파면 약 2조 원 정도 더 든다고 알고 있습니다.

정봉주 1미터를 덜 파면 2조 원이 남는다는 뜻이네요.

김어준 강물이 흐르는 한 토사는 항상 흘러나와서 쌓이게 되어 있어요. 땅을 막 파놨기 때문에 강바닥에 시멘트를 깔지 않는 한 토사가 더 많이 흐르게 되어 있습니다. 게다가 낙차가 커져요. 지류는 깊이가 1미터밖에 안 되는데 지금 본류가 6미터가 됐잖아요. 갑자기 강물이 폭포가 된 거예요.

정봉주 그러면 물살이 굉장히 빨라집니다. 전문용어로 역행침식이 일어납니다.

김어준 그 토사가 어디로 갑니까. 토사가 졸라 흘러가서 진짜로 6미터를 팠더라도 그게 5미터가 되고 4미터가 된다 이거죠. 그러니까 검증이 불가능해요. 강바닥을 전부 다 수중 탐사를 해서 뒤지지 않는 한.

그러면 아까 말한 대로 1미터를 덜 팠을 때 2조 원이라고 치고, 전 구간을 따져보세요. 이걸 눈치 챈 사람이 있었어요. 민주당 김진애 의원. 김진애 의원이 현장에 가서 준설량 자료를 내놓으라고 했습니다. 준설량, 강바닥에서 파낸 모래가 얼마나 되냐고. 원래는 4대강 사업할 때 모래 팔아가지고 자금을 마련한다고 했거든요. 그러니까 준설을 많이 하면 좋은 거죠. 준설량을 기록하게 돼 있어요. 준설량을 보면 얼마나 깊이 팠는지 알 수 있잖아요? 그런데 준설량을 안 보여줘. 안 보여줄 이유가 없는데 땅을 얼마나 팠는지 그 기록을 보여주지 않아요.

주진우 땅이 아플까 봐. 땅을 사랑하는 사람들이니까.

김어준 사실 준설량을 채우려고만 한다면, 예를 들어서 6미터를 좁게 팔 것이 아니라 2~3미터를 넓게 파도 됩니다. 깊이 팔수록 공사비가 더 많이 드니까. 그런데 이 프로젝트에서는 그런 이야기가 나와도 좁고 깊게 파라고 해요. 6미터라는 깊이가 중요한 거예요. 그래야 꼼수가 나올 수 있거든요. 6미터를 파는 데 100원이 든다면 5미터만 팠을 때는 단순 계산해서 83원밖에 비용이 안 듭니다.

정봉주 예산은 다 받아서 쓰고. 그러면 실질적으로 17%가 어디로 갔느냐?

김어준 이건 어디에도 잡히지 않는 돈이죠. 깊이 팔수록 더 남기 때문에 17%보다 더 남을 수도 있죠. 이 돈은 사라진다. 완전히 어디론가 사라진다.

정봉주 돈을 사랑하시는 분에게?

김어준 절대로 각하에게 갈 일은 없죠. 그건 말도 안 되는 거고.

정봉주 제가 그런 불충한 상상은 하지 말자고 했잖아요. 혹시 갔다고 하더라도 그냥 단순히 돈을 사랑하시는 정도?

김어준 혹시라뇨. 각하는 그럴 분이 아닌데 그런 말도 안 되는 소리를! 그러니까 대운하 반대? 쓸데없는 얘기를 하는 겁니다. 각하는 대운하에 대한 관심 끊으신 지 오래예요. 그냥 16개 구간에서 땅 파고, 돈 계산 다 끝난 거예요.

주진우 지금 장마여서 비가 많이 오지 않습니까. 청와대 임태희 비서실장이 이런 말을 한 적이 있습니다. 4대강 사업 덕분에 홍수 방지 효과가 있었다고. 지금 이미 삽질을 해서 챙길 사람들은 다 챙겼습니다. 그런데 4대강이 가제트 만능 팔도 아니고, 만약 4대강을 안 팠을 때 홍수가 나면 4대강을 안 파서 그랬다고 했을 거고, 지금 홍수가 나도 4대강 때문에 홍수가 덜 났다, 이렇게 말하는 거 아닙니까.

김어준 저는 막연하게 그런 생각만 하고 있었는데 최근에 어떤 분이 한 마디로 정리를 해줘요. 공사판에서 수십 년간 내공을 단련하며 이런 공사를 직접 해오신 분인데 간결하게, 딱 한마디로. "야, 6미터를 파는 게 중요하지 대운하든 대운하가 아니든 무슨 상관이야. 6미터 팠으면 이제 돈 다 떨어졌어." 먹을 놈 다 먹고 갔다는 거죠.

정봉주 돈을 다 빼먹었다고 추정하지만 각하에게는 돌아가지 않았습니다. 각하는 절대 그럴 분이 아니니까요.

– 이상 10회

검찰의 꼼수

곽노현 죽이기

검찰이 흘리고 보수 언론이 받아쓰고

주진우 드디어 터졌습니다. 이렇게 빨리 올 줄은 몰랐습니다. 8월 26일 오세훈 시장이 사퇴를 선언하자마자 검찰이 치고 나오네요.

김어준 아, 곽노현?

정봉주 검찰이 치고 나왔다는 주진우 기자의 말은 사실과 다릅니다. 검찰이 정보를 흘렸습니다.

김어준 그거나 저거나.

정봉주 아니죠. 이런 거예요. 검찰이 자신이 있으면 '곽노현 교육감에게 이런 혐의가 있으니 소환해서 조사하겠다' 이렇게 해야 하는 거죠. 그런데 이 내용이 언론에 먼저 나왔어요. 교육감 선거가 6월 2일에 있었잖아요. 선거법은 공소시효가 6개월입니다. 12월 말까지 기소를 할지 말지 정해야 해요. 그런데 정치자금법은 제가 알기로 공소시효가 5년인 걸로 알고 있어요.

주진우 3년 아닌가요?

정봉주 바뀌었나요? 어쨌든 좀 깁니다.

김어준 갑자기 신뢰도가 팍 떨어져.

정봉주 아무튼, 정치자금법도 대체로 선거법 기소가 끝나면 바로 치고 나옵니다. 그러면 대체로 12월, 1월, 2월까지 사안이 종결되거든요. 지금 8월이에요. 이제까지 검찰이 쥐고 있었던 거예요. 그리고 오세훈 시장 사퇴하자마자 사건을 터트린 겁니다. 이건 철저하게 10월 26일 실시되는 재보궐 선거용입니다.

검찰 수사에 몇 단계가 있습니다. 먼저, 인지수사라고 해서 제보를 접수하면 내사를 합니다. 내사를 할 때는 먼저 할 건지 말 건지 대검찰청의 지휘를 받죠. 지휘를 받게 되면 내사 번호를 땁니다. 그런 뒤 수사를 하다가 어느 정도 혐의가 있다고 판단되면 피혐의자를 소환합니다. 그런데 그걸 이제까지 철저하게, 아무도 몰랐어요. 아주 은밀하게 정보를 쥐고 있다가 이번에 정치적으로 흘린 거예요.

김어준 그러니까 재보궐 선거까지 다 각하의 구도 안에 들어 있었던 거죠. 각하는 꼼꼼한 분이기 때문에.

주진우 지난번 서울시장 선거 때 한명숙 후보를 특수 2부에서 수사하다가 안 되니까 특수 1부로 넘겼습니다. 당시에 수사를 맡은 검사들은 전부 영전했습니다. 지금 또다시 공안 광풍을 몰아세우려고 하는데, 한상대 검찰총장은 역사에 길이 남을 겁니다. 이건 너무 보이니까 꼼수도 아니죠.

정봉주 주민투표가 무산됐잖아요. 그렇다면 초등학교 5학년, 6학년 무상급식 재정이 서울시에서 나와야 하는데, 서울시가 돈이 없다면서 버티고 있어요. 서울시가 재정을 내지 않기 때문에 논란이 되고 있는데, 무상급식이라고 하면 곽노현 교육감이 떠오르는 거죠. 곽노현 교육감 찌르는 거 간단해요. '부도덕한 인간이다.' 이걸로 치는 거예요.

주진우 왕재산 간첩사건도 나왔죠.

정봉주 왕재산 간첩사건은 왜 나왔어요?

주진우 공안정국으로 계속 몰고 가는 거죠.

김어준 왕재산 사건에서 제일 웃기는 건 간첩들이 야권 통합을 기획했다는 거예요. 간첩 10명이 야권 단일화를 한대요.

정봉주 한상대 검찰총장 취임 연설이 뭐였죠? 종북·좌파 척결.

김어준 그분을 한 번 짚어보죠. 그분의 히스토리가 길지 않습니까. 그리고 저는 보수 쪽에서도 나꼼수 같은 방송 하나 만들었으면 좋겠어요. 서로 '예언 배틀'도 하고. 우리끼리만 하니까 너무 심심해. 우리 뒤를 캘 게 아니라 너희들도 하나 만들어라! 배틀 좀 하자. 가끔 만나서 술도 마시고.

정봉주 곽노현 교육감 문제는 간단합니다. 검찰이 언론에 흘리지 말고 자신이 있으면 소환해서 조사하고, 혐의가 있으면 기소하면 되는 거예요.

주진우 그게 검찰이지.

정봉주 곽노현 교육감 문제는 정치적 중대 국면이 지나가면 흐지부지될 가능성이 높습니다. 다만 10월 26일 서울시장 선거에 일정한 재료로 써먹기 위한, 그 정도밖에 안 됩니다.

주진우 대검 공안 1부장이 이 건을 맡았죠. 이름 적어놓고 쳐다봅시다.

– 이상 16회

스스로 무릎꿇는 진보, 제발 쫄지 좀 마!

김어준 원래 우리 계획은 말이죠, 오늘 곽노현 교육감을 직접 모셔서 이야기를 듣는 거였어요. 그런데 우리가 경박하잖아요. 그래서 그게 반드시 좋지는 않겠다 싶어서 정봉주 의원은 따로 이야기를 나누셨고, 주진우 기자도 만나서 취재를 했어요. 그 이야기는 좀 있다가 자세히 듣기로 하고, 먼저 곽노현 사건을 간단히 정리해보죠.

이 사건은 전형적인 진보 인사 죽이기 코스입니다. 일단 검찰이 캡니다. 액수는 상관없어요. 그리고 언론에 흘립니다. 그런 다음에 가만히 있으면 진보 쪽에서 먼저 '너 죽어라, 너 죽어라' 합니다. 진보 매체에서 먼저 '사퇴하라'는 이야기가 나옵니다. 그 심리가 이래요. 제가 〈딴지일보〉를 무려 14년간 해오면서 수많은 진보적 글쟁이들, 혹은 진보 인사들을 만났기 때문에 그분들의 심리를 잘 압니다. 어떤 심리가 있냐면 '나는 같은 편도 비판할 만큼 공정하다, 합리적이다' 이런 말을 하고 싶은 거예요. 그래서 뭔가 잘못이 나오면 진보 매체, 가장 진보적인 진영이 먼저 공격을 해요.

이런 심리를 더 들여다보면 사실은 굉장히 비겁한 겁니다. 도망가는 거예요. 같은 편이라고 편들어줬다는 소리 들으면 어떻게 하지? 편들어줬다가 뭐가 나오면 어쩌지? 그러니까 교과서에 나오는 원론을 이야기하는 거죠. 에이, 씨바. 그런 말은 누가 못해.

사실, 노무현 대통령도 우리가 같은 방법으로 보냈습니다. 노무현 대통령이 아무리 '몰랐다'고 말해도 믿어주지 않았죠. 가장 먼저 진보 미디어가 깝니다. 더 비아냥거리고. 1억 원짜리 시계를 논두렁에 버렸다는 이야기, 완전 개뻥이에요. 그런데 그런 이야기를 막 퍼트릴 때 진보 미디어에서는 반박을 못합니다. 오히려 먼저 나서서 비판을 해요. 이런 생리를 보수 미디어가 더 잘 압니다. 그래서 검찰이 흘리고 보수 언론이 야금야금 생중계를 하고, 포털에 알바 풀고. 그러면 진보는 쫍니다. 그러니까 교과서로 돌아갈 수밖에 없는 거예요. 그 피해가 우리 편으로 돌아올까 봐. 이렇게 해두면 최소한 자기는 공정한 게 되니까.

진보는 이럴 때 쫄고, 혹은 자기는 잘났고 객관적이라고 말하고 싶어 하고, 피해 볼까 봐 도망가고. 생난리를 피워요. 이게 바로 검찰, 혹은 그 뒤에 계신 우리의 위대하신 각하가 노리는 정확한 지점이죠.

주진우 진보가 그렇게 비판을 하면 수구에서는 다시 '진보도 비판한다' 이렇게 쓰죠.

김어준 계속 당하는 거예요. 이게 통하니까 노무현도 그렇게 하고, 한명숙도 그렇게 하고, 자꾸 그러는 거죠. 민주당! 또 나와. 또 튀어나와 이 바보들이. 당장 사퇴하래요. 왜냐? 자기들한테 피해가 올까 봐. 다음 총선에서 불리할까 봐. 한나라당 서울 지역 의원들이 오세훈을 털고 가려고 했잖아요. 마찬가지예요. 그래도 한나라당은 아무리 미워도 마지막 순간까지 끌어안고 가기는 해요. 그런데 민주당은 제일 먼저 털려고 해. 제일 비겁해! 진보는 이럴 때 쫄고, 혹은 자기는 잘났고 객관적이라고 말하고 싶어 하고, 피해 볼까 봐 도망가고. 생난리를 피워요. 이게 바로 검찰, 혹은 그 뒤에 계신 우리의 위대하신 각하가 노리는 정확한 지점이죠. 그래서 오세훈 시장이 사퇴하자마자 곽노현 사건이 터진 겁니다.

주진우 오세훈 이름은 사라졌습니다.

김어준 그러니까요. 곧바로 보수 언론에서 도배를 하잖아요. 포털에도 바로 뜨고. 그러자 진보들이 나와서 바로 사퇴하라고 해요. 프레임에 갇혀서 놀아나는 거죠. 지금 우리가 해야 할 일은 검찰한테 '대가성을 입증하라. 그게 입증될 때까지 입 다물라' 이렇게 말하는 겁니다. 곽노현은 곽노현이고 보궐 선거는 보궐 선거예요. 이번 보궐 선거는 오세훈으로 인해서 벌어진 일이란 말이죠. 딱 잘라서 구분해줘야 해요. 대가성 입증되면 그때 교육계에서 퇴출시키면 되잖아! 그런데 왜 미리 쫄아서 자기들끼리 심판을 내려? 곽노현 교육감은 지금 절대로 사퇴해서는 안 된다. 이 프레임에 잡혀서는, 놀아나서는 안 된다. 이게 제 기본적인 생각인데, 일단 두 분이 직접 들으셨잖아요.

정봉주 열 받지 마세요. 민주당 욕할 거 없어요. 민주당 의원들 90여 명이 모여서 하는 말보다 제가 하는 한 마디가 훨씬 더 위력이 있기 때문에 아무런 의미 없어요. 오늘 방송 나가고 나면 여론 분위기 확 뒤집혀. (캳캳캳)

주진우 진짜 말도 안 되는 소리네. 제가 오늘,

정봉주 제 이야기 아직 안 끝났어요. 낄 때 껴요. 저희가 항상 조중동 같은 보수 언론과 방통위에 의해서 언론이 다 장악됐다, 자기들 프레임으로 마음껏 기사를 쓴다고 비판하잖아요. 그러다가도 별안간 이런 기사가 나오면 특히 진보 진영의 논객들이 그걸 그대로 믿는 거예요.

김어준 아까 말했잖아요, 쪼는 거라고.

정봉주 우리는 원래 하던 대로 하면 되는 겁니다. 보수 언론들이 지금 자기들 주장을 하고 있는데, 이 보도 내용을 어디서 받은 겁니까? 검찰에서 받은 거 아닙니까. 우리가 공정하지 못하다고 비판해온 검찰이 이럴 때는 공정한 겁니까?

김어준 혹시라도 뭐가 나올까 봐, 무서워서 그런다니까요.

정봉주 이 대목에서 시각 교정을 할 필요가 있습니다. 우리 형사법에는 무죄추정의 원칙이 있습니다. 대법원에서 확정 판결이 날 때까지는 무조건 무죄예요.

주진우 우리나라 검찰이 그런 게 어딨어요.

정봉주 그런 디테일하고 저렴한 이야기는 주진우 기자가 하시고.

주진우 제가 저렴하다뇨!

정봉주 다음으로, 돈을 주었지만 대가성이 입증되지 않으면 유죄가 아닙니다. 곽노현 교육감을 방어하려고 이런 말을 하는 게 아니라, 법치의 기본을 이야기하는 거예요. 무죄추정의 원칙, 그리고 대가성이 인정되어야 한다. 끝.

주진우 이야기 더 하셔야죠.

정봉주 두 개 했잖아요.

주진우 뭘 했다고요?

정봉주 제가 2010년 5월 17일부터 5월 19일까지의 상황을 알고 있거든요. 당시 이해학 목사님과도 이야기를 했는데,

김용민 그때 박명기 교수 측에서 7억 원을 요구했다는 건데.

정봉주 그게 5월 17일이에요. 그날 곽노현 교육감이 "그렇게는 못 합니다" 이렇게 말하고 자리를 박차고 나간 거죠. 이게 처음부터 마지막까지의 진실입니다.

"나는 늘 고해하는 마음으로 사는 사람이다"

주진우 2010년 지방선거 전 사당동 찻집에서 있었던 일입니다. 곽 교육감 성격이 어떠냐면요, 이분이 어렸을 때부터 상처가 있습니다.

김어준 사시가 있어요.

주진우 정면을 잘 보시지 못합니다. 그래서 성격적으로 책을 많이 읽고 사색을 즐기고 철학적인 성찰을 많이 하시는 분이에요. 원칙주의자라서 불편을 많이 겪기도 합니다.

5월 17일입니다. 후보 단일화 협상을 하기 위해 양측이 모이기로 했어

요. 사당동 찻집에서. 당시 박명기 교수 쪽에서 '정책 제안을 받아달라, 자기 사람들을 써달라, 7억 원을 달라'고 계속 요구해왔어요. 곽노현 교육감이 들으면 노발대발할 문제니까 단일화를 조정하던 이해학 목사가 약속 장소에 먼저 나와서 곽노현 교육감 후보에게 그 이야기를 전했습니다.

곽 교육감이 "절대 못 한다. 그럴 수 없고 해서는 안 되는 일이다" 이렇게 화를 내자 이해학 목사님이 손을 끌면서 "단일화를 위한 협상의 자리니까 인사만이라도 하고 가라"고 했습니다. 곽 교육감은 차도 안 마시고 마지못해 사진만 찍고 갔답니다. 여기까지는 팩트입니다. 저쪽에서도 하는 이야깁니다. 그러다가 단일화 문제가 급작스럽게 진행됩니다. 2010년 10월이었죠 아마.

그런데 곽노현 교육감이 당선된 뒤에도 박명기 교수 측에서 계속 '돈을 달라, 자리를 달라, 내 사람을 써달라'고 요구했습니다. 곽노현 교육감이 이렇게 말했대요. "저쪽의 정책이 구태의연해서 우리 측에서 받아들일 수 없고, 추천 인사도 우리의 보직 인사에 맞지 않아서 받아들일 수 없다." 곽 교육감 성격이 냉정하게 자르는 스타일입니다. 차갑게 대하니까 박명기 교수 측에서는 자존심이 상했을 겁니다. "곽노현 교육감 측이 일방적으로 무시하고, 안 만나고, 찬밥 대우를 했다." 이렇게 하소연했다고도 합니다.

박 교수가 사채업자의 돈을 썼다고 합니다. 일수를 썼는데 사채업자한테 계속 몰리니까 곽 교육감에게 요구하며 매달리는 상황이었습니다. 사채로 인한 괴로움은 당하지 않은 사람은 잘 모릅니다.

정봉주 그게 결론이야?

주진우 일단 여기까지 하고요.

김어준 여기까진 그 이전의 상황이고.

정봉주 곽노현 교육감의 성격에 대해서 말씀하셨는데, 제가 전에 방송 인터뷰를 하자고 했더니 스튜디오에 직접 나오셨어요. 2시간 동안 정책 이야기를 하는데, 처음엔 지루해서 죽는 줄 알았어요. 그런데 2시간 정도 인터뷰한 다음에 지지율이 급속도로 올라가는 거예요. 농담이 아녜요. 이분의 진정성이 전달된 거예요.

주진우 그 근거가 있어요?

정봉주 지지율 조사를 해보면 되잖아. 그날하고 그다음 날하고.

김어준 아프리카 TV를 몇 명이나 본다고. (푸하하)

정봉주 서버가 폭발하고 그랬다니깐.

주진우 얼룩말이 달려가고 그런 거 아니에요? (수줍수줍)

정봉주 곽노현 교육감 사건은 이렇게 보시면 돼요. 지금 결정적인 증인이 누가 있냐면 박명기 교수 측의 김아무개 씨가 있어요.

주진우 〈조선일보〉와 연합뉴스에서 계속 그분 말만 인용하고 있죠.

정봉주 이분 진술에 의해서 전체 조사가 진행된 거예요. 그런데 곽노현 교육감이 평상시에 어떤 스타일이냐면, "나는 늘 고해하는 마음으로 사는 사람이다" 이렇게 말해요. 철학적 깊이가 있는 사람이에요. "만약에 정치공학이나 테크니컬하게 사는 기법을 배우려고 했다면, 나는 형법을 전공하고 사법고시를 봤을 것이다. 나는 법 중에서도 헌법을 공부하고, 법철학을 공부한 사람이다."

주진우 평소에도 철학적인 이야기를 많이 하시죠.

정봉주 여기서 또 누가 나오냐면, 박명기 측에 돈을 줬다는 강경선 교수가 나와요. 이분이 얼마만큼 겸손하냐면 곽노현 교육감이 "나는 강 교수의 신발 끈을 묶는 수준이다"라고 말할 정도예요. 강경선 교수는 민교협이나 그쪽 교수들 사이에서 별명이 성자예요. 이분이 곽노현 교육감과 어떤 관계냐면, 옛날에 교수가 된 지 얼마 안 돼 형편이 너무 어려울 때, 곽노현 교육감이 집을 사준 적이 있어요. 오늘 한 언론에도 보도됐는데, 당시 1억 원이면 집을 사고도 남을 정도의 돈이었어요.

김어준 아무 대가도 없이?

정봉주 네. 이번에도 박명기 교수가 계속 괴롭히는데도 박 교수가 사채를 썼다는 말을 듣고는 곽노현 교육감이 이렇게 얘기했대요. "저러다 저 사람 죽는 거 아니냐." 아무튼 강경선 교수가 돈을 줬는데, 은행계좌로 몇 번에 나눠서 주었다니까 의심하는 사람들이 있어요. 그건 받는 측에서 요청했을 수도 있고 아니면 한 번에 많은 돈이 안 돼서 그럴 수도 있는 겁니다.

김어준 누가 뇌물을 계좌로 넣겠어요.

주진우 FIU라고, 금융정보분석원Financial Intelligence Unit에서 2천만 원 이상의 금융 거래는 다 들여다보게 돼 있습니다.

김어준 자동으로 기록되죠.

정봉주 이제 전체 상황을 말씀드릴 때가 됐는데, 최종적으로 돈이 넘어간 게 2011년 4월입니다. 대한민국 검찰은 워낙 뛰어난 능력을 갖고 있어서 영장 없이도 계좌를 들여다볼 수 있습니다. 지금이 8월이니까 어느 정도의 돈이 갔는지, 강경선 교수의 계좌에서 나간 거니까 강 교수와 곽노현 교육감과의 관계, 이런 걸 다 알고 있었을 거라는 추정이 가능합니다. 하필 지금 이 시기에, 모종의 정치적 의미를 갖고 터트린 것 아니냐는 의혹이 드는데 그건 나중에 다시 말씀드리겠습니다.

주진우 정두언 한나라당 의원도 이렇게 말했습니다. "어쩌면 이렇게 타이밍이 절묘한지."

김어준 오세훈 시장 사퇴하는 날! 너무 꼼꼼해!

지금 갑자기 생각난 건데, 각하 헌정 방송인데도 오세훈 때문에 각하를 잊고 있었어요. 각하가 후보 시절에 보여준 돈거래와 관련된 섬세한 손길이 번개처럼 생각났어요. 각하의 평소 호연지기에 비해 액수가 크지 않다 보니 잊어버리고 있었습니다. 각하의 30억 원 특별당비를 세중여행사 천신일 회장이 대납해줬다는 말도 안 되는 소설이 있었죠? 각하는 절대 그럴 분이 아닌데.

주진우 그거, 대납 맞습니다.

정봉주 천신일 회장은 해외로 잠시 나가 있었죠.

김용민 대납은 확인된 사실입니다.

김어준 사건이 이렇게 된 거죠. 각하가 대통령 후보가 되어서 특별당비를 한나라당에 내야 하는데 천신일 회장이 현금 30억 원을 예금합니다. 이 내용을 잘 모르시는 분들이 많아요. 먼저 예금을 해요. 그런 다음에 예금을 담보로 해서 다른 은행에서 30억 원을 대출받습니다. 졸라 희한해요. 그냥 빌리면 되는데 30억 원을 담보로 다른 은행에서 대출을 받아요. 이자를 2천만 원씩이나 내면서. 왜 그랬냐? 대출을 안 갚으면 천신일 회장이 꽂아놓은 담보가 날아가잖아요. 그러니까 각하는 부채도 없이 당비 30억 원을 내게 되는 거잖아요. 쓰리쿠션. 이해가 되시나 모르겠네요.

정봉주 전 처음부터 안 들어서 잘 모르겠어요. (캳캳캳)

김어준 빌릴 거면 그냥 빌리면 되는데 이쪽에다 30억 원을 예금해놓고 다른 은행에서 예금을 담보로 30억 원을 대출받아요. 이렇게 각하처럼 꼼꼼하게 처리해야죠.

주진우 곽노현 교육감은 기본적으로 진보인 게 죄입니다. 돈 액수가 적은 것도 죄입니다.

정봉주 그리고, 이른바 진보 언론이라고 하는 데서도 뭐라고 보도하냐면 '강경선 방송통신대학 교수 선거법 위반 혐의로 체포.' 검찰에서 체포했다니까 그렇게 쓰는 거예요. 체포냐 자진 출두냐? 이런 걸 확인해야 하는 거 아닌가요?

주진우 자진 출두했습니다.

정봉주 이걸 체포했다고 흘리니까 무지하게 부도덕한 사람을 긴급하게 체포한 것 같은 형국이 된 거죠. 지금 검찰에서 거의 날마다 생중계를 하고 있어요. 노무현 대통령 돌아가실 때도 그랬잖아요.

주진우 완전 똑같습니다.

김어준 패턴이야 패턴.

정봉주 한명숙 전 총리 때도, 2009년 12월에. 5만 달러였나요?

김어준 처음엔 2만 달러였다가 늘어났죠.

정봉주 금품 수수설이 검찰에서 흘러나오면서 긴급하게 돌아가요. 체포영장 청구하고, 영장 발부받고, 강제 구인한다, 불구속한다, 이러더니 기소에서 재판까지 신속하게 흘러갑니다. 선거 와중인데 이걸 날마다 보도한 거예요.

김어준 조금씩 조금씩 다른 걸 흘려요.

정봉주 이번에도 보세요. 양측에서 서로 주고받은 '각서'가 있다는 거잖아요.

주진우 각서 아니죠.

정봉주 각서가 아니라 그건 박명기 교수가 혼자서 일기장 쓰듯이 써놓은 거예요. 그리고 오늘 또 보도가 나왔어요. '서울교육청 공금의 일부가 2억 원에 포함되어 있다는 제보가 들어와서 확인 중이다.' 그런데 '확인 중이다'라는 말이 슬그머니 없어져요.

주진우 뭐가 또 있냐면, '공금이라고 의심되는 자금'이라는 출처 불명의 단어가 등장하고 '진보 진영 공동자금'이라는 게 나와요. 진보 진영 공동자금이 뭔지 아세요? 5천 원씩, 만 원씩 내서 밥 먹는 게 공동자금이야, 이 사람들아! 나 참.

곽 교육감한테 물어봤어요. 지난 선거 때까지 박명기 교수한테 합의를 해준 적이 있느냐고. '단연코 없다'고 합니다. 이후에라도 혹시 합의해준 적이 있냐고 또 물어봤더니 '단연코' 없답니다. 누군가에게 각서를 써준 적이 있느냐고 했더니 없답니다.

오늘 몇 가지 짚이는 게 있어서 곽 교육감을 찾아갔어요. 9층이 집무실인데 9층을 닫아놔서 10층으로 올라갔다 다시 내려갔는데 지키는 사람이 있더라고요. 〈시사 IN〉 주진우 기자라고 말했는데 나꼼수 기자냐고 하는 거예요. 그러면 안 되는데.

김어준 나도 어제 일이 있어서 국민참여당에 갔는데, 〈딴지일보〉 김어준을 나꼼수 김어준이라고 소개하는 거야. 안 돼, 이래서는.

정봉주 나도 당직자 한 명이 "여론조사 때 두 가지 경력을 이야기해야 하는데, 경력 뭘로 할 거예요?" 하고 묻길래, "17대 국회의원, 민주당 전략기획위원장" 이렇게 말했더니, 그런 건 재미없고 '나는 꼼수다 정봉주'라고 쓰래요.

주진우 이제 좀 갈게요. 태클 좀 걸지 마! 곽 교육감한테 물어봤어요. 지난 선거 때까지 박명기 교수한테 합의를 해준 적이 있느냐고. 그랬더니 '단연코 없다'고 합니다. 이후에라도 혹시 합의해준 적이 있냐고 또 물어봤더니 '단연코' 없답니다. 누군가에게 각서를 써준 적이 있느냐고 했더니 그것도 없답니다.

그러면 박 교수가 몇 가지 요구를 했을 텐데 거기에 대해선 어떻게 생각하느냐고 물었습니다. 그랬더니 〈조선일보〉를 가져와요. 거기에 '곽노현 교육감이 박 교수에게 했던 4개의 약속'이라는 기사가 있어요. 화요일

자 1면 머리기사인데, 1번 7억 원을 주겠다, '그런 적 없다', 2번 경제적 어려움이 없도록 지원하겠다. '그런 얘기 안 했다.' 3번 교육발전위원자문회 위원장을 주겠다. '그런 이야기도 하지 않았고, 자꾸 박 교수가 자문기구를 만들자고 해서 그러면 그러라고 했다. 상의하겠다는 정도로만 말했다.' 4번 서울교대 총장 나가면 도와주겠다. '그 비슷한 이야기는 했다.' 서울교대 총장에 나오면 도와주겠다고 해야지, 안 도와주겠다고 말할 수 있느냐면서.

"그러면 왜 사퇴를 합니까. 끝까지 진실을 밝히세요"

정봉주 이번 사건이 보도된 뒤 사퇴하라는 압력이 있으니까 곽 교육감이 댁에 돌아가서 부인하고 자녀들에게 이야기했답니다. 지금 언론 보도가 이런 식으로 나옵니다. '기소 전에 사퇴하면 선관위에서 보전 받은 돈, 토해내지 않아도 된다. 기소된 다음에 사퇴하면 37억 원 물어내야 한다.'

주진우 지금 나가라는 거죠.

정봉주 이미 죄인이라고 단정 짓고 '37억 원이라도 챙겨야 하지 않겠냐' 이런 식으로 보도되면 국민들 머릿속에는 37억 원을 저 사람이 어떻게 할까? 이런 생각이 들게 되는 거죠. 완전 선정주의의 극치예요.

김어준 그런데 의원님이 계신 민주당에서 제일 먼저 '사퇴해야 한다'고 했습니다.

정봉주 민주당을 제가 잘 교육시키지 못한 걸 반성하고 사죄하는 의미에서…….

김어준 민주당이 제일 먼저 쫄았어.

정봉주 다시 돌아가서, 곽 교육감이 가족들과 이야기를 했습니다. 가족들은 평생을 아버지와 남편으로 지켜보고 있었잖아요. 물어볼 거 아니에요. 언론에 보도된 거 다 사실이냐고. "아니다"라고 했더니 가족들이 그러더래요. "그러면 왜 사퇴를 합니까. 끝까지 진실을 밝히세요." 여기서 용기를 얻은 겁니다. 그리고 의외로 주위에서 진실을 아는 많은 사람들이 '끝까지 당신의 결백을 주장해야 한다'고 응원하고 있습니다.

주진우 그렇다고 해서 곽 교육감의 처지가 외로움에서 벗어나는 건 아닙니다.

김어준 유리하진 않아요.

주진우 무엇보다 박명기 교수 측이 단일화 대가로 돈을 받았다고 주장하고 있습니다. 박 교수는 그걸로 구속됐습니다. 곽노현 교육감이 "박 교수가 사채에 쫓겨서 자살할 수도 있고 어려우니까 선의로 도와준 거다"라고 아무리 말해도, 검찰에서는 '만약에 그렇다면 박 교수가 공갈과 협박을 한 건데 공갈 협박의 피해자는 약점을 잡혔기 때문에 피의자다' 이런 식으로 몰아가는 겁니다. 그래서 기본적으로, 그 부분이 인정된다면 '사전 약속'이 인정될 수도 있는 겁니다.

다음으로 2억 원이 어디에서 나왔냐는 출처 문제가 중요한 쟁점으로 떠오르고 있는데, '공금 의심'이라는 말을 흘리고, '진보 진영 공동자금'이라는 이야기도 나옵니다. 2억 원이 부정한 돈이라고 계속 캐려고 할 것입니다.

정봉주 만약에 그렇지 않다면?

주진우 그렇지 않다면 새로운 전기가 마련될 텐데, 그렇다고 해도 이 싸움이 유리하지는 않습니다. 검찰 고위 관계자들한테 쭉 돌아가면서 물어보니 이런 평가를 하더라고요. '순수하다, 때가 덜 묻었다, 어리숙하다, 돈 처리 능력이 떨어지는 것 같다.'

김어준 돈 처리를 할 이유가 없었으니까.

주진우 그러나 그런 부분을 긍정적으로 보지는 않을 것이라는 이야기를 많이 합니다.

김어준 검찰 쪽에서는 어쨌든 반대쪽 일방의 이야기와 서류, 그런 걸 가지고 구속 수사를 요청할 가능성이 높아요.

주진우 영장 무조건 칩니다.

김어준 당연히 쳐야 하고 치기 위해서 하는 일이니까.

주진우 내일 곽 교육감 부인이나 가족을 소환하고.

김어준 주변부를 쥐고 들어가서 주인공을 가장 적절한 타이밍에 불러들이고 구속으로 바로 넘어갈 가능성이 있죠.

정봉주 증거 인멸이나 도주의 위험이 있을 때 구속 수사를 하는 건데, 곽 교육감의 경우는 돈이 은행계좌로 들어갔고 증거 인멸이나 도주의 위험이 없는데도 구속 수사로 넘어갈 가능성이 높습니다. 박명기 교수도 긴급구속을 했단 말이에요. 서울교대 교수이니 소환해서 진술을 들으면서 사건을 풀어갈 수 있는데 일단 구속부터 했죠. 그렇게 되면 급격하게 위축된 상황에서 검찰이 원하는 진술이 다 나옵니다.

김어준 게다가 구속이라는 단어가 주는 상징성이 있어요.

정봉주 나쁜 놈이라고 낙인이 찍히는 거죠.

주진우 구속영장은 무조건 칩니다. 판사들은 도주의 우려에 대해서는 그다지 크게 고려하지 않습니다. 그러나 증거 인멸, 계좌를 없애거나 그런 게 아니라 입을 맞출 가능성이 있다고 해서 영장을 발부할 가능성이 큽니다.

김어준 워낙 정권의 관심사이기 때문에.

주진우 여론재판으로 가는 거죠.

김어준 판사들도 부담을 느낍니다. 구속영장을 기각하기는 쉽지 않을 것으

'진보의 무기는 도덕성이다'라고 말하는 분들이 있어요. 물론 진보에게 도덕성은 필요한 덕목이지만 이런 상황에서 더 필요한 것은 비겁하지 않는 겁니다. 쫄지 않는 겁니다.

로 보입니다. 저도 답답하니까 사람들 만나보고 알아보고 취재도 해보는데, 2억 원에 대해서는 '소명이 가능하다'는 말을 들었어요.

정봉주 저도 그렇게 들었어요.

나꼼수 17회는 2011년 8월 31일에 방송됐다. 검찰은 추석을 앞둔 9월 10일 곽노현 교육감에 대해 구속영장을 청구하고, 김환수 영장담당 부장판사는 구속영장을 발부했다.

김어준 이런 이야기를 듣고도 '진보의 무기는 도덕성이다'라고 말하는 분들이 있어요. 물론 진보에게 도덕성은 필요한 덕목이지만 이런 상황에서 더 필요한 것은 비겁하지 않는 겁니다. 쫄지 않는 겁니다. 무상급식 투표율이 25.7%였습니다. 투표자 중에서 약 15%는 찬성을 했답니다. 투표함을 열지는 않았지만 투표한 사람을 대상으로 여론조사를 했겠죠. 그러니까 25.7%가 아니라 반대는 22%예요. 보수가 총집결해도 이것밖에 안 되는 거예요. 쫄지 말라는 겁니다. 도망가지 말자는 겁니다. 또 하나 재미있는 뒷그림이 있습니다. 박명기 교수를 처음에 변호하려고 했던 곳이 '바른'입니다. '바른'은 훌륭한 곳이죠. 대법원 사건 수임 1위.

정봉주 2009년 형사사건 수임 1위.

주진우 그런데 사채 빚을 얻어 일수를 쓰고 빚에 쪼들리는 사람은 의뢰가 쉽지 않습니다. 김앤장이나 바른은 수임료가 어마어마하게 비싸서.

정봉주 두 분은 재판 안 받아봤잖아요.

주진우 나보다 덜 받아본 사람이 한 번 받아놓고 뭔 말이 이렇게 많아요.

정봉주 실형 몇 년 받았어?

주진우 미안해. 형.

김어준 주진우는 무죄 전문이야.

정봉주 국민들이 이렇게 혼선을 빚을 때 민주당에서 예리하게, 정봉주처럼 가리마를 타도록 지도를 해줘야 할 거 아니에요? (캴캴캴)

김어준 뇌물을 계좌이체하는 호연지기는 말이죠, 호연지기의 대왕인 각하도 하지 않아요. 좀 전에도 이야기했지만 기소 전에 사퇴하면 37억 원 안 토해내도 되잖아요. 재판에서 지면 37억 원을 토해야 해요. 그런데도 끝까지 싸우겠다잖아요.

정봉주 토해내야 한다 어쩐다, 그런 게 다 사태를 기정사실화해서 죄인으로 만들어버리는 거잖아요. 마녀사냥이에요.

김어준 그리고 박 교수 녹취록에 보면,

정봉주 그거 자기 혼자 쓴 거예요. 전화했다고 주장하면서.

김어준 이런 이야기가 나온답니다. "돈 주고 단일화하면 안 된다"는 곽노현 교육감의 이야기가 나온대요. 그런데 검찰은 이런 이야기 안 하잖아, 절대로. 그러니까 우리가 놀아나면 안 된다는 거죠. 곽 교육감의 편만 들어주겠다는 게 아니에요. 우리가 주장하는 바가 뭐냐면, 곽 교육감의 주장도 검찰의 주장만큼 존중되어야 한다는 거죠. 당연히 곽 교육감 주장에도 귀를 기울일 필요가 있는데, 그 소리가 안 들리잖아!

정봉주 검찰은 피의 사실을 언론에 이렇게 흘릴 수 없는 거예요.

주진우 만약에 검찰이 떠드는 것처럼 제가 바깥에서 떠들었다면 저는 구속입니다. 만약에 이명박 대통령이나 대통령 측근 이야기를…….

김어준 대통령이라니.

주진우 아, 죄송합니다. 각하.

정봉주 중요한 거 지적해드릴게요.

주진우 많이 했다면서. 에이, 빨리해요.

정봉주 검찰이 이렇게 피의 사실을 공표하는 거 위법이거든요. 지금 국회 법사위원장이 민주당이에요. 위원장이 법사위원회 소집하고 검찰총장 불러서 '피의 사실을 이렇게 공표해도 되는 거냐' 이렇게 따지면 검찰도 움찔해요.

김어준 쫄아서 그런다니까, 쫄아서. 혹시 편들다가 뭐가 나올까 봐. 씨바.

정봉주 부산저축은행 있죠, 삼화 있죠, 그다음에 전일로 내려오죠, 광주저축은행 또 있죠, 강원저축은행으로 넘어가죠? 여기에 자신이 연루되지 않았을까? 이게 뭔가 클리어하지 않은 거야. 자신이 없고.

김어준 제 말이 그거예요. 그런 주장하다가 자기가 칼 맞을까 봐. 그런데 일반인들은 그런 말 못하잖아요. 국회의원은 그런 거 말하라고 뽑아준 건데.

정봉주 나는 그런 거 잘하는데 왜 떨어뜨렸냐고.

김어준 여기서 또 깔때기를 대네. 좌우간 민주당이 자꾸 도망가니까 사람들이 마음을 줄 수 없는 거지. 왜 만날 쫄아서 도망가냐고. 씨바.

주진우 에이 씨, 맞아. 민주당이 만날 끌려가고 밀려가고 쫓겨가는데 그러면서 쥐뿔도 쥔 게 없어요. 주머니에 몇 백 원 없는데 그걸 지키겠다고 계속 뒷걸음을 쳐요.

정봉주 민주당 의원들이 그렇게 하니까 제가 더 돋보이는 것 같아요. (캴캴캴)

주진우 오늘 깔때기 특집이야.

김어준 초대형 깔때기를 들고 나왔어.

정봉주 구속 수사가 온당치 않다고 민주당에서 미리 성명서 내고 그렇게 해야 해요. 증거 인멸의 가능성이 있느냐? 수도 교육을 책임지고 있는 사람 아니냐?

김어준 쫄아서 그런다니까. 다른 이유 없어! — 이상 17회

공정택 관련 기사 한 달에 60개, 곽노현은 이틀에 60개

김어준 곽노현 사건은 박 교수 쪽에서 '곽 교육감의 선의였다'고 말하기만 하면 끝납니다. 곽 교육감 측이 선의였다고 말했으니까 상대방도 대가성이 없었다고 말하면 사건 자체가 성립하지 않아요.

주진우 후보자 매수죄는 당연히 성립이 안 되고, 뇌물죄도 성립이 안 됩니다. 이유가 없습니다.

김어준 그런데 박 교수 측이 실형을 살지 않으려면 자기 변호를 해야 하는데도 그렇게 하질 않아요. 자기 변호를 안 하면 교수직이 날아가고, 2억 원도 날아가고, 피선거권 박탈이 10년입니다. 자기 변호를 하지 않는다는 게 가장 의문스러운 지점이에요.

주진우 자기 변호를 하지 않을 뿐 아니라 검찰 편에 서서 곽노현 교육감을 적극적으로 공격하고 있습니다.

김어준 그러다 보니 마치 박 교수와 곽 교육감이 싸우는 형국이 되었습니다. 박 교수 측이 계속 증거라면서 뭘 내놓고 곽노현 교육감 쪽에서는 방어를 하고. 이 사건은 검찰이 박 교수 쪽과 곽 교육감 양쪽의 협의를 입증해야 하는 사건이지, 양쪽이 싸워야 하는 사건이 아니에요. 그런데 박 교수 쪽

이 자기 변호를 안 하고 '내가 범죄자다'라고 주장하고 있는 꼴이에요. 말이 안 되는 형국이죠.

정봉주 팩트는 이겁니다. 지금 언론에 나와 있는 '박명기 교수 측에서 이러이러한 주장을 했다.'

주진우 '박명기 교수'는 아닙니다.

정봉주 '교수 측'이라는 거죠. 박명기 교수의 제자인, 제일 처음 검찰에 가서 진술한 친구가 있어요.

주진우 김아무개 씨 아닙니까. 〈조선일보〉, 〈중앙일보〉, 연합뉴스하고 계속 인터뷰하고 있는.

정봉주 그 사람이 8월 초에 제일 처음 검찰 조사를 받았는데, 그렇다면 그 뒤에 박명기 교수에게 조사를 받았다는 이야기를 해줘야 할 거 아니에요? 그걸 안 했어요.

주진우 김아무개 씨 이야기를 조금 더 하면, 박명기 교수가 곽노현 교육감 측에 계속해서 그의 취업을 부탁했습니다.

정봉주 취업이라고 하면, 교육청에 비서관으로 취업시켜줘라?

주진우 그렇게 부탁했는데 '이분하고는 뜻이 맞지 않다. 능력이 되지 않는다'는 이유로 계속 거부됐습니다.

정봉주 박명기 교수는 김아무개 씨의 은사입니다. 제자니까 박 교수를 존경합니다. 그렇다면 검찰 조사를 받고 나서 박 교수에게 그 사실을 알려줘야죠.

김어준 당연히 알려줘야죠.

정봉주 그런데 며칠 지나서 8월 15~20일 사이에 박명기 교수가 다른 일 때문에 확인을 했더니 출국 금지가 돼 있어요. 왜 그런지 알아보니까 별일 아닌 것처럼 정보가 나왔대요. 검찰이 함구령을 내리고 철저하게 자료를

박명기 교수는 왜 자기 방어를 하지 않느냐? 어떻게 바른에서 변호를 하게 됐느냐? 지금 이런 의문들이 나오고 있습니다. 그 배경과 관련해서, 박명기 교수는 서울교대 교수니까 금고 이상의 형을 받게 되면 교수직이 박탈됩니다.

조사하고 있었던 거죠. 그리고 박 교수를 긴급체포해버린 거예요. 왜 체포하냐고 물었더니 이미 수사 기록에 김아무개 씨의 진술 내용이 상당 부분 나오는 겁니다. 그때부터 막 쓰나미가 몰아치듯이 박명기 교수를 추궁하고 그 내용들을 언론에 흘린 겁니다.

박명기 교수는 왜 자기 방어를 하지 않느냐? 어떻게 바른에서 변호를 하게 됐느냐? 지금 이런 의문들이 나오고 있습니다. 그 배경과 관련해서, 박명기 교수는 서울교대 교수니까 금고 이상의 형을 받게 되면 교수직이 박탈됩니다.

주진우 벌금만 받으면 자리를 지킬 수 있습니다.

정봉주 징계 정도 받는 걸로 끝나겠죠.

주진우 만약에 각하가 봐주면?

정봉주 법조계 주변에서 무슨 이야기가 흘러나오냐면, 박명기 교수가 검찰에 협조해서 교수직을 유지하는 쪽으로 방향을 틀지 않았냐는 소설이 돌아다닙니다. 그러니까 실질적인 내용을 보면 양쪽이 후보 사퇴를 대가로 돈을 주고받은 게 아니라는 정황이 나오는데도 박명기 교수 측은 '후보 사퇴 대가로 돈을 받았다'는 쪽으로 입장을 정했다는 겁니다. 그러나 최근에 박명기 교수가 새 변호사를 선임했습니다. 그분을 통해서 박명기 교수가 주장하는 내용이 나오기 시작하는데, 현재까지 나온 내용을 정리하면 '동서지간인 이아무개 씨와 양아무개 씨가 2010년 5월 18일인지 19일 밤에 같이 술을 마시고 합의를 했다'는 겁니다.

김어준 그래서 등장한 단어가 이면합의입니다.

김용민 곽노현 교육감 측의 회계 책임자 이아무개 씨, 그리고 박 교수 측의 선대본부장 양아무개 씨, 이 두 사람이 동서지간이라는 말이죠.

김어준 '사당동 협상'이 결렬된 다음에 술자리를 가진 거죠?

정봉주 그리고 그 자리에서 '선거비를 보전해주겠다는 이면합의가 있었다'는 이야기가 검찰 측에서 나오고 있는 거죠. 여기서 곽노현 교육감이 이 사실을 언제 알게 됐느냐가 중요합니다.

김어준 그걸 5개월 지나서야 알았다는 것 아닙니까.

주진우 곽 교육감은 10월에 알았다고 했습니다.

정봉주 왜 자꾸 박명기 교수 측에서 사람들을 귀찮게 하냐. 무슨 일인지 알아봐라. 그래서 알아봤더니 동서지간인 이아무개 씨와 양아무개 씨 사이에 이러저러한 말이 있었다는 거죠. 그 이야기를 듣고 곽노현 교육감이 노발대발했다는 겁니다. 언론에도 나온 얘기입니다. 박명기 교수도 "곽노현 교육감은 그런 걸 잘 몰랐던 것 같다"고 검찰에서 이미 진술을 했습니다. 단지 그 내용이 밖으로 안 나오고 있는 거죠. 만약에 두 동서 간에 이면합의가 있었다고 할지라도, 지금 민변이나 곽노현 교육감 측에서 주장하는 건 이겁니다.

'곽 교육감은 회계 책임자 이아무개 씨에게 전권을 준 적이 없다. 이아무개 씨가 그런 권한을 받은 적이 없기 때문에 양측 캠프 대표자들의 합의라고 볼 수 없다. 설사 합의 내용이 유효하다 할지라도 그 이후의 일과는 연관이 없기 때문에 12월 2일에 공소시효가 종료됐다.'

주진우 지금까지 조중동이나 언론에서 써대는 걸 보면, 박명기 교수한테 곽노현 교육감이 각서를 써줬다, 이면합의도 해줬다, 진술도 해줬다, 이런 여러 가지 내용이 나옵니다. 박명기 교수 측에서 돈을 받으려고 "각서라도 써달라"면서 들고 다닌 건 맞는 것 같습니다. 사람들을 만나서 "돈 내놔라 돈 내놔라" 한 것도 맞습니다.

어제 〈조선일보〉에서 녹취록을 하나 공개했는데요. 그 녹취록을 보면, 검찰과 언론이 지금까지 어떻게 공모해왔는지 그대로 알 수 있습니다. 후보 단일화가 깨진 다음날 아침 박명기 교수가 유시춘 씨한테 전화를 했습니다. 유시춘 씨는 국민참여당 유시민 대표(2012년 현재 통합진보당 공동대표)의 누나인데, 박 교수는 유시민 대표와 대학 동기이고 가끔 집에 놀러오는 친구 사이입니다. 그때 유시민 씨 선거 캠프가 차려져 있어서 유시춘 씨가 선거운동을 하다가 옷을 가지러 잠깐 집에 들렀답니다.

박 교수가 전화를 해서 "단일화가 깨졌는데 돈이 없어서 죽겠다, 계속 좀 설득해서 단일화를 해달라, 돈을 받아달라" 이렇게 이야기했답니다. "유세 차량이 스무 대 정도 있는데 그걸 인수하게 해달라"고 계속 졸랐답니다.

김어준 단일화가 결렬됐으니까 선거에서 빠지고 싶은데, 유세 차량은 이미 계약을 했으니까 그걸 인수해달라는 거였죠.

주진우 그랬는데 유시춘 씨가 "누나한테 돈 이야기 하면 되냐"고 짜증을 내면서 "곽 교수가 착한 사람인데 당선되면 잘해주겠지. 너 어렵게 두겠냐" 이렇게 말했대요. 30여 분 동안 계속 하소연하고 그랬는데, 녹취록을 보면 '유시춘한테 잘되면 조정해주겠다는 이야기를 들음' 이런 식으로 메모를 한 거예요. '다 잘해주겠지'를 '유시춘 조정'으로 메모한 걸 갖고 검찰이 공격하는 거죠.

김어준 검찰 자료는 〈조선일보〉가 다 갖고 있어. 공동 정범이야.

주진우 그때 박 교수는 상당히 어려웠을 겁니다. 사채에 휘둘리다 자식까지 잃는 사람도 있습니다. 시부모가 사채업자 앞장세워서 며느리를 잡으러 다니기도 합니다. 그런 사례가 많이 있었습니다. 지금 검찰이 곽노현 교육감의 2억 원에 대해서 계속 수사를 하고 있는데, 이것 말고 박 교수가 어떤 사채업자에게 얼마나 빚을 졌냐는 것만 알아내도 사건의 실체가 많이 나올 것 같습니다. 검찰은 안 하겠죠.

정봉주 앞으로 박명기 교수의 온전한 목소리가 나오면 상황이 달라집니다. 우리가 계속 주장했듯이, '대가성이 없었다'는 박명기 교수 측의 주장이 나올 수 있다는 거예요. 아까도 말했지만, 곽 교육감은 2010년 10월에야 인지했어요. 공소시효는 12월 2일에 이미 끝났습니다. 그 결과 이후에 행해진 행위, 그러니까 2011년 2월에서 4월까지 돈을 준 사실이 범죄 구성의 요건이 된다고 지금 검찰이 주장하는 것 아닙니까. 그러나 선거도 끝나고 공소시효도 지났어요. 서로 간에 합의한 내용도 없어요. 합의한 내용이 없는데 2월과 4월 사이에 교육감 후보도 아닌 박명기 교수를 포섭할 이유가 뭐가 있어서 돈을 줍니까?

김어준 어쨌든, 나꼼수 청취자들과 신문기사를 읽는 국민께 '단어에 속으면 안 된다'는 걸 알려드립니다. 이번 서울시장 보궐 선거를 '곽노현 부정선거'로 물타기하겠다는 의도 때문에 무리해서 막 쏟아냈던 겁니다. 예를 들면 강경선 교수 '체포'의 실체는 '자진 출두'였잖아요. 또 '녹취록'이 있다고 했는데, 사실은 5개월이 지나 박 교수 자신이 쓴 것이고 녹음 파일도 아예 없습니다. 자의적인 메모인데 검찰은 '녹취록'이라는 단어를 쓰고 싶었던 겁니다.

정봉주 합의각서 이야기도 나왔잖아요.

김어준 합의각서에 각서도 없고, 공금 어쩌고 했는데 공금도 아니고.

강경선 교수 '체포'의 실체는 '자진 출두'였잖아요. 또 '녹취록'이 있다고 했는데, 사실은 5개월이 지나 박 교수 자신이 쓴 것이고 녹음 파일도 아예 없습니다. 자의적인 메모인데 검찰은 '녹취록'이라는 단어를 쓰고 싶었던 겁니다.

정봉주 2억 원 중에 공금으로 의심될 만한 게 없다?

김어준 없습니다. 곽 교육감을 압수수색했는데 그럴 필요가 없어요. 신문에 '압수수색'이라고 쓸 '단어'가 필요했던 거죠.

정봉주 처음에는 박명기 교수 측이 '후보 사퇴의 대가로 돈을 받았다'고 주장한 걸로 나와 있지만 지금은 '곽 교육감은 몰랐을 수도 있다' 또는 '박 교수가 후보 사퇴의 대가로 돈을 받은 건 아니다' 이런 쪽으로 정황이 몰려가고 있는 거죠.

김어준 가장 최근에 나온 게 '이면합의'인데, 연합뉴스에서 처음 이 기사가 나왔어요. 그때 뭐라고 했냐면 '동서지간인 곽 교육감의 회계 담당과 박 교수의 선대본부장이 협상이 결렬된 후 술자리에서 이면합의했다. 그리고 그것을 안 곽 교육감이 크게 놀랐다.' 여기에서 어떤 단어가 빠져 있냐면 '5개월'이 빠져 있어요. '5개월 후에 알았다'는 내용을 의도적으로 뺀 거야!

정봉주 '알았다'와 '5개월 후에 알았다'는 무척 큰 차이이니까.

김어준 이걸 정상적인 언어로 다시 풀면 '단일화를 결정할 권한이 없는 동서지간의 실무자들끼리 협상이 결렬된 후에 술자리에서 한 이야기를 곽 교육감이 5개월 후에나 알고 매우 놀랐다'가 정상 기사예요. 그런데 여기서 5개월을 빼버리고 '이면합의 내용을 알고 곽 교육감이 크게 놀랐다'라는

박명기 교수 측에 새로 선임된 변호사가 오늘 면접을 하고 난 뒤 "무죄를 다투어볼 여지가 대단히 높다"고 말했습니다. '형량의 문제'라는 과거의 입장에서 완전히 바뀐 겁니다.

첫 기사가 나온 거예요. 그밖에도 몇 가지 단어가 있습니다. 예를 들어 구속영장.

정봉주 영장 발급이 쉽지 않은 상황인데요.

주진우 그렇지만 검찰이 너무 많이 달려왔기 때문에 영장은 칩니다.

정봉주 처음에는 구속영장은 일도 아닌 것처럼 여유 있게 하더니.

김어준 이제는 전세가 뒤집어졌어요. 제가 보기에 이만큼 왔으면 곽노현 10·26 작전은 실패했다고 봅니다.

정봉주 두 분이 많은 이야기를 했는데, 제가 한 발 더 나가봅니다. 한 발 더 나가는 게 참 나쁜 습관입니다. (캴캴캴)

김어준 못 나가기만 해봐라. (푸하하)

정봉주 박명기 교수 측에 새로 선임된 변호사가 오늘 면접을 하고 난 뒤 '무죄를 다투어볼 여지가 대단히 높다'고 말했습니다. '형량의 문제'라는 과거의 입장에서 완전히 바뀐 겁니다. 형량을 따질 경우는 이런 거죠. 후보사퇴의 대가로 돈을 받았지만 저쪽에서 인지를 했느냐 안 했느냐 등등을 따지면서 형량을 좀 줄이는 겁니다. 그러나 '무죄를 다툰다'는 것은 후보사퇴의 대가로 돈을 받지 않았고, 곽노현 교육감이 주장하듯이 선의로 받았다고 주장하는 것입니다.

김어준 꼼수 실패!

정봉주 제가 최근에 들은 말 중 가장 아름다운 말이에요.

김어준 공정택 교육감 사건 때의 자료를 뒤져보니까 하루에 평균 관련 기사가 2개 나왔습니다. 한 달에 60개. 그런데 곽노현 때는 이틀 만에 60개 나왔어!

주진우 1면, 2면, 3면, 4면을 통으로 털었기 때문에.

김어준 10·26 작전을 위해서 졸라 밀어냈는데, 실패했다! 어젠다 바꿔라! 딴 걸로 싸우자.

– 이상 18회

부산저축은행과 삼화저축은행

BBK 소방수 은진수와 부산저축은행

김어준 은진수 전 감사위원의 이야기를 하기 전에, 이분과 정봉주 전 의원의 놀라운 인연이 있습니다. 어떤 언론에서도 다루지 않은 그 이야기를 하고 저축은행 사건으로 들어가죠.

정봉주 때는 바야흐로 2007년, 저는 전 국민이 주목하는 국회의원이었기 때문에 (캴캴캴) 레벨이 달랐어요. 그때 당시 저와 공식적으로 맞장을 뜨고 도전장을 냈던 건 고승덕 변호사였어요. 고승덕 의원이 기자회견도 하고 성명서도 내고 그랬죠. 그런데 나중에 알고 보니, 고승덕 의원은 얼굴마담이고 내부 대책팀장을 맡고 있던 사람이 바로 은진수였습니다.

김어준 2007년 이명박 캠프에서 법률지원단장이라는 타이틀을 맡고 있었는데 BBK를 전담했습니다.

정봉주 그렇습니다. 은진수는 BBK 소방수였습니다. 소방수가 있으면 뭐가 있어야 해요? 공격수가 아니라 방화범. 전 BBK 방화범이었습니다.

김어준 그 당시에 캠프 내의 역할 분담을 어떻게 알겠어요. 몰랐는데, 정봉주 전 의원이 집행유예도 아니고 벌금도 아니고 징역 1년 받고 지금 대법원에 계류 중인데, 그 사건을 뒤에서 진두지휘한 사람이 은진수였습니다. 지금은 상황이 완전히 역전되어서 그분이 감옥에 가셨고.

정봉주 전 의원은 BBK 사건과 관련한 허위사실 유포죄로 2011년 12월 22일 대법원에서 유죄 판결을 받아 12월 26일 수감되었다.

정봉주 그 인연뿐만 아니라 3각 인연이 떠오릅니다. 지금 대검 중수부장이 누구죠? 김홍일 중수부장입니다. 김홍일 중수부장이 저축은행 수사를 총괄하고 있는데, 그는 당시 서울중앙지검 3차장으로 BBK 사건 전모를 직접 나와서 발표한 장본인입니다. 수사를 책임진 사람이 최재경 검사였고, 그보다 한 단계 위에서 BBK를 총괄한 사람이 김홍일 당시 서울중앙지검 3차장입니다. 은진수도 검사 출신 아닙니까. 그래서 은진수와 당시 김홍일 중앙지검 3차장은 아주 밀접한 교류가 있었을 것이라고 추정을 한 거죠. 그런데 지금 김홍일 중수부장이 자기의 옛 동료였던 은진수를 구속했습니다.

수사 초기에는 과연 김홍일 중수부장이 한때 'BBK 식구'였는데 수사를 제대로 하겠느냐, 용두사미로 끝나지 않겠느냐, 했는데 다행히도 진상조사단 위원장으로 평생 저격수 역할을 해온 박지원 전 원내대표가 붙었습니다. 그러면서 상황이 커졌어요. 이것을 덮으려면 김홍일 중수부장 자신이 죽어야 해요. 옛날의 적이든 동료든, 'BBK 삼인방'이 싸우고 있는 형국입니다.

김어준 저는 생각이 달랐던 게, 이 사건은 검찰이 청와대 지시대로만 따르지는 않을 거라는 생각이 들었습니다. 원래 정권이 4년 가까이 되면 검찰들이 슬슬 그동안 정권으로부터 받았던 스트레스를 풀면서 자기의 존재감을 표현합니다. '우리한테 이제껏 까불었지. 이제 너희들이 죽어봐라.' 이런 태도가 된다는 거죠. 검찰은 스스로 엘리트라고 생각하니까요.

그런데 정치인들이, 자기들보다 멍청한 것들이 자기들 위에서 이래라저래라 하니까 자존심이 상해. 진급도 하고 출세도 해야 하니까 명령을 듣긴 듣는데, 스트레스도 엄청 받아. 그러니까 정권 말기쯤 되면 '이 자식들 죽었다' 하고 스트레스를 풀기 시작하고, 그 카드를 들고 다음 양반하고 거래도 한단 말이죠. 그런 시점에 사건이 터진 거죠. 그렇기 때문에 검찰은 이제 '신났다.'

정봉주 그렇죠. 검찰이 언제 등을 돌릴 것인가. 그게 관전 포인트입니다. 화무십일홍花無十日紅. 정권이 기우는 시점이 바로 검찰이 등을 돌리는 시점입니다.

김용민 레임덕의 바로미터!

정봉주 그런데 검찰이 등을 돌릴 때 이미 레임덕은 반 이상 진행됐다고 보면 됩니다. 또 김홍일 중수부장은 자기가 지은 죄를 '반까이'해야 해요. 김홍일 중수부장이 검찰에서는 아주 특이하게 지방대 출신입니다. 충남대 출신인가 그래요. 만약 정상적인 검찰 흐름으로 보면 검찰에서 살아남기 힘든 학력과 인맥을 갖고 있어요. BBK 때문에 고속 승진한 거예요. 그런데 차기 정권으로 넘어가면 옷을 벗든가 해야 하니까 승부수를 띄울 때가 왔다고 봐요.

김어준 그렇죠. 자기가 살기 위해서.

정봉주 저축은행 비리는 검찰이 인지 수사를 해서 자료를 잡은 게 아니고, 이미 금융권의 구조조정과 개혁을 위해서 1년 전부터 조사를 해온 겁니다. 저축은행은 손만 대면 터져요. 청와대에서 뭐라고 하냐면 "저축은행 비리 있는 거 다 까자."

그들의 주장은 이런 겁니다. '호남에는 저축은행 없냐. 호남 것까지 까기 시작하면 너희 민주당 의원들도 다 죽는다. 그러니까 함부로 건드리지 마라.' 가이드 라인을 미리 준 겁니다. 겁을 준 거죠. 부산저축은행 회장이 광주일고 출신 아닙니까. 그렇기 때문에 너희들도 다 연루될 것이다. 이렇게 보는 모양인데 그건 정치의 깊숙한 곳을 잘 모르는 거죠. 광주일고 출신들이 나름대로 영향력을 행사할 수 있었던 건 김대중 정부 시절입니다. 노무현 정부 시절에는 이미 지역감정을 없애고 지역감정을 뛰어넘으려고 노력했기 때문에 정권에 영향을 미칠 특정 지역의 집단이 없었어요. '이거 터트리면 다 나오니까 여기서 정전하자, 휴전하자'고 제스처를 취한 건데, 여기서 실수한 게 있어요. 그러려면 돈 봉투를 보내든지. (캴캴캴)

김어준 그러다 박지원을 건드린 거죠. 그래서 이 양반이 열 받아서 전투 모드로 들어간 거죠.

정봉주 정두언 의원이 박지원 의원을 심각하게 건드렸거든요. 모독 중에 상모독입니다. 박지원 의원이 감옥에서 산 것은, 김대중 정부의 햇볕정책과 남북 경제협력 때의 대북 송금 문제였어요.

김어준 혼자 뒤집어쓴 거죠.

정봉주 김대중 정권의 역사적 오점을 어느 정도 혼자 뒤집어쓰고 갔던 건데 그걸 건드렸어요.

김어준 자존심이란 말이죠.

정봉주 건드리지 말아야 할 것, 금도를 넘어버렸습니다. 그래서 한나라당이 이 문제를 건드리는 순간 민주당은 전면전으로 나간 거죠. 전면전 모드로 가니까 한나라당은 빠지죠. 이제 청와대와 싸워라. 왜? 청와대와 거리를 뒤야 다음 선거에서 살아남기 때문에.

한나라당은 이 문제에 대해서 원칙적인 것만 주장하고 실질적인 당론에서는 청와대편을 안 들고 있습니다. 한나라당 의원은 대부분 이렇게 생각하고 있을 겁니다. 먹기는 너희가 먹고 독박은 왜 우리가 쓰냐.

김용민 박지원 원내대표를 건드린다는 것은 어떤 의미가 있는 건가요?

김어준 민주당에서 전투력이 가장 강한 분이죠.

정봉주 청와대 사람들에게 정확한 시각 교정을 해줄 게 있는데, 지금 청와대 입장은 저축은행 문제를 있는 대로 다 까면 너희들 전부 다치니까, 그중에는 김대중의 황태자라고 하는 박지원이 있으니 이 정도로 전쟁을 종결하자, 이거거든요. 그런데 박지원 의원 입장에서는 종결할 이유가 없어요. 왜? 지금 민주당이 많은 정보를 갖고 있거든요. 다만 공개를 안 하고 있을 뿐이죠. 저쪽에서 대응이 나올 때마다 하나 둘씩 포장지 벗겨지듯이 살짝 살짝 나오게 될 겁니다. 이 저축은행은요, 측근 비리 때문에 '셀프 탄핵' 시점에 들어간 거예요. 그렇기 때문에 한나라당 내부는 아수라장이 되어서 서로 저 살겠다고 각자 도생의 길에 들어서고 있지 않습니까.

김어준 그래도 한나라당 지지율이 더 높다는 것.

정봉주 지금 역전됐어요. 민주당 지지율이 더 높습니다.

김어준 어머, 민주당 한 거 하나도 없는데? (푸하하)

각하의 셀프 격노

정봉주 지금쯤이면 청와대에 파견됐던 공무원들이 각 부처로 돌아갈 시기인데, 그 자리를 채워줄 지원자들이 없어서 청와대에 가 있는 사람들이 돌아가기 힘들다는 이야기를 거기서 근무하는 분께 들었어요. "곤혹스럽다. 청와대는 이미 모든 기능들이 상실되고 중지되었다." 이쯤 되면 청와대는 패닉 상태입니다.

김어준 각하는 그러지 않을 수 있어요. 각하는 모든 것이 내 통제 아래 있고, 모든 걸 해봐서 알고, 잘 안 되면 격노하시면 되거든요. 은진수 사건에 대해서도 민정수석 비서관실에 내려가서 격노하셨다고 하잖아요. 누구한테 격노하셨는지 모르겠어요. 감사원에 은진수를 꽂은 건 자긴데. 자기가 자기한테 격노하나?

정봉주 은진수 이분이 지금 감옥에 있는데, BBK 대책팀장을 맡으면서 그렇게 공을 세웠는데도 공천에서 떨어집니다. 2008년 총선에 못 나왔어요. 그게 미안해서 가장 대표적인 보은 인사 중 하나로 각하께서 챙기지 않았으면 못 갔을 차관급 감사위원으로 간 거예요. 그러니 화낼 사람이 없는 거예요. 화낼 데가 없다니까요. 누워서 자기 얼굴에 침 뱉고 있어요.

김어준 민정수석비서관실에 가서 격노하시고 강하게 질타했다고 〈조선일보〉가 기사를 냈어요. 그런데 자기가 꽂은 사람이야! 자기가 꽂았는데 누구한테 격노하는 거야!

김용민 그걸 '셀프 격노'라고 하죠.

정봉주 셀프 격노를 통해서 셀프 탄핵으로 가고 있다.

김어준 이 사건의 진정한 꼼수가 하나가 있어요. 공무원이 비리 혐의로 형사재판을 받을 때는 사표를 제출해도 수리를 안 해줍니다. 비리로 결론이 나면 퇴직금을 못 받고 나오거든요. 그래서 지급 중지를 시켜놓는 거죠. 사표를 처리하면 돈을 받아버리니까 사표 수리를 안 해줍니다. 이건 법으로 정해져 있어요.

정봉주 그건 노무현 정부 시절에 우리가 만든 겁니다. 이전까지는 없었고.

사표 수리를 먼저 하고 민정수석비서관실로 나와서 격노하셨다는 거예요. 그러니까 일단 돈을 챙겨주고, 원래 못하게 되어 있는데 돈을 미리 챙겨주고, 그런 다음에 셀프 격노를 해.

김어준 그런데 〈조선일보〉 기사에 이런 내용이 있어요. 사표 수리를 먼저 하고 민정수석비서관실로 나와서 격노하셨다는 거예요. 그러니까 일단 돈을 챙겨주고, 원래 못하게 되어 있는데 돈을 미리 챙겨주고, 그런 다음에 셀프 격노를 해.

정봉주 대통령 훈령을 대통령이 어겼다고 해서 민주당에서 문제 제기를 하면서 강력하게 공격을 했더니, 청와대 답변이 뭐냐면 "정무직 공무원은 예외다." 그런데 이게 말이 안 되는 게, 장관, 차관 다 정무직 공무원이에요. 만약 정무직 공무원이 예외면 대통령 훈령이 있을 이유가 없는 거예요. 저쪽에서는 정무직 공무원은 예외라고 하는데, 실질적으로는 퇴직금 수령을 용인해주려는 꼼수가 아니었을까.

김어준 당연하죠. 우리 각하께서는 사람을 돈으로 다루거든요. 돈 챙겨주고, '야, 은진수 네가 어떻게 정리하고 끊어라.' 이런 딜인 것 같아요. 결혼 축의금도 안 보낸 사람이 굳이 비리에 연루된 사람을 법을 어겨가면서까지 퇴직금을 일부러 챙겨준 이유가 뭐겠어요.

정봉주 퇴직금 반띵? 청계재단에 기부해?

김어준 돈을 챙겨주는 거, 전혀 사실이 아니죠. 이건 그냥 추정! 그럴 리가 절대 없는. 극악무도한 소설.

김용민 주옥 같은 대통령.

정봉주 오늘의 예술은 반띵입니다.

김어준 은진수 전 위원은 돈으로 구슬리고 관리할 필요가 있는 사람인 거죠.

정봉주 많은 걸 알고 있는 사람이니까. - 이상 4회

전지적 각하 시점으로 본 저축은행 사건

정봉주 2011년 8월 2일 각하께서 부산저축은행의 로비스트, 소망교회의 성도 박태규를 왜 못 잡느냐고 호통을 칩니다. 빨리 잡아와라. 여기서 소설을 쓰자면, 이미 그때 박태규가 자진 귀국하는 시나리오는 끝났다고 봅니다. 그때부터 검찰이 특수수사반을 만들고 전담반을 만들고 기민하게 움직여서 8월 26일 곽노현 교육감에 대한 공개수사에 착수한 다다음날 박태규가 슬그머니 캐나다에서 귀국합니다.

김어준 이게 마치 서태지·이지아 사건 때 한상률 귀국, 에리카 김 귀국이랑 비슷하죠. 그런데 각하한테 약간 실망한 부분이 있어요. 너무 비슷한 패턴이야. 창의력을 발휘해줬으면 좋겠어.

주진우 패턴 좋아해.

정봉주 주입식 교육을 받은 분이라서 외운 대로 그냥 쭉쭉 가는 거야. 그런데 박태규가 귀국했잖아요. 박태규 이 양반이 부산저축은행 핵심 로비스트란 말이에요. 이 정권이 지금 진보 진영을 치는 쌍끌이가 뭐냐면, 부산저축은행 사건과 곽노현 교육감 구속, 이 두 개로 치고 나갑니다. 먼저 곽노현 교육감 문제로 진보 진영의 도덕성을 계속 칩니다. 다음으로 한나라당 내부와 민주당 지도부의 입을 단속할 필요가 있습니다. 부산저축은행에 대해서 뭐라고 하냐면, 광주일고 출신이 경영진에 포진해 있고 그들이 민주당과 연관이 있는 것 같다. 이런 걸 계속 흘립니다. 사실이건 사실이 아

니건, 부산저축은행에 민주당 사람들이 연루되어 있다고 검찰이 주장하고 있습니다.

주진우 그래서 수사가 시작된 겁니다.

정봉주 그런데 실제로는 저축은행 사건에 친박계 인사들이 연루되어 있을 가능성이 있어요. 박태규가 귀국했기 때문에 어느 정도 선에서 부산저축은행 상황이 일단 정리가 되면 그다음에는 가장 심각한 문제인 삼화저축은행으로 자연스럽게 넘어갈 것으로 예상됩니다. 삼화저축은행 명예회장은 신삼길이고, 신삼길은 박지만과 친구 관계입니다. 그러니까 삼화저축은행에 친박계 인사들이 연루되었을 가능성이 있는데, 검찰이 그 카드를 쥐고 있으면 한나라당도 꼼짝 못하게 묶어놓을 수 있습니다.

김어준 제가 말씀드리지 않았습니까. 각하한테는 한나라당이 총선에서 이기는 게 중요하지 않다고. 각하와 한나라당은 같은 편이 아닌가? 각하는 보궐 선거도 이기고 총선도 이기고 다음 대선도 이기는 데 관심이 있지 않을까? 그렇게 생각하면 절대 안 된다는 거죠. 각하는 오로지 각하를 위해서만 사시는 분입니다. '각하의 관점'이란 게 따로 존재해요.

정봉주 그래서 8월 2일 이전에 박태규 문제도 핫라인을 통해 어느 정도 소통이 됐을 거라고 여기는데.

주진우 조율이 없었으면 들어올 리가 없습니다.

김어준 그러니까 각하적 관점에서 사안을 바라보는 노력을 기울여야 하고.

정봉주 김수현 작가도 이렇게 극적으로는 못 쓸 것 같아요.

김용민 주진우 기자가 보시기에 앞으로 어떻게 돌아갈 것 같습니까?

주진우 전 잘 모르겠어요. (수줍수줍)

정봉주 부끄럽고요. (캴캴캴)

주진우 그게 아니라, 검찰이 크게 그림을 그리는 것은…….

김어준 검찰은 그림을 크게 그리는 게 아니죠.

정봉주 계속 간을 보려고 이쪽저쪽 찌르고 있는데, 지금 민간인 사찰, 대포폰 이런 것들 아직 안 끝났잖아요. 검찰이 왜 수사하지 않냐? 민주당이 지금 그걸 치고 나가야 해요. 그리고 우제창 의원이 삼화저축은행 돈 24억 원이 KDMC 이영수 대표를 통해서 2010년과 2011년 두 번에 걸쳐 한나라당 전당대회에 들어갔다는 제보가 있으니 그걸 수사하라고 분명히 검찰에 이야기했거든요? 그런데 검찰이 수사를 안 하고 있단 말이에요. 검찰의 머릿속 계산에는 곽노현의 2억 원이 한나라당 24억 원보다 더 큰 거예요. 민주당이 그걸 치고 나가야죠.

김어준 공격할 게 얼마나 많아요.

정봉주 곽 교육감 문제도, 대가성을 입증하라, 그 전에는 검찰은 입을 다물어라, 피의사실 공표하면 문제 삼겠다, 이렇게 치고 나가야죠. 그리고 무엇보다 강력한 무기가 있잖아요. 한나라당도 동의하는 건데, 이번의 검찰 행태를 봤더니 검찰개혁 필요하다. 중수부 해체하자. 이걸 밀고 나가야죠. 그런데 아까 이야기했던 부산저축은행, 바른이 변호하고 있어요.

김어준 바른은 훌륭한 곳이잖아요. 1위. – 이상 17회

각하의 전 보좌관, 조카사위 그리고 삼화저축은행

정봉주 얼마 전 홍반장이 발끈했어요. 〈경향신문〉의 한 여기자가 "삼화저축은행 돈이 이영수라는 사람을 통해서 한나라당 전당대회로 흘러들어갔다고 민주당이 주장하는데 그게 뭐냐?"라고 묻자 홍반장이, 언론에 보도된 내용에 따르면 "너 진짜 맞는 수가 있다" 그랬다는 거예요. 깜짝 놀랐어요.

홍반장이, 남이 화 안 낼 때 화내고 남이 화낼 때 화 안 내는 조금 괴팍스러운 면은 있어도 당 대표가 됐는데, '너 진짜 맞는 수가 있다?' 아주 큰 실수를 했어요.

김어준 원래 그 양반 커뮤니케이션 스킬이 굉장히 좋거든요. 일대일로 만나면.

정봉주 그럼요. 아주 냉정한 사람이고 화도 잘 안 내요.

김어준 평상시 기자들하고 친하게 지내니까 그런 식으로 말을 할 순 있죠. 그런데 그걸 다른 사람 다 있는 데서 바로 뱉었어요.

정봉주 상대 당 의원한테도 두세 살 어리면 바로 말을 놔요. 형 동생 하자, 그러면서. 그렇게 화통한 분인데 화를 냈어요. 도대체 우제창 의원이 무슨 얘길 했길래 그러나 봤더니, 신삼길 삼화저축은행 명예회장의 불법 자금 24억 원이, 이영수라는 사람을 통해서, 이영수는 전에 한나라당 청년위원장을 지낸 사람인데, 그 사람을 통해서 그 불법 자금이 한나라당 전당대회로 들어갔다면, 이영수가 홍반장을 2010년에도 돕고 2011년에도 도운 걸 뻔히 아는데, 그러니 결국 홍반장 당신을 도운 게 아니냐? 이렇게 물은 셈이니까 화를 낸 거죠. 그래서 궁금증이 생기는 거예요. 도대체 왜 저렇게까지?

자, 들여다봅시다. 민주당과 한나라당이 삼화저축은행에 대한 국정조사에 합의했어요. 국정조사특별위원장이 누구냐면 한나라당 정두언 의원이에요. 그런데 정두언 의원이 느닷없이 회의를 소집하고 그러니까 국정조사가 한 발짝도 못 나가요. 이건 국정조사를 못하도록 막고 있는 것이다. 이런 생각이 누구나 들지 않겠습니까. 언론에서도 지적했죠. 그런데 최근에 이상한 사건이 터집니다. 윤만석이라고 들어보셨나요? 각하가 국회의원일 때 보좌관을 지낸 사람입니다. 그 사람이 낙하산으로 IBK캐피털 감

나무이쿼티. 삼화저축은행을 놓고 장난질 치는 데 제일 정점에 있는 기업사냥 전문 업체예요. 2년 전에 설립됐는데 그 얼마 뒤에 전종화, 각하의 조카사위, 다스 이상은 형님의 사위를 대표로 영입합니다.

사로 가요.

김어준 기업은행?

정봉주 네. 거기 갔다가, 삼화저축은행 사건으로 도피 중인 브로커 이철수로부터 1억 원을 받은 것 때문에 윤만석이 최근 광주지검에서 구속됩니다. 그래서 봤더니, 어려운 이름들이 나오기 시작합니다. 나무이쿼티. 삼화저축은행을 놓고 장난질 치는 데 제일 정점에 있는 기업사냥 전문 업체예요. 2년 전에 설립됐는데 그 얼마 뒤에 전종화, 각하의 조카사위, 다스 이상은 형님의 사위를 대표로 영입합니다.

김어준 각하의 가족애!

정봉주 아들과 조카들은 잘 먹고 잘사는데, 조카사위 그러니까 형님의 딸네 가족은 별로 못 먹고 살고 있는 거예요.

김어준 감동적인데요. 그 끝을 알 수 없는 가족 사랑.

정봉주 이상은 형님이 다스의 명목상 최대주주인데, 우리는 절대 그럴 리 없다고 주장하지만 만약에 다스의 실소유주가 각하라면, 이상은 형님은 별로 돈이 없는 거예요.

김어준 일각에서는 다스가 몇 천억, 혹은 조 단위의 자산을 갖고 있다고 보고 있는데, 그런 회사를 가진 분이?

주진우 각하의 형님인 이상은 씨와 작고하신 처남 김재정 씨가 최대주주였지 않습니까. 지금은 김재정 씨 와이프, 처남댁한테 넘어갔지만. 그런데 김

나무이쿼티가 150억 원어치 BW를 발행하는데, IBK캐피털에서 50억 원어치를 사줍니다. IBK캐피털은 아까 얘기했던 윤만석이라는 각하의 보좌관 출신이 감사로 가 있고요.

재정 씨도 돈이 없어서 여러 군데에서 빌린 돈을 못 갚아 이사 다니고 그랬습니다.

정봉주 몇 백만 원을 못 빌리고, 신용불량자가 되고 그랬어요.

김어준 다스의 실소유주인데? 둘 다?

정봉주 명목상 소유주! 다스 전에, 수백억 원짜리 도곡동 땅 소유주인데 신용불량자가 됐어요, 그때.

주진우 지금 다스가 2조 원 정도 가치가 있다고 보이는데요, 에리카 김 누나의 증언에 따르면, 처남 김재정 씨는 워낙 허름해 보여서 집사 같았답니다. 에리카 김 누나가 "저 허름한 사람은 누구야?" 이렇게 물어보니까 각하께서 "처남이야" 하더래요. "처남이 왜 이렇게 허름해. 집사 같아" 이러니까 "그런 거야." 뭐 이렇게 대충 넘어갔다는 게 에리카 김 누나의 증언입니다.

김어준 굉장히 검소한 분이었구나.

정봉주 하여튼 나무이쿼티라는 회사, 기억해둬야 합니다. 2년 전에 설립하고 얼마 지나지 않아 나무이쿼티는 이상은 형님의 사위, 그러니까 각하의 조카사위 전종화 씨를 회사 대표로 영입합니다. 전종화 이 양반, 능력이 뛰어나요. 증권사 애널리스트로 있다가 무슨 사업을 했는데 망합니다. 그런데 나무이쿼티로 가자마자, 명함을 파기도 전인 8일 만에 씨모텍이라는 회사를 인수합니다.

김어준 씨모텍? 큰 회사잖아요.

그러니까 각하의 전 보좌관과 조카사위가 손잡고 거대한 회사를 하나 먹었다?

주진우 코스닥 상장 회사죠.

정봉주 나무이쿼티는 자본금 5천만 원짜리 회사예요. 그런데 씨모텍을 얼마를 주고 인수하냐면 300억 원을 주고 인수해요. 자본금 5천만 원짜리 회사가 각하의 조카사위인 전종화가 들어오자마자 씨모텍을 300억 원에 인수합니다. 놀랍지 않아요?

300억 원을 어떻게 충당했는지 봤더니, 먼저 사채시장에서 50억 원을 빌려서 10%가 넘는 지분을 인수하고, 이렇게 저렇게 돈이 왔다갔다하면서 결국은 씨모텍에 있는 돈으로 마지막에 250억 원을 치르는 거예요. 그러니까 자기 돈 한 푼도 안 들이고 사채시장에서 50억 원 땡긴 다음 씨모텍 돈으로 씨모텍을 사는, 아주 재테크 달인의 경지를 보여준 거죠. 이 과정에서, 말도 어려운데, 신주인수권부사채? 뭐 이런 걸 발행하는데,

주진우 BW.

정봉주 네, BW죠. 그러니까 사채를 빌리고 나중에 그 돈을 주식으로 바꿔주는 거죠. 나무이쿼티가 150억 원어치 BW를 발행하는데, IBK캐피털에서 50억 원어치를 사줍니다. IBK캐피털은 아까 얘기했던 윤만석이라는 각하의 보좌관 출신이 감사로 가 있고요.

김어준 그러니까 각하의 전 보좌관과 조카사위가 손잡고 거대한 회사를 하나 먹었다?

정봉주 그렇죠. 씨모텍을 인수한 다음에 나무이쿼티가 씨모텍이 되고, 옛날

과 수법이 똑같습니다. LKe뱅크가 곧 BBK고, BBK가 LKe뱅크인 거예요. 옛날하고 똑같아, 이게. 각하의 금융 재테크 기법을 조카사위가 그대로 쫓아가는 거야. (캴캴캴)

김어준 아, 훌륭한데요.

정봉주 아무튼, 나무이쿼티가 BW를 발행해 150억 원의 사채를 빌리는데, 그때 핵심 역할을 한 게 IBK캐피털의 윤만석입니다. 이 양반이 IBK에 있는 사람을 불러서 씨모텍에서 발행한 BW 50억 원어치를 사들이라고 합니다. 이건 나중에 더 자세히 짚기로 하고, 그리고 조금 있다가, 이 수법이 정말 기가 막혀요. 큰 사건이 터지기 전에 전종화 대표는 나무이쿼티를 그만둡니다. 각하도 BBK가 주가 조작·횡령 사건이 일어나기 전에 그만두지 않습니까? 그러고는 나는 관계없다, 김경준이 혼자 한 거다.

김어준 그래서 누가 뒤집어썼습니까?

정봉주 뒤집어쓴 사람은 자살했죠. 2010년에.

주진우 씨모텍의 전 대표가 자살했습니다.

김어준 그 사건이 그렇게 연결되는군요. 씨모텍.

정봉주 거기서 끝나는 게 아니고, 이걸 추적하다 보니까 또 복잡한 이름들이 나와요. 나무이쿼티가 씨모텍 인수했죠? 그다음에 또 하나를 인수하는데, 그게 제이콤입니다. 코스닥 상장 회사 2개를 인수한 겁니다.

김어준 5천만 원짜리 회사가 자기 돈 한 푼도 쓰지 않고?

정봉주 그 제이콤이라는 회사를 230억 원을 주고 사요. 그러면 제이콤은 도대체 뭐냐? 바로 이 제이콤이 삼화저축은행을 인수하려고 합니다. 그리고 제이콤이 삼화를 매입하려던 그 시점에 각하의 조카사위 전종화가 나무이쿼티 대표이사를 그만두고 씨모텍의 대표이사로 자리를 옮깁니다. 그런데 전종화 씨는 삼화저축은행 사건이 터지기 바로 전에 씨모텍을 그만

줘요. 여기서 재밌는 건, 전종화 씨가 씨모텍을 그만두고 난 다음 그러니까 4월 7일에 그만뒀는데 21일 뒤인 4월 28일에 IBK캐피털에서 50억 원어치 BW를 사들여요. 각하의 조카사위가 이제 없는데도, 윤만석이 씨모텍의 BW를 사줍니다. 그러니까 그만뒀음에도 불구하고 여전히 영향력을 행사하고 있다는 게 뻔히 보이는 거죠.

제이콤이 삼화저축은행을 매입하려고 하다가 어떻게 실패를 하냐면, 윤만석이 IBK캐피털 직원을 불러서 이렇게 말해요. "제이콤이라는 회사가 삼화저축은행을 인수하려고 한다. 삼화저축은행이 갖고 있는 주가를 계산해서 200억 원을 융자해줘라."

김어준 아직 사지도 않았는데 미리 살 돈을 줘라?

정봉주 그런데 이 직원이 융자를 잘못했다가 사고가 날까 봐, 냄새가 난 거죠, 나 그거 못해주겠다고 해서 불발로 끝나요. 결국 삼화저축은행을 인수하지 못합니다.

김어준 그러니까 5천만 원짜리 회사로 시작해서 삼화저축은행까지 매입하려고 했네요.

정봉주 그렇죠. 그 외곽에 윤만석이라는 각하의 보좌관 출신이 포진해 있었고, 그 정점에 각하의 조카사위 전종화가 있었던 거죠.

친이·친박의 아킬레스건

주진우 전종화가 삼화저축은행을 인수하려고 추진했던 건 분명한 사실입니다. 조카사위라는 백그라운드를 이용해서 코스닥 회사나 다른 업체에서 문제를 일으켰던 것도 분명한 사실입니다. 회사를 다 망가뜨리고 씨모텍

전 사장은 자살까지 했으니까요. 그런데 수사가 진행이 안 됩니다.

정봉주 전혀 안 되고 있어요.

주진우 지금 삼화저축은행 사건이 금융조사부에 배당되어 있는데, 신삼길 삼화저축은행 회장은 원래 종로에서 금을 팔던 사람이었어요. 금이라는 게, 우리가 돌반지에도 쓰지만 공업용으로도 많이 사용합니다. 공업용으로 쓸 때는 부가가치세를 11%인지 13%를 환급해줍니다. 사치품이 아니니까요. 이걸 이용해 돌반지를 팔면서 공업용으로 속여 돈을 벌었습니다. 거의 수천억 원의 이익을 얻었습니다. 당시 밝혀진 것만 해도 3천억~4천억 원이었습니다. 원래 금이라는 게 단가가 높지 않습니까. 검찰이 2007년에 수사를 했는데, 금괴로 부가가치세를 부정 취득한 사람은 모두 구속됐는데 신삼길만 살아남습니다. 신삼길은 징역 3년에 집행유예 5년, 그리고 벌금 150억 원을 선고 받았는데, 벌금 미납으로 지명수배됐지요. '빽'을 세게 써서 징역을 피했어요. 종범들은 모두 구속됐고요.

정봉주 현재는 구속됐죠?

주진우 구속된 지 얼마 안 됐습니다. 그런데 도피 중에 정진석 청와대 정무수석을 사외이사로 쓰고, 각하의 양아들이라고 불리는 곽승준 씨 이름도 계속 나오고, 코오롱 이웅렬 회장도 계속 만나고. 박지만 씨 부인이 삼화의 고문 변호사였고요. 신삼길이 구속되기 몇 시간 전에 같이 밥을 먹은 사람이 박지만 씨였어요.

정봉주 58년 개띠 모임이에요, 거기가.

주진우 자기네들은 고등학교 동창이라고 얘기하는데, 지명수배자가 이렇게 활개치고 돌아다녀도 됩니까? 도망 다니면서 삼화저축은행을 대통령 조카사위한테 넘기려고 애쓴 흔적이 정말 많습니다. 삼화저축은행에서 골프단을 만들어 골프 선수들하고 정치인들이 같이 골프 치고, 여자 골프단 선수들 데려다가 술 먹고, 이런 건 부차적입니다. 수배 중인 신삼길이 전종화한테 저축은행을 잡수십시오, 이렇게 상납, 상납이 아니라 진상하기 위해서 여러 노력을 하고 있는데, 검찰에선 자꾸 팔짱끼고 다른 데만 쳐다보고 있었습니다.

지금도 마찬가지입니다. 저축은행 사건이 부산저축은행, 전일저축은행 그다음에 삼화저축은행 사건이 있는데, 그중에서 서울에 있는 삼화저축은행이 규모도 가장 크고, 가장 최근에 일어난 사건이고, 정권 실세하고도 가장 많이 관련돼 있습니다. 가장 큰 '게이트'로 발전할 소지가 있다고 볼 수 있죠. 그런데도 검찰에서는 이 부분을 보지 않고 있습니다.

김어준 은행을 하나 장만하시려고 그랬구나.

정봉주 그것도 있지만, 아주 깊은 꼼수가 여기서 나옵니다.

김어준 여기까지는 우리가 BBK에서 한 번 겪었던 것의 저축은행 버전인데.

정봉주 삼화저축은행을 들여다보면 볼수록 BBK하고 흐름이 같아요. 이를테면 나무이쿼티가 씨모텍을 인수할 때도 직접 하지 않고 제3의 회사를 통해서 인수합니다. 제이콤도 제3의 회사를 통해서 인수해요. 그렇게 쓰리쿠션 기법으로 계속 인수하는데, 그게 BBK 때랑 정말 똑같아요.

나무이쿼티가 자본금 5천만 원인데 그 뒤에 누가 있었냐. 전종화를 세울 때부터 그 뒤에는 브로커 이철수가 있었던 거예요. 신삼길 회장의 실질적인 대리인 역할을 하고 다니는 브로커 이철수가 명동 사채 돈을 갖고 나무이쿼티를 설립합니다. 나무이쿼티가 움직일 때마다 돈을 쏴주는 사람도 이철수고. 거기에 전종화가 정치적 백그라운드를 행사했을 것이라고 민주당에서 추정을 하고 있지만, 우리는 절대 그런 일이 없을 것이라고 주장하는 거죠.

이때 무슨 얘기가 나오냐면, 신삼길 삼화저축은행 명예회장이 이리저리

이영수 전 한나라당 청년위원장은 삼화저축은행 신삼길과 무척 가깝습니다. 또 신삼길은 박지만하고 58년 개띠 친구이고. 이렇게 저렇게 금전적으로 엮여 있습니다. 그런 것이 친박이 홍반장을 지지하게 된 근거가 아니냐, 이런 추정을 해볼 수 있는 거죠.

쿠션을 때려서 자기 회사를 다시 크게 먹어버리려고 한 거다. 브로커 세우고 전종화 씨 세우고, 그러다 그게 다 불발로 그치면서 씨모텍과 제이콤도 부도가 난 거죠. 그 과정에서 씨모텍의 김태성 전 사장이 2010년 3월 26일 자살합니다. 김태성 씨가 자살하기 하루 전날인 3월 25일 전종화하고 문자를 주고받아요. '회사도 다 망가지고 어떻게 할 길이 없다'고. 그러자 전종화가 문자를 보냅니다. '지금이라도 이철수를 고발하고 자수해라. 그게 네가 살 길이다.' 김태성이 '넵' 하고 대답을 합니다. 그리고 그다음 날 자살을 한 거예요.

김어준 결국 그 삼화의 돈이 이영수를 통해 한나라당 전당대회로 흘러들어갔다는 추정을 하는 거죠?

정봉주 이번에 보세요. 친이 비주류라고 하는 홍반장이 출마를 했는데 친박이 전폭적으로 지원을 했어요.

김어준 유승민 찍을 때 두 번째 표가 홍반장한테 갔죠.

정봉주 현재로선 이영수를 통해 삼화의 돈 24억 원이 흘러들어갔을 것이라는 추정만 있습니다. 이영수 전 한나라당 청년위원장은 삼화저축은행 신삼길과 무척 가깝습니다. 또 신삼길은 박지만하고 58년 개띠 친구이고. 이렇게 저렇게 금전적으로 엮여 있습니다. 그런 것이 친박이 홍반장을 지지하게 된 근거가 아니냐, 이런 추정을 해볼 수 있는 거죠.

왜 그런 해석을 하냐면, 이번에 각하께서 권재진 법무부 장관 임명에 목을 매고 있잖습니까. 검찰은 지금 삼화저축은행을 포함한 모든 저축은행에 관한 수사를 서두르지 않고 있습니다. 그렇지만 저축은행에 관한 모든 자료는 이미 다 확보하고 있어요. 그러니까 BBK 때 자료를 확보하고도 수사를 진척시키지 않았던 상황과 너무나 유사합니다. 자 보세요, 황우여 원내대표, 친이 아니죠? 홍반장, 친이 아니죠? 그렇다면 청와대 입장에서는 한나라당에 대한 통제권, 통솔권을 다 놓친 거예요.

김어준 그러니까 한나라당, 보다 정확하게는 친박 쪽이 어떤 시점에 청와대를 칠 것이다, 혹은 청와대의 아킬레스건을 쥐고 거래를 할 것이다, 그러므로 나 자신을 방어하려면 법무부와 검찰을 쥐고 있어야 된다?

정봉주 자신들의 아킬레스건인 저축은행 건이 친박에게도 마찬가지로 아킬레스건이라고 보는 거죠.

김어준 서로 걸려 있지 않느냐?

정봉주 그렇죠. 제가 왜 그런 상상을 하게 되냐면, 최근에 홍반장이 박희태 국회의장을 만납니다. 한·미 FTA 처리해달라, 북한 인권법 처리해달라, 의료민영화법 처리해달라. 이걸 다 직권 상정해달라면서 결단을 요구합니다. 그래서 제가 쭉 전화를 돌려봤더니 의료민영화법은 한나라당도 반대하고 있습니다. 그런데 왜 한나라당 대표는 직권 상정을 요구할까?

그리고 최근의 한나라당 기조를 보면, 언론에 나오는 기사와 행간을 보면, 청와대를 향한 비판의 칼날을 죽이고 납작 엎드립니다. 다 납작 엎드려 있습니다. 2011년 7월 4일 전당대회 직전까지만 해도 청와대를 공격했습니다. 홍준표 당대표, 유승민 최고위원이 되면서 청와대와 각을 세울 것처럼 보였습니다. 그런데 청와대 만찬에 가서는 아무도 얘기 안 하고 남경필 의원 혼자만 얘기했죠? 요즘은 남경필, 유승민 둘이서만 주장하고 있

결국 저축은행 사건에 각하 쪽 사람만 걸려 있는 게 아니라 박근혜 쪽도 자유로울 수 없다는 추정이 가능하고, 그래서 지금 한나라당에 평화가 찾아왔다, 서로 건드리지 않는 평화협정이 이루어졌다, 이런 거죠.

어요. 한나라당 전체가 전과는 달리 수긍하고 수용하는 쪽으로 분위기가 바뀌고 있습니다.

김어준 그 칼날이, 양날의 검이.

정봉주 양날의 검을 권재진 법무부 장관이 쥐고 있습니다. 제가 보기에 저축은행이라는, 그 안에서 푹푹 썩어가고 있는 어마어마한 비리의 모든 정보를 검찰이 다 파악하고 있습니다. 단순히 권력형 비리, 대통령 친인척 비리, 이런 걸 떠나 저축은행 사건에는 수많은 정치인이 걸려 있을 것이라는 데까지 발전할 수 있는 거죠. 그래서 청와대가 권재진을 통해서 하고 싶은 일들, 검찰을 통해서 하고 싶은 일들이 있지 않겠냐, 이렇게 보는 거죠. 정치권에 대해서는 제가 예리한 후각으로 짚었으니까 나무이쿼티 이런 쪽은 주진우 기자가 좀 더 파고 들어갈 필요가 있어요.

김어준 그러니까 오늘의 핵심은, 결국 저축은행 사건에 각하 쪽 사람만 걸려 있는 게 아니라 박근혜 쪽도 자유로울 수 없다는 추정이 가능하고, 그래서 지금 한나라당에 평화가 찾아왔다, 서로 건드리지 않는 평화협정이 이루어졌다, 이런 거죠.

정봉주 양쪽이 아킬레스건을 딱 쥐고 있는 형태죠.

김어준 그걸 쥐고 있는 게 바로 권재진 법무부 장관이라는 게 오늘의 소설인데, 약 3분이면 정리될 것을 이렇게 길게. (푸하하)

주진우 각하의 속은 넓고 깊어서 여러 가지 얘기가 나오는데, 저축은행 말고 다른 건이 또 많습니다. '권력형 게이트'라는 게 아직 이 정권에선 나오지 않았는데, 앞으로 많이 나올 것 같습니다. 이런 게 10개, 15개 줄을 서 있기 때문에 검찰을 장악하려고 한다, 저는 그런 생각을…….

김어준 제가 보기에는 말이죠, 저희 나꼼수가 세계 1위를 해야 되기 때문에 소스를 계속 던져줘야 되니까 방송작가를 해주시는 거예요. 어찌나 많은 소스를 제공해주시는지. 아무튼 삼화저축은행이 핵심입니다. 각하의 은혜가 직접 닿은 곳이니까.

정봉주 서로 다 연결이 돼 있는 건데, 민주당에서는 분절적으로만 터트립니다. '삼화저축은행의 배후를 파보면 전종화가 있다, 이게 권력형 게이트다.' 누가 이렇게 말하면 또 다른 사람은 '윤만석이 IBK캐피털 감사로 있으면서 1억 원을 받았다.' 이렇게 뚝 끊어서 던지는 거예요.

김어준 그러니까 연결이 안 되는 거죠. 민주당이 원래 그래요. 무능해.

정봉주 실제로는 이게 연결이 되어서 무척 큰 사건이 터지기 일보 직전에 와 있거든요.

주진우 각하는 북한이 없었으면 어떻게 할까 했었는데, 민주당은 한나라당 때문에 대충 사는 거 아닙니까.

김어준 무능하면 얍삽하기라도 해야 되는데, 민주당은 얍삽하지도 못하고.

– 이상 11회

각하의 BBK, 조카사위의 삼화저축은행, 환상의 복사판

정봉주 삼화저축은행 마무리.

주진우 제가 간단하게 정리하겠습니다. 지난 시간에 삼화저축은행 신삼길 회장이 금 세공업자라고 제가 말씀드렸죠. 부가가치세를 빼돌려서 몇 천억 원을 챙겨가지고 1심에서 징역 9년에 벌금 800억 원을 받은 사람입니다. 대단한 사람입니다. 이 사람 주변 사람들이 다 구속됐는데 이 사람만 구속이 안 됩니다. 수배 중에 도망다니면서 누구랑 놀았냐면, 박지만 씨, 정진석 정무수석이나 곽승준 미래기획위원장하고,

김어준 그 곽승준은 자원외교에도 자주 등장합니다.

주진우 이분 잘 보셔야 되는데, 각하의 양아들로 불리는 진짜 중요한 사람입니다. 정진석 정무수석은 2004년부터 2008년까지 삼화저축은행 사외이사를 지내면서 수억 원을 받은 분이죠. 그렇게 정권 실세들하고 잘 지내다가 삼화저축은행은 거의 부실덩어리가 됐는데, 2011년 우리금융지주에 넘어가죠. 우리금융지주의 회장이 이팔성 씨인데, 각하의 대선 캠프와 인수위 때도 참여했던 사람입니다.

김어준 각하는 정말 발이 넓으셔. (푸하하)

주진우 여기에 각하의 조카사위 전종화가 등장합니다. 전종화는 별로 돈이 없는 사람입니다. 그리고 또 이철수라는 사람이 있습니다. 기업사냥꾼인데 사채시장에선 유명한 사람입니다. 돈은 없이, 왔다갔다 건들건들하는 그런 사람입니다. 이분들이 돈을 안 들이고 코스닥 상장업체 씨모텍과 제이콤을 잇따라 인수합니다. 이때 인수 자금은 삼화저축은행 돈으로 썼습니다. 씨모텍은 1년 전에 1억 달러 수출탑을 수상하고 대통령 표창까지 받은 회사인데 그런 회사를 들어먹고 망가트려버립니다. 2011년 3월 상장폐지 위기에 몰리자마자 사장인 김태성 씨가 자살을 합니다. 죽기 전날까지도 전종화와 문자를 주고받았습니다.

그런데 전종화가 삼화저축은행 돈을 빌려 회사들을 인수하고, 돈을 빼

돌리고, BW 발행에 인수 합병까지 이것저것 다 하다가 안 되자 결국은 삼화저축은행을 인수하려고 합니다. 그때 IBK캐피털, 즉 기업은행에서 돈을 빼오려고 했는데, 여기서 등장하는 인물이 윤만석, 즉 IBK캐피털 감사위원입니다. 각하의 보좌관 출신입니다.

정봉주 지금은 구속되었습니다.

주진우 윤만석은 이철수한테 대출 알선으로 1억 원을 받은 혐의로 구속됐습니다. 그러나 각하의 조카사위 전종화가 이철수와 사기를 쳐서 회사 두 개를 망가뜨렸는데 이에 대해서는 전혀 수사가 이루어지지 않고 있습니다. 서울중앙지검 금융조사 1부에 사건이 가 있는데, 이철수와 전종화를 잡기 위한 노력이 거의 안 보입니다. 제가 수사 의지가 있는지 계속 가서 물어보는데, 그런 생각 전혀 없어 보입니다. 이것 또한 한상대 검찰총장의 놀라운 능력이라고 볼 수 있죠. 전종화의 장인 이상은 형님은 기억하시죠?

김어준 각하의 형님이면서 다스의 실소유주라고 알려져 있죠.

주진우 각하의 형제간이 3남4녀입니다. 장녀가 이귀선 씨고 장남은 이상은 형님이십니다. 귀선 씨부터 말분 씨까지 해서 3남4녀인데, 조카들이 상당히 많습니다. 김윤옥 여사께서는 3남3녀 중에 3녀죠. 자손이 많은데 조카사위까지 챙기는 이 마음 씀, 섬세함. 각하의 가족 사랑은 신비하고 놀랍습니다.

김어준 끝을 헤아릴 수가 없죠.

주진우 그 공을 기려서 한상대 서울지검장이 검찰총장으로 올라간 건 아닌지 의심하지 않을 수 없습니다. 전종화와 이철수를 잡으면 삼화저축은행 사건을 쉽게 풀 수 있는데 잡을 의지가 없습니다.

정봉주 각하 조카사위 전종화는 자기도 피해자다, 자기도 사기를 당했다고 말하는데, 조금 더 정리하면, 이 주가 조작 사건은 나무이쿼티 설립에서

부터 시작됩니다. 나무이쿼티 설립하고 8일 만에 코스닥시장에서 제일 잘 나가던 씨모텍을 자기 돈 한 푼도 들이지 않고 인수를 하죠. 여기까지는 기업사냥의 일반적인 수법입니다. 인수를 한 후 전종화가 씨모텍 부사장으로 옮겨가서 발행하는 게 BW, 신주인수권부사채라고 하죠.

김어준 새로 주식을 발행하면 그때 주식으로 가져가는 조건으로 돈을 빌려주는 거죠.

정봉주 파생상품의 일종인데, 기업사냥꾼들이 회사를 망가뜨릴 때 악용하는, 그러니까 회사는 망가지고 작전 세력들은 돈을 벌어가는 대표적인 상품이랍니다. 포인트는 이거예요. 전종화가 이걸 알고 있었냐, 모르고 있었냐. 본인도 피해자라고 주장하니까. 그런데 전문가들 분석은 전종화가 금융 애널리스트 출신이기 때문에 나무이쿼티에 취임해서 씨모텍을 인수하는 과정까지 작전 세력들이 무얼 할 것인지 정확히 이해하지 못했다면 취임을 하지 않았을 거랍니다.

김어준 당연하겠죠.

정봉주 그리고 BW를 발행하고 난 다음에 IBK캐피털에서 50억 원어치를 사주거든요. 윤만석이 거기 껴가지고. 그런데 그런 계약을 할 때는 회사와 회사끼리만 계약하는 것이 아니고, 풀옵션 계약이라는 게 있습니다. 이건 BBK 때도 있었던 겁니다. BBK, LKe뱅크가 하나은행에서 5억 원을 대출받아요. 당시 김승유 행장은 각하와 고려대 동기동창이죠. 은행에서 5억 원을 빌릴 때 "만약 문제가 생기면 내가 책임을 지겠다"면서 각하께서 풀옵션에 사인을 합니다.

이번의 경우도 IBK에서 50억 원을 빌리면서 그냥 회사 대 회사가 아니라, 앞으로 문제가 되면 내가 책임을 지겠다는 풀옵션 사인을 전종화가 했다는 겁니다. 이 자료는 일반인들은 접근할 수 없지만 금감원에 있습니다.

민주당에서 금감원에 그 자료를 요구하는데 끝까지 내놓지 않습니다. 하나은행도 풀옵션 사인한 걸 안 내놔요. 박영선 의원이 요청하고 송영길 의원이 요청했는데도 안 내놨죠. 저한테만 내놓은 거죠. (캴캴캴)

주진우 깔때기 또 나왔다. (푸하하)

정봉주 여기 약간의 스토리가 있어요. 제가 하나은행의 문제점을 하나 잡아냈어요. 금감원에 신고할 만한 정도였죠. 그래서 담당 계장을 압박했죠. 너는 모르고 준 것처럼 우리에게 보내라고.

김어준 의원님 이야기의 핵심을 간단하게 줄이면, 씨모텍이 탐났던 게 아니라 씨모텍이라는 좋은 소재를 가지고 주가를 뻥튀기해서 확 먹고 튀려고 했다, 그런 이야기입니까?

정봉주 그런 거죠. 그리고 BW를 발행할 때는 주가를 뻥튀기하는 게 아니라 회사 가치의 70% 정도로 많이 발행을 한답니다. 그래서 회사 가치를 더 떨어뜨려야 된답니다.

김어준 오히려?

정봉주 더 떨어뜨립니다. 그리고 IBK에서 빌린 50억 원은 아마도 즉시 갚았을 것이라고 해요. 왜냐하면 IBK에서 돈을 빌릴 때는 단지 돈 때문만이 아니라 'IBK가 투자할 정도로 우리 회사는 좋은 회사다'라는 것을 개미투자자들에게 보여주기 위해서 빌리는 거니까요.

김어준 개미들의 돈을 먹으려고 한 거네요?

정봉주 그래서 2만 명의 피해자가 생긴 거예요.

김어준 똑같네, BBK랑.

정봉주 구조가 똑같습니다. 내력인가 봅니다. 그런데 씨모텍은 1억 달러 수출탑을 받았잖아요? 해외에서 1천억 원 이상 매출을 올리는 기술력을 갖고 있는 좋은 회사였죠. 지금 그 회사의 소프트웨어, 콘텐츠는 그대로 살아

사장은 죽었어도 이중삼중으로 주가 조작을 하는 거죠. 그래서 제가 전문가한테 물어봤어요. 그 자리에 전종화가 끼어 있냐고. 그랬더니 처음부터 이 작전은 전종화가 없으면 불가능하다고 해요. IBK가 씨모텍만 보고 BW 50억 원을 인수하지 않는답니다.

있답니다. 그런 회사를 주가 조작과 BW 파생상품으로 장난을 쳐서 확 망가트렸잖아요. 이제 조금 있으면 상장 폐지입니다. 여기서 또 무슨 작전과 꼼수가 예견되냐면, 처음에 나무이쿼티를 만들었던 팀이 길목에서 씨모텍이 오기를 기다리고 있는 거예요. 다시 먹으려고. 알짜니까.

김어준 이중으로 먹는 거네요? 주가 조작으로 한 번 먹고, 그다음에 그 알짜배기 회사가 망하면,

정봉주 상장 폐지가 되면 그 안에 있던 기술과 내용을 그대로 다른 회사가 다 가지고 가는 겁니다.

김어준 씨바. 진짜 나쁜 새끼들이네.

정봉주 나무이쿼티에서 작전을 폈던 세력들이 어느 허접한 회사 뒤에 서 있습니다. 씨모텍을 날름 삼키려고. 경영권을 인수함과 동시에 씨모텍에 있는 소프트웨어를 전체 통으로 끌고 가서 회사를 다시 키웁니다.

김어준 사장은 죽었는데?

정봉주 사장은 죽었어도 이중삼중으로 주가 조작을 하는 거죠. 그래서 제가 전문가한테 물어봤어요. 그 자리에 전종화가 끼어 있냐고. 그랬더니 처음부터 이 작전은 전종화가 없으면 불가능하다고 해요. IBK가 씨모텍만 보고 BW 50억 원을 인수하지 않는답니다. 그 뒤에서 자금을 움직이는 실질적인 세력은 이철수이지만 얼굴마담은 전종화였기 때문에 모든 BW 인

각하의 조카사위가 아무것도 아닌 회사를 하나 세워가지고 1억 달러 수출탑을 받은 회사를 먹어요. 그리고 주가 조작을 통해서 1천억 원을 챙깁니다. 그 돈은 개미투자자 2만 명으로부터 나온 돈입니다. 그 과정에서 회사는 망가집니다. 사장은 자살합니다. 그런데 이 회사는 기술력이 있어요. 그래서 이 회사가 상장 폐지되면 그걸 또 주워먹으려고 똑같은 작전 세력이 허접한 회사 하나 세워서 기술만 빼먹으려고 기다리고 있습니다.

수는 전종화의 얼굴을 보고 했다는 거죠. BBK가 각하의 얼굴을 보고 했듯이.

김어준 아, 그분들도 각하의 사랑을 아셨던 거야. 가족애! 전종화의 얼굴이 아니라 각하의 가족애를 본 거죠.

정봉주 그 전문가가 이 모든 작전의 핵심이 전종화라고 얘기하길래 제가 한마디 했죠. 각하의 조카사위는 절대 그럴 분이 아니다. (캴캴캴)

김어준 잠시 저희가 착각을 했습니다. 절대 그럴 분이 아닙니다.

정봉주 씨모텍은 이미 망가졌고, 씨모텍과 제이콤에서 1천억 원 이상을 해먹었죠. 여기서 우리 아버지도 될 수 있고, 우리 이모도 될 수 있고, 삼촌도 될 수 있는 죄 없는 평범한 시민 2만 명의 집안이 거덜 났어요. 이분들 중에도 가계 빚에 시달리다 자살할 분들 나올지도 몰라요. 제보에 따르면 그런 와중에도 죄책감을 느끼기는커녕 씨모텍의 알짜 콘텐츠를 가져갈 제3의 회사를 지금 물색하고 있답니다. 무시무시한 사건이죠.

김어준 현재진행형입니다. 간단히 정리하면 이겁니다. 각하의 조카사위가 아무것도 아닌 회사를 하나 세워가지고 1억 달러 수출탑을 받은 회사를 먹어요. 그리고 주가 조작을 통해서 1천억 원을 챙깁니다. 그 돈은 개미투자자 2만 명으로부터 나온 돈입니다. 그 과정에서 회사는 망가집니다. 사장은 자살합니다. 그런데 이 회사는 기술력이 있어요. 그래서 이 회사가 상장 폐지되면 그걸 또 주워먹으려고 똑같은 작전 세력이 허접한 회사 하나 세워서 기술만 빼먹으려고 기다리고 있습니다. 완벽한 사이클이군요.

정봉주 길목에서 기다리고 있는 그 회사는 코스닥에서 거의 망가진 회사, 그러니까 액면가가 500원이면 실제로는 350원밖에 안 되는 회사고, 그 회사를 통해서 씨모텍의 기술력을 그대로 가져가려는 겁니다. 돈은 이미 확보돼 있기 때문에.

김어준 그 회사는 주가를 확 띄우겠죠.

주진우 씨모텍은 주가를 떨어뜨려서 망가뜨려서 먹고, 새로 인수하는 회사는 주가를 띄어서 먹고. 전방위적으로 먹는 겁니다. 정 의원님이 정곡을 제대로 찔렀습니다.

김어준 이 완벽한 사이클은 말이죠, 제가 어디서도 본 적이 없어요.

주진우 검찰이 전종화, 이철수를 잡겠다는 의지만 있으면 금방 잡습니다. 저도 사람 풀면 금방 잡아요. 진짜 너무하잖아요. 그러니까 검찰이 욕을 먹지.

– 이상 12회

중수부 살리기

정치권은 왜 중수부를 없애려 하는가

김어준 오늘은 대검 중수부(대검찰청 중앙수사부)가 어떤 의미를 갖는 조직인지, 왜 청와대는 중수부를 존립시키려고 하고 정치권에서는 날려버리려고 하는지, 이게 부산저축은행 사건하고 무슨 관련이 있는지, 각자 어떤 계산을 갖고 있는지 정리할까 합니다.

정봉주 청취자들 중에서 중수부 자체를 모르는 분들이 70~80% 된다고 보고.

김어준 첫 번째, 중수부는 검찰총장이 직접 지휘합니다. 두 번째, 검찰총장은 대통령이 임명합니다. 그리고 대통령은 검찰의 업무를 잘 모르기 때문에, 민정수석비서관이 보좌하는데, 보통 검찰총장의 1, 2기수 위의 검찰 출신을 이 자리에 꽂습니다. 대검 중수부는 대통령이 부리는 수사기관이라고 볼 수 있습니다.

정봉주 아니, 대통령이 부릴 것으로 추정되는 수사기관. 우리 각하께서는 그렇게 하실 분이 아니죠.

김어준 죄송해요. 각하님.

정봉주 중수부에 소속되는 검사들은 언제든지 모든 지검으로부터 차출 받을 수 있습니다.

김어준 초엘리트들.

정봉주 그리고 검찰은 이제까지 우리가 믿기에, 거악巨惡과 맞서 싸워왔습니다. 아주 훌륭한 집단이죠. 권력으로부터 독립해서, 중립적 위치에서, 정치권과 재계의 거악과 맞서 싸웠다는 것이 김준규 검찰총장의 말이었습니다.

김어준 노무현 대통령 수사를 바로 그 중수부가 한 거죠. 그때 거악, 노무현 대통령이 자주 갔던 삼계탕집이 있습니다. 거악이죠. 삼계탕집도 샅샅이 수사를 했죠. 샅샅이 수사를 해보니 닭이 나쁜 거죠.

정봉주 그 삼계탕집 진짜 맛있어요.

김어준 이게 소위 중수부의 위상이에요. 검찰의 엘리트들을 검찰총장이 직접 진두지휘하는 조직. 그리고 중수부는 당연히 민정수석 라인과 통하고, 민정수석은 당연히 대통령의 보좌진입니다. 그런 위상을 가진 기구인데, 결코 없어질 수 없다는 거죠. 그럼 먼저, 정치권에서는 왜 중수부를 없애려고 하는지, 그 이야기부터 해주시죠.

정봉주 대검 중수부는 '검찰 중의 검찰'입니다. 절대 권력, 무소불위의 권력을 갖고 수사를 못하는 게 없습니다.

김어준 대통령 빼고.

정봉주 권력 후반기에 가면, 자칫 잘못하면 대통령도 수사할 수 있는 그런 기구입니다. 이제까지 노무현 대통령 임기 때를 빼고는, 임명권자가 대통령이고 검찰총장의 직할 부대이다 보니 중수부가 권력으로부터 독립한다는 것이 사실상 불가능했습니다. 그렇기 때문에 중립성을 잃고 어느 특정 세력이 유리하게 수사를 할 위험성이 있습니다. 그래서 정치권에서는 중수부에 집중된 권력을 각 지검의 특수부로 분할시키자, 권력이 집중되면 부패할 수 있으니 이것을 분할시키자, 이렇게 주장하는 겁니다. 권력 분할의 기본 정신이 검찰 개혁의 핵심적 사안입니다.

김어준 그런데 여기서 사람들이 궁금해하는 것이 있습니다. 야당이 그런 주장을 하는 것은 이해하는데, 어떻게 여당인 한나라당도 검찰 개혁을 주장하느냐.

김용민 게다가 한나라당 주성영 위원이 검찰 출신인데도 중수부 해체를 주장하느냐.

김어준 정치인이 아닌 제가 보는 관점에선 말이죠, 정치인이 유일하게 두려워하는 것이 검찰입니다. 또, 검찰이 유일하게 두려워하는 것이 정치인이죠. 서로 앙숙이에요.

정봉주 한 명 정도만 예외입니다. 저는 검찰을 존경합니다. 검찰을 두려워하고 존경하고 사랑하고. (캴캴캴)

김용민 의원님은 BBK 관련 수사를 대검에서 받으셨습니까?

정봉주 저는 중앙지검 공안부에서 수사하다가 특수부에서 가져갔어요. 선거법 수사는 공안부에서 하거든요. 그런데 어느 날 갑자기 특수부로 넘어갔어요. 나중에 들어보니까, 공안부에서는 '기소할 건이 안 된다'고 그랬다는데, 이건 입증되지 않은 뒷이야기이기 때문에 어디까지나 추정하는 겁니다. 소설을 써보는 거죠. 아무튼, 공안부에서 이틀인가 조사받다가 특수부로 넘어갔어요. BBK 사건 때 검찰에서 나중에 나온 뒷담화가 있습니다. '4~5일 정도, 하루에 15시간 넘는 강도 높은 조사를 받는데도 정봉주는 하나도 기가 죽지 않더라. 그런 모습을 보니까 대인으로서의 풍모를

느꼈다.' (캴캴캴)

김어준 검찰이? 정봉주 의원의 의연한 모습에? 호연지기에? 말도 안 되는 소리. 제가 정봉주 의원을 10년 가까이 알았는데 틈을 주면 안 돼요. 모든 이야기가 자기자랑으로 모입니다. 깔때기! (푸하하)

무슨 이야기를 하다가 여기까지 와버렸나. 왜 여야가 중수부 폐지에 합의를 했느냐, 이거죠. 정권 말기가 다가오고, 그뿐만 아니라 선거철이 다가오고 있습니다. 두 가지가 합쳐지다 보니까 지금 각하의 정치적 기반이 뒤흔들리고 있지 않습니까. 정치인들은 검찰이 무서워요. '다음 총선에 나오려면 입 다물고 있어. 조사해서 걸리면 다 죽어.' 이런 계산을 여당에서도 읽었고, 그러니까 빨리 중수부를 없애야지. 이래서 여야가 합의했고.

검찰은 권력의 영원한 수하라고 생각하시는 분들이 많은데, 필요할 때만 그렇죠. 감히 추정을 해보자면, 검찰은 언제나 검찰의 편입니다. 특히나 정권 말기가 되면 권력의 비리를 잡아내서 이것을 현 정권과 딜을 할 것인가, 아니면 다음 정권에 정보를 넘겨줄 것인가 고민을 한다는 겁니다. 물론 추정입니다. 그래야만 다음 정권을 타고 승진도 하고 좋은 자리에도 간단 말이죠. 청와대에서도 중수부를 움직여 국회와 한나라당을 압박하고 야당을 죽일 필요가 있습니다.

정봉주 중수부 폐지 이야기는 각하 집권 초중반쯤에 살짝 나왔다가 최근에 가속이 붙기 시작합니다. 언제부터 가속을 받기 시작했냐면, 부산저축은행에서 돈을 받은 은진수, BBK 대책반장 출신인 은진수를 구속하면서부터입니다. 또 '삼화저축은행 신삼길 회장이 정진석 청와대 정무수석과 친분이 있다'는 이야기도 검찰에서 나왔거든요. 청와대에서 저축은행 퇴출과 관련된 모든 비리를 철저히 조사하라고 한 시점에 중수부 폐지 이야기가 가속화됐어요. 언론에서도 어느 저축은행에 어느 정치인이 연루됐을

검찰은 언제나 검찰의 편입니다. 특히나 정권 말기가 되면 권력의 비리를 잡아내서 이것을 현 정권과 딜을 할 것인가, 아니면 다음 정권에 정보를 넘겨줄 것인가 고민을 한다는 겁니다. 그래야만 다음 정권을 타고 승진도 하고 좋은 자리에도 간단 말이죠.

것이라는 기사가 실명으로 계속 나오고 있습니다. 검찰이 기사를 흘렸을 것이라는 추정도 있지만,

김어준 검찰이 스스로?

정봉주 대한민국 검찰은 절대 그럴 리가 없습니다. 그런 말이 있잖아요. '네 죄를 네가 알렸다.' 은행 이름이 나오면, 정치인들은 자기가 정확히 알고 있거든요. 그러니까 각자가 '이 부분에 대해서는 내가 입을 닫아야겠다' 이렇게 되는 거죠. 그렇지만 국회의원 전체 입장에서는 '중수부가 저축은행 건으로 정치를 길들이려 하고 있다'는 생각이 여야 합의에 반영됐을 거라고 저는 봅니다.

청와대의 딜레마

김어준 검찰의 이해가 명확하게 이해되고, 국회의 이해도 정확히 이해가 됩니다. 여기서 청와대가 양날의 검을 뽑았습니다. 어쩔 수 없이. 정보를 축적해서 존재 증명을 해야 하는 검찰의 필요와 의원들을 압박해서 다음 총선 때 까불지 못하게 만들려는 청와대의 필요가 딱 맞아떨어진 거죠. 이 부분이 이 사안을 바라보는 묘미입니다. 왜냐하면 정권 말기에 이렇게 검

찰을 부리게 되면 그 과정에서 축적되는 고급 정보들이 있을 거란 말입니다. 그것이 정권 말기가 되면, 정권이 영원하지 않으니까, 자기 등에 꽂힐 위험성도 있단 말이에요. 그럼에도 불구하고 중수부를 움직일 수밖에 없는 딜레마에 빠져 있는 거죠.

청와대는 2011년 6월 6일 "대검 중수부 폐지는 신중히 검토해야 한다"라는 말로 사실상 반대 입장을 밝혔다. 2011년 6월 활동을 종료한 국회 사법개혁 특별위원회는 8월 23일 임시국회에서 부활했으며, 2012년 2월 22일까지 활동을 재개한다. 대검찰청 중앙수사부 폐지, 특별수사청 설치 등 검찰 개혁이 집중적으로 논의될 것으로 보인다.

정봉주 청와대는 대검 중수부 폐지에 대해서 신중해야 한다면서 공식적으로 반대 입장을 표명했죠. 그러자 김진표 민주당 원내대표가 "자칫 자신들에게 독이 될 수도 있는데 중수부 폐지를 왜 반대하냐"고 했습니다. 그 의미는, 각하의 임기가 끝나고 난 뒤 만약에 혹시 비리가 있다면 중수부가 퇴임한 권력에 손을 대서 '당신들도 심하게 다칠 건데' 이런 뜻입니다.

김어준 노무현 대통령에게 했던 그대로?

정봉주 비리가 더 많으면 좀 더 강도 높게 하겠지만, 각하는 비리가 없을 것 같지 않아요?

김어준 각하께선 그런 건 없죠. (푸하하)

정봉주 그런데 만약 비리가 있다고 한다면, 또 더 많다고 한다면 대검 중수부의 칼이 바로 자신들의 심장에 꽂힐 텐데 왜 중수부 폐지를 반대하냐는 입장을 표명했단 말이에요.

청와대 입장은 이렇게 이해됩니다. 공식적인 입장은 중수부 폐지 반대이고, 이건 대검에게 아주 우호적인 사인을 보낸 거예요. '난 당신 편이야. 조직을 지켜줄 거야. 레임덕 신경 쓰지 말고 끝까지 가자.' 이런 제스처를 보여줬어요. 혹은, 우리가 추정했듯이, '나는 비리가 없지만 혹시 또 다른 누군가의 비리 때문에 나한테까지 똥물이 튀지 않을까? 그럼 중수부가 나한테 해가 되거나 독이 되지 않을까?' 여기서 '독이 된다'는 표현은 김진표 원내대표가 쓴 표현이죠. 그런 입장 때문에 '공식적으로 중수부 폐지에 반대하지만, 여야가 세게 밀고 들어오면 마지못해 받아들이면서 나는 살려주고 국회의원들을 조져라' 이렇게 양수겸장兩手兼將을 던진 거죠.

김어준 표면적으로는 중수부 편을 드는 척하면서, 결국 없어진다 하더라도 나는 크게 손해가 아니니다? 그래서 수사를 빨리 진행하라고 했다?

정봉주 그런 시그널을 보냈죠. '저축은행 다 조사해라. 민주당 의원들 당신들도 떨고 있지 않냐. 조심해라.' 검찰의 입장에서 저축은행 수사의 강도는 아마 중수부 폐지라는 사활적 과제와 맞물려 있을 겁니다. 중수부는 1981년에 전두환 정권이 만들었습니다. 독재정권이 만든 겁니다. 도대체 왜 중수부를 만들었는지 바로 이해가 되는 거예요.

김어준 독재 권력들이 항상 이용해왔죠.

정봉주 중수부는 자신들이 갖고 있는 능력, 기술, 테크닉을 다 동원해서 역대 어느 중수부보다 더 저축은행 사건을 샅샅이 신속하고 엄격하게,

김어준 다만 각하에게 피해가 가지 않을 선까지?

정봉주 아니, 다 조사해놓고, 어느 선까지 깔 거냐 말 거냐는 정치적 상황을 보면서.

김어준 그건 결국 '검찰은 언제나 검찰의 편이다'라는 뜻인데, 임기가 1년 이상 남은 시점에서 다 깔 수는 없겠죠. 하지만 카드를 쥐고 있다는 게 중요하죠. 지금 중수부에 '고Go' 사인이 났으니, 이 기회에 최대한 졸라 많이

수사를 한 다음에 예민한 건 쥐고 있다가 정권 교체기, 내년 대선 형국에 따라서…….

정봉주 맞습니다. 권력의 균형추가 어디로 흐르냐에 따라서 유리한 카드를 가지고…… 그러나 검찰은 훌륭한 조직이기 때문에 절대 뒷거래를 하지 않습니다. 수사 결과로 말하겠다는 거죠. 그 뜻은 뭐냐면, '우리가 수사하는 방향을 보면 우리의 의중이 어느 방향인지 당신들은 알 것이다. 거기에 조응해서 함께 가든지 이 패를 보든지 마음대로 해라.' 저는 그런 뜻으로 받아들이는 거죠.

출세의 핫라인 중수부

김어준 정보를 쥔 사람이 다음 정권에 줄을 잘 서면 검찰총장이 되든, 민정수석이 되든, 주요 공직에 임명되든, 인수위에 가게 되든 쫙 풀려나가는 거예요. 검찰을 이렇게 생각하시면 됩니다. 분명히 공부를 엄청나게 잘했던 아이들이고, 한때 아이들 시절에 그랬다는 말입니다. 사법고시에 합격했고, 검사가 됐습니다. 그런데 사실 검사 연봉이 대단히 높지는 않습니다. 그 나이에 그 경력으로 다른 직종에 있었더라면 더 많이 벌었을 거란 말이죠. 그러니까 이분들에게는, 자부심도 있지만 억울함도 있어요.

정봉주 15년, 20년 동안 국가와 민족을 위해서 거악과 맞서 싸웠는데, '그동안 나 가난하게 살았거든? 너희들 나쁜 짓 하면서 떵떵거리며 살았지?' 이런 심리가 있을 수도 있겠죠.

김어준 그런데 진로라는 게 변호사 개업인데, 그게 예전만 못해요. 그러면 남는 건 공직으로 가는 겁니다. 공직으로 가려면 당연히 정치권과 핫라인이

얼마 전에 각하께서 박근혜, 차기 대통령으로 추정되는 그분과 만났단 말이죠. 굉장히 화해 무드예요. 그런데 지금 시중에서 박지만이 뭔가 저축은행 사건과 연루된 의혹이 있다는 이야기가 나오는데, 터무니없는 헛소리겠지만, 빅딜설이 있더라고요.

연결돼야 하는데 그 핫라인이 중수부라는 겁니다. 중수부에 들어가면 권력의 핵심과 가까이 연결될 수 있습니다.

정봉주 중수부를 통해 권력에게 이야기할 수 있고, 수사를 통해서 정치권에게 경고를 줄 수 있고.

김어준 검찰이 존재 증명을 하면서 미래의 진로를 닦아놓는 중요한 루트이기 때문에 이게 없으면 안 되는 거예요. 검찰의 입장에서 중수부만이 수사할 수 있는 범죄는 없어요. 공안부에서도 해요. 그런데도 중수부를 폐지할 수 없다는 입장에는 여러 가지 복합적인 면이 있다는 거죠. 자기들의 힘을 과시할 수 있는.

정봉주 김어준 총수는 검찰에 대해서 부정적인 것 같은데, 저는 굉장히 긍정적입니다. (캬캬캬)

김용민 궁금한 게 있는데요. 얼마 전에 각하께서 박근혜, 차기 대통령으로 추정되는 그분과 만났단 말이죠. 굉장히 화해 무드예요. 예상과는 다르게. 그런데 지금 시중에서 박지만이 뭔가 저축은행 사건과 연루된 의혹이 있다는 이야기가 나오는데, 터무니없는 헛소리겠지만, 빅딜설이 있더라고요.

정봉주 빅딜설도 있고, 중수부 폐지에 친박계 의원들이 더욱 적극적이라는 설도 있고, 여러 가지 내용들이 있는데 박지만 건이 터지지 않았습니까. 그게 검찰에서 흘러나오지 않았다면 어떻게 기자가 보도합니까. 칼이 그

"(박지만) 본인이 아니라고 그러니 끝난 거 아니냐." 그렇다면, 절도범이 수사기관에 가서 "나 훔치지 않았다"고 말하면 "본인이 안 했다고 하니 수사를 종결하겠다" 이런 얘기잖아요.

쪽으로 향하고 있다는 것을 이미 시그널로 보여준 거예요.

김어준 제가 보기에는 검찰의 필요도 있었던 것 같아요. 친박 쪽에서는 중수부가 소위 기획수사를 한다든가, 자기들에게 칼날이 온다든가 하는 두려움이 있다 보니 중수부를 빨리 없애야 한다는 말이 많습니다. 그러니까 '너희들이 그러면 우리가 기술 들어간다, 박근혜 전 대표 상처 줄 수 있다' 이러는 거죠.

정봉주 이 시점에서 박지만 건이 나왔다는 건, 박근혜 쪽에서는 도덕성과 관련해서 무척 심각한 타격이 될 수 있는 아킬레스건으로 받아들일 수 있죠. 박근혜 전 대표는 '한 마디 정치' 아닙니까? 말을 줄이고, 한 줄만 말하는 한 마디 정치. 실수를 덜 하면서 말을 덜 하고, 실상 별로 결함이 없는.

국민들은 언론에 보도되는 것만 보고 저축은행에 박지만이 연루됐다고 여겨요. 디테일한 내용은 모릅니다. 그런데 박근혜 전 대표가 실수했잖아요. "(박지만) 본인이 아니라고 그러니 끝난 거 아니냐." 그렇다면, 절도범이 수사기관에 가서 "나 훔치지 않았다"고 말하면 "본인이 안 했다고 하니 수사를 종결하겠다" 이런 얘기잖아요.

김용민 그 비유는 너무 안일하고. 각하께서 BBK와 관계없다, 이러면 아닌 거 아니냐.

김어준 박근혜 전 대표 입장에서는 이런 생각을 했을 것 같아요. 이게 대체 어느 선에서 온 것일까? 검찰이 중수부를 지키기 위한 카드로 내세운 거냐, 혹은 각하께서 미팅을 해놓고 뒤로는 친박 쪽에 견제 기술을 넣은 거냐, 이렇게 의심했겠죠.

정봉주 정치권은 늘 전략과 전략이 부딪히기 때문에 둘 다 걸어놓은 거라고 볼 수 있습니다. 어느 쪽으로도 치우치지 않게 양쪽에 카드를 걸어놓고, 유리한 쪽으로 나온 카드를 중심으로 상황을 풀어나가는 거죠. 박근혜 전 대표를 걸어놓고 상황을 보면서 카드를 풀어나가는 겁니다.

검찰과 권력의 힘겨루기

김어준 그럼 전망을 한 번 해보죠. 검찰 입장에서는 최정예를 투입해서 부산저축은행 사건을 최대한 빠른 속도로, 최고의 강도로 수사할 것이다. 이 기회에 정치권의 각종 커넥션과 비리들을 최대한 긁어모을 것이다. 다만, 수사 결과를 다 발표하지는 않으면서 중수부의 존속을 계속 주장할 것이다. 한편, 청와대 입장에서는 폐지냐 존치냐를 결정하지 않은 채 최대한 흐지부지.

정봉주 저는 그 가능성이 가장 높다고 생각합니다. 중수부 폐지가 현실적으로 안 될 거라고 봅니다. 오히려 정치권은 중수부 폐지라는 카드를 쥐고 검찰에게 수사 속도를 조절하라는 신호를 보낸 겁니다. 저는 개인적으로 중수부 폐지를 반대합니다. 각하께서는 비리가 전혀 없으시겠지만, 혹시라도 있다면 중수부에서 수사해야 하는 거 아닙니까.

김어준 각하께서 그럴 리가 있나요. 절대 없지만, 혹시 모르니까.

정봉주 저는 중수부의 검찰 엘리트들이 모여서 노무현 대통령 때보다 조금 더 강도 높게, 반드시 조사해야 한다고 생각합니다. 청문회 건도 많지만,

청문회만으론 안 됩니다. 왜냐하면 국회의원들이 바쁘거든요. 그러니 중수부에서 더 해줬으면 좋겠다는 거죠. 당분간.

김어준 청와대는 이런 입장일 거라고 봅니다. 사실은 이것이 각하께 부메랑으로 돌아올 것을 모르진 않는단 말이죠. 모든 정권이 그랬어요. 그런데 지금은 필요하단 말이죠.

정봉주 지금 중수부 폐지는 너무 큰 모험이죠.

김어준 그렇죠. 바로 다이렉트로 날아올 수 있으니까.

정봉주 중수부는 폐지하면 안 됩니다. 정치권은 이 카드를 가지고 눈에 보이지 않게, 행간으로 검찰과 대화할 내용이 많습니다.

김어준 제가 보기에, 정권이 교체되고 정봉주 의원이 19대 국회의원에 당선되어 요직을 맡은 후 중수부를 통해서 전 정권에 대한 수사를 1년 정도 한 다음에 폐지하려는 꼼수를 갖고 있는 게 아닌가 예상이 되고요. (푸하하)

남은 건 정치권의 입장인데, 이미 언론을 통해서 검찰 개혁 의지는 다 보여줬어요. 광도 다 팔고. 그래서 이제는 조금 속도 조절을 할 것 같습니다. 그리고 한나라당은 명분이 있잖아요? 청와대가 반대하는 입장이기 때문에 한나라당은 더 이상 못 나갑니다. 아무리 레임덕에 걸려도 각하께서는 마지막 퇴임하는 그날까지 살아 있는 권력이기 때문에 청와대의 뜻을 거스를 순 없죠. 쇼만 하지. 원래 살아 있는 권력은 힘이 빠져도 누군가는 되게 못 해도 안 되게는 할 수 있지 않습니까.

정봉주 노무현 정부 말기에, 노무현 대통령 그때 힘 많이 빠졌잖아요. 그런데도 말씀 한 마디로 대권 주자들 많이 날려버렸잖아요.

김용민 그러네요. 이를테면 정운찬도 있었고, 고건 전 서울시장도 있었고.

정봉주 중수부 폐지에 대해서 정리를 하자면, 지금 상황에서 서로 할 이야기를 다 했고, 진검 교환이 끝났습니다. 저는 이 상황에서 더 이상 진전하지 않고 교착 상태로 쭉 갈 거라고 봅니다. 이런 걸 두고 유리병 속의 전쟁이라고 하는데, 서로 전쟁을 하는 척하지만 유리병은 깨지지 않는 겁니다. 기가 막히지 않아요? 정치인한테서 이런 예술적 표현이 나오는 거 봤어요? (캴캴캴)

김어준 크게 와 닿지는 않는데, 어쨌든 이해와 균형이 딱 맞아서 삼국지를 이루고 있는 형국입니다. 이럴 때 누군가 한 사람이, 어느 한 축이 치고 나오면 굉장히 재미있는 일이 벌어지겠죠. – **이상 5회**

경찰 엿 먹이기

경찰, 백 퍼센트 당했다

정봉주 검경 수사권 이야기를 해야죠?

김어준 제가 보기엔 경찰이 일방적으로 당한 거죠.

김용민 조현오 형. 그렇게 게걸스럽게 충성하더니 아무런 실속도 못 차렸어요.

김어준 디테일을 약간 이야기해야죠. 왜 당한 것이냐?

정봉주 처음에 경찰의 수사권 독립 이야기가 나오기 시작한 게, 16개월 동안 활동한 사개추위 때문이잖아요. 사법개혁추진위원회. 거기서 내놓은 안이 뭐가 있었냐면, 일단 중수부 폐지입니다. 두 번째 특수청 신설이에요. 검찰 고위 공직자들을 조사하자는 것. 그다음에 검찰의 수사 독점권을 폐지하자.

김어준 사건 수사권은 경찰이 갖고, 기소권은 검찰이 갖자는 거죠. 그게 경찰이 원하는 거죠.

정봉주 이 세 가지가 사법 개혁안으로 나왔는데, 하나도 실현된 게 없습니다. 합의문에 이런 내용이 있어요. '사법경찰관은 모든 수사에 관하여 검찰의 지휘를 받는다.' '모든'이라는 말은 법률 용어가 아닙니다. 아무튼, 그동안 경찰은 사건을 사전에 인지해서 내사內査하는 단계에서는 검찰의 지휘를 받지 않았어요.

김어준 내사라는 게 뭐냐면, 경찰이 첩보를 접해서,

정봉주 조사를 진행하다가 혐의가 있으면 정식 수사로 전환하고, 혐의가 없으면 종결하는 거죠.

김어준 이제까지 그래왔다는 거죠.

정봉주 내사는 경찰만 하는 게 아니라 검찰도 합니다. 검찰 내사는 두 단계가 있어요. 첩보를 입수해서 '내사를 할까 말까'를 검토하는 것도 내사 단계입니다. 내사가 시작되면 '내사 번호'를 받습니다. 이런 건 검찰에서 조사받은 저밖에 몰라요. (캳캳캳)

검찰이 내사를 할 때 경우에 따라서는 윗선에 보고하지 않고 자기 선에서만 진행하다가 종결하는 경우가 있는데, 경찰도 이제까지 그렇게 했습니다. 내사를 하다가 이게 큰 건이 아니면 종결시키고, 건이 되면 본격 수사를 진행하면서 검찰의 지휘를 받아왔습니다. 그런데 앞으로는 어떻게 되냐면 내사를 진행하는 단계에서부터 내사를 할까요 말까요를 검찰에 물어봐야 합니다.

김어준 없던 것도 생겼어요. 서류도 다 갖다줘야 하고. 경찰은 '권한을 가져왔다'고 주장하는데, 그게 뭐냐면 '수사를 개시할 권한을 우리가 가져왔다.' 그런 문구가 들어 있긴 한데, 원래 '개시'했었어요, 그 문구 없을 때에도. 대신 잃은 건 졸라게 많아. 우선 '모든'도 들어갔고 서류도 즉시 줘야 하고.

김용민 내사와 관련해서 임태희 대통령 실장이 이렇게 이야기했어요. "내사?

그건 수사가 아니다. 경찰 지금 하던 대로 해."

정봉주 검찰은 강력히 반발했죠. 서울중앙지검 평검사회의도 열고. 내사 문제에 대해서 조현오 경찰청장은 "내사는 이제까지 하던 대로 하겠다"고 했는데 검찰은 해석이 틀린 것 같다면서 바로 성명을 냈죠.

합의문 2항이 '사법경찰관은 범죄 행위가 있다고 인식하는 때에는 범인 범죄 사실과 증거에 관하여 수사를 개시·진행해야 한다'인데, 조현오 경찰청장은 이걸 근거로 수사개시권을 가져왔다고 얘기합니다. 이건 그 전에도 있었어요. 경찰은 얻은 게 하나도 없고 오히려 내사에 대한 족쇄가 더 강하게 채워졌죠.

김어준 지휘하면 따라야 하고, 서류도 내야 하고. 이걸 다 명문화했고. 검찰은 대단히 만족스러운 결과를 얻은 거죠. 그런데도 내사를 가지고 물고 늘어지는 것은 경찰 내부에서 이게 뭐냐고 불만을 표하니까 검찰에서도 페이크 모션을 쓰는 거죠. 더 세게 나가면서 '아니면 우리가 내사까지 가져간다' 이러면서 협박하는 거예요. 이건 경찰이 백 퍼센트 당한 건데.

검찰과 청와대의 힘겨루기 승자는?

정봉주 저는 이번에 경찰이 당했다고 생각하지 않아요. 각하께서 '검찰과 경찰이 밥그릇 싸움을 한다'고 양쪽을 강하게 질타했어요. 그날 서울중앙지검 검사 127명이 참석한 가운데 평검사회의를 했습니다. 그분들은 나꼼수 헌정 방송을 듣고 각하에게 존경의 마음을 가져야 해요. 검경이 밥그릇 싸움한다고 말한 그날 '밥그릇 싸움? 엿먹어라' 이렇게 야유를 한 거예요. 평검사들이 저항하고 반발하면서 회동을 한 거잖아요. 6년 만에 처음

경찰은 완전히 바보짓을 한 것이고, 검찰은 얻을 것 다 얻었고. 그런데 청와대는 왜 그랬을까? 각하께서 퇴임 후에 검찰과 다시 만나지 않으려고 퇴임 선물을 검찰 쪽에 안겨주려고 한 것이 아닌가.

회동한 거예요. 경찰이 죽을 쑤고 엿 먹고, 그런 상황이 아니라 실질적으로는 검찰과 대응해서 맞서 싸우려고 했던 현 정권이 완패한 것이다, 이렇게 해석해야 하는 거예요.

김어준 그것도 맞는 말이지만, 경찰의 입장에서는 과거보다 훨씬 더 나빠진…….

정봉주 제가 더 말씀드릴게요. 청와대는 중수부 폐지에 반대한다고 했는데, 검찰은 중수부 유지가 검찰의 사활적 과제이므로 중수부 폐지에 반대한다는 것은 특수청 신설도 안 한다는 이야기거든요. 각하는 '그렇게까지 너희 이야기를 들어줬으니 수사권 분립에 대해서 너희들이 동의를 하라'는 행간의 메시지를 전달한 거예요. 그런데 그것조차도 '노No' 하고 자기들 뜻대로 하겠다는 상황인 겁니다.

김어준 검찰에서는 그렇게 바라봤을 것 같지만, 경찰은 과거보다 더 나빠진 게 명백해요. 경찰은 완전히 바보짓을 한 것이고, 검찰은 얻을 것 다 얻었고. 그런데 청와대는 왜 그랬을까? 의원님은 청와대가 당한 거라고 보셨는데, 청와대가 굉장히 적극적으로 나왔잖아요. 우선, '내가 레임덕이 아니다.' '정치권이 10년 이상 끌어온 문제도 한 번에 해결할 수 있는 힘을 여전히 가졌다.' 그런 걸 보여주고 싶었던 각하의 마음이 있었겠죠. 그리고 저는 거꾸로, 각하께서 퇴임 후에 검찰과 다시 만나지 않으려고 퇴임 선물을 검찰 쪽에 안겨주려고 한 것이 아닌가.

힘겨루기에서 검찰이 이긴 걸로 봐야 합니다. '우리 쪽 손을 들어준 것에 대해서 감사하다'는 쪽으로 해석할 수도 있지만, 검찰은 이번에 실력 행사를 하면서 힘을 보여줬어요. 청와대는 지금 속으로는 떨고 있을 거예요.

정봉주 저는 노No. 힘겨루기에서 검찰이 이긴 걸로 봐야 합니다. 대통령 각하께서는 본인이 너무나 사랑했던 검찰을 퇴임 후에 반드시 만나야 합니다. 이번에 수사권 조정이 서울중앙지검의 평검사회의 없이, 검찰 내부의 반발 없이, 이귀남 법무부 장관과 검찰총장이 참여한 상태에서 순조롭게 조정이 됐으면 검찰이 청와대의 뜻을 받아들여서 '우리에게 준 선물이라고 알고 이 부분에 대해서 수용을 하겠다. 우리 쪽 손을 들어준 것에 대해서 감사하다'는 쪽으로 해석할 수도 있지만, 검찰은 이번에 실력 행사를 하면서 힘을 보여줬어요. 청와대는 지금 속으로는 떨고 있을 거예요. 애써 안위와 위로를 하면서. '우리의 조정을 다 받아들였어.' 그러면서 검찰 손을 들어준 거 아니에요?

김어준 그렇지만 세부 사항은 법무부가 만들려고 했거든요. 경찰은 행안부 소속이에요. 검찰은 법무부 소속이고. 법무부는 검찰이 더 가깝지. 그것조차도 청와대가 검찰의 손을 들어준 겁니다. 양쪽의 대가리 급을 불러서 앉혀놨는데 경찰이 일방적으로 당하는 조항에 경찰이 사인을 했어요.

정봉주 각론을 세밀하게 들여다봐야 하는데, 최종안에서 검사의 지휘권을 1항으로 넣었어요. 2항이 사법경찰관의 수사 개시 진행권인데, 이건 수사 개시권이라고 볼 수 없습니다. 왜냐하면 1항에서 '모든 수사에 관하여 검찰의 지휘를 받는다'고 했으니까. 그 직전의 조정안에서는, 1항에 사법경찰관의 수사 개시 진행권을 명시했어요. 그리고 2항에 지휘권을 넣었어요. 그런데 검찰이 세게 반발하니까 그걸 뒤집었어요. 1항의 개시권이 2항으로 밀리고, 2항에 있던 지휘권이 1항으로 올라온 거예요. 청와대가 조정을 해서, 검찰을 좀 달래면서 양보하라고 했는데 결국 검찰은 끝까지 버티면서 하나도 양보한 게 없습니다.

김어준 검찰은 오히려 원하는 걸 다 가져갔죠.

정봉주 '모든 수사'라는 걸 넣으면서 더 가져간 거죠.

김어준 '너희들 그동안 우리 몰래 개시했던 것도 우리가 아는 순간 다 보고해야 해.' 과거보다 더 타이트하게 되었죠. 경찰은 백 퍼센트 당한 건데, 경찰 쪽의 대가리 급들이 테이블에 앉아서 당하는 걸 뻔히 알면서도 그걸 받아들인 이유는, 경찰 전체 조직과 상관없이 자기들은 대가리까지 올라왔으니까, 그 자리에 남을 수 없으니까 다음 진로를 생각해서 받아들인 게 아닐까. 그 외에는 상상할 수 있는 가능성이 없어요.

정봉주 언론에 나오지 않은 뒤에 숨어 있는 진정한 뜻을 해석해봐야 하는데, 사개추위 조정안은 완전히 검찰의 손을 들어준 거거든요. 그런데 '모든 수사'라는 표현은 말이죠, 이 시기에 삼화저축은행이든 부산저축은행이든, 저축은행 수사를 검찰이 강화한 진정한 뜻이 담겨 있다고 봐야 합니다. 사개추위를 16개월 동안 진행하면서 아무도 말하지 못했던 거거든요. 오히려 역행한 거예요. 개악이에요. 그런데 아무 말도 못했던 건, 검찰이 뭔가 정치권이 연루되어 있음 직한 위크 포인트, 아킬레스건을 쥐고 있었다고 봐야죠.

김어준 그래서 의원님은 청와대 쪽에서 졌다고 보는 거고, 저는 각하께서 하해와 같은 마음으로 은퇴 선물을 주고 가겠다는 생색을 내면서 사실은 이미 다 짜놓은 스토리 속에서 제스처만 취했을 수도 있다는 거고.

정봉주 여기서 두 부분을 봐야 해요. 검찰과 언론은 집권 중반부가 넘어가면 현 정권과 등을 돌릴 준비를 시작합니다. 그리고 이번 힘겨루기에서 청와대가 완패를 했다는 겁니다. 이 상황을 조정하려 했던 청와대 수뇌부와 참모진은 '상황이 이쯤 됐으니 검찰에 더 이상 반항해서는 안 되겠구나' 이렇게 판단하고 등에 식은땀을 흘리고 있지 않겠느냐, 저는 이렇게 보고 있는 겁니다. 제가 검찰이 위대한 집단이라고 자꾸만 칭송해주는 이유를 이해하시겠죠?

김어준 각하의 깊은 뜻만이 진실을 드러낼 수 있겠죠. 진행 과정은 명백한데, 그것이 각하의 선물이냐 서로 부딪히려고 했다가 검찰이 이긴 것이냐. 우리 둘 중에 어느 쪽이 맞는지는 나중에.

– 이상 7회

환상의 라인업

검찰은 언제나 검찰 편이다

"임기가 얼마 남지도 않았는데, 총장직에서 사퇴를 할 수밖에 없는 상황이 되어 여기 앉아 있는 후배들에게 민망스럽습니다. 특히 (각하께서) 중대 국사를 위해 해외출장 중인 상태에서 부득이 이런 발표를 하게 된 점에 대해 송구스럽게 생각합니다. 그러나 더 이상 때를 놓칠 수는 없었습니다. 웃고 있었지만 속으로는 간이 녹아내릴 정도로 힘이 들었습니다."

-2011년 7월 4일 김준규 검찰총장

주진우 어제 그 '파마' 김준규 선생께서 드디어 빠이빠이 하고 나가셨어요. 이제 권재진 법무부 장관, 한상대 검찰총장, 노환균 민정수석, 이렇게 라인업이 거의 짜였습니다. 권재진, 지금 민정수석이에요. 우리 김윤옥 여사님 초등학교 후배고 같은 골목에서 살았습니다. 여사님 아버지하고 권재진 수석의 아버지가 같은 회사에 근무했고, 자연스럽게 두 사람은 어릴 때부터 '누나, 누나' 하며 따라다니고 또 아주 총애하던 사이였습니다. 대굽니다. 이쪽의 특징은 뭐 대구면 되구, 안 되면 안 대구. 그리고 한상대. 이 양반이 에리카 김 누나 문제를 다 정리하신 분입니다. 에리카 김 누나하고 한상률을 다 불러서 한방에. '나도 정말 잘한다. 나도 설거지라면 일가견이 있다.'

정봉주 지금 고검장이죠?

주진우 서울지검장으로 왔어요. 끝으로 '나만큼 각하의 설거지를 더 잘할 수 있느냐' 그렇게 했던 분이 노환균. 이 양반은 고향이 경북 상주입니다. TK에다 고려대를 나와서 TKK라고 자랑하고 다니는 분인데, 서울지검장을 오래하셨죠. 그리고 아주 잘하셨어요. 특히 이상득 형님의 총애를 받는 사람입니다. 이렇게 라인업이 짜였습니다.

이 방송 후 TK 출신의 정진영 전 인천지검장이 청와대 민정수석이 되었으며, 노환균 전 서울중앙지검장은 대구고검장에 올랐다.

차동민 서울고검장이 어떤 자리를 하나 차고 들어오느냐를 지켜봐야 하는데, 어쨌든 정치력은 뛰어난 분들이니까 누가 와도 그 능력은 인정해줘야 합니다. 수사력이 뭐가 필요합니까? 양심이 뭐가 필요해요? 정치력! 각하를 위한 그 마음 씀. 그런 게 중요한 거 아니에요?

사실 김준규 총장은 크게 힘을 쓰지 못했습니다. 권재진 민정수석하고 이귀남 법무부 장관이 샌드위치로 컨트롤해갔는데, 이번에는 막판이기 때문에 검찰총장에 고려대 출신 한상대를 박기 위해서 각하는 끝까지 밀리지 않을 겁니다. 권재진, 한상대 카드를 포기하지 않는 것이 정권 말기에,

김어준 자기를 보호할 수 있는 마지막 수단이거든요.

주진우 그래서 절대 포기하지 않을 겁니다. 앞으로 대법원장, 검찰총장 등 계속해서 인사청문회가 예정돼 있는데, 지금 여기서 밀려나서 권재진 카드를 버리면 대통령도 바로 레임덕이라고 생각할 겁니다. 그렇기 때문에 한나라당 의원들을 데려다가 화기애애한 분위기에서,

김어준 설득하고 있는 거죠, 지금.

주진우 아마 큰 라인업은 바뀌지 않을 겁니다. 저는 여기까진 그냥 대통령 뜻대로 갈 것이라고 보는데, 다음 인사를 우리가 잘 봐야 합니다. 눈을 부릅뜨고 지켜봐야 하는 게 고검장 인사입니다. 고검장이 9명인데, 만약 정권 말기에 문제가 생겨서 총장이 바뀔 경우 이 9명 중에서 총장을 세워야 됩니다. 그런데 그 9명을 어떻게 놓느냐에 따라 차기 총장까지도 각하가 임명할 수 있는 권한을 거의 갖는다고 보면 되죠. 그러니까 칼을 들이댈 수 있는 사람을 그 9명에서 밀어내버리면 됩니다.

검사장 급이 56명입니다. 그렇게 많아요. 그중에서 누가 9명에 들어가는지를 지켜봐야 합니다. 김홍일 중수부장이 얼마 전에 사표를 내던졌습니다. 사표 수리가 안 됐으니까 아직 중수부장이죠. 홍만표 선생도 아직 있습니다. 이분들이 어디로, 어느 자리를 차고 가느냐를 보시면 그다음 행보가 보일 것입니다. 고검장이나 총장, 이분들 다 군대를 안 갔습니다. 그게 제일 큰 강점이고, 그다음이 고려대 출신이란 게 강점입니다. 끝으로 대구. 대구면 되구 안 되면 안 대구. 이건 결정적인 강점입니다. 그래서 우리가 이분들을 좀 지켜볼 필요가 있습니다.

김어준 대단하셔. 참 일관성 있는 분이셔.

정봉주 그런데 여기 라인업에 올라오는 사람들을 보면 참여정부 때 잘 나갔던 사람들이 꽤 있어요. 그래서 국민들이 궁금해합니다. 참여정부 때 잘 나갔으면 이 사람들이 지금 찬밥 신세가 됐을 거 아니냐고. 그런데 검찰은

2012년 총선에서 한나라당이 과반수를 놓치게 되면 4월부터 12월까지는 진짜 죽음의 8개월이에요. 그래서 검찰총장과 법무부 장관에 이렇게 목을 매는 겁니다. 친인척 비리 같은 것은 아직 예측 불가능한 상황이기 때문에…….

정권과 무관하게 무조건 자기들 편입니다. 이쪽저쪽 정권에 잘하는 것처럼 보이지만 임기 말에 가면 결국 검찰은 자기 조직을 세우기 위해서 싸운다는 겁니다.

왜 이 말씀을 드리냐면, 권재진 민정수석을 법무부 장관에 박는 거, 여기에 대해서 지금 한나라당 의원 80~90% 정도가 반대하고 있지 않습니까. 국민들 입장에서는 의아한 거예요. 저렇게 반대할 정도면 선거 못 치른다. 그런데 왜 저렇게 청와대가 무리할까? 두 가지가 있는 거죠. 첫 번째는 일단 임기 말에 검찰을 내 휘하에 놓지 않으면 혹시 있을지 모를 친인척 비리 혹은 측근 비리, 이런 문제가 터졌을 때 통제가 안 됩니다. 이게 표면적인 이유고, 이건 언론에서 쓰지 못하지만 뒤에 숨은 뜻은 뭐냐면, 이분들을 일단 임명해놓고 나면 8개월 뒤에 총선이 있습니다. 만약에 청와대와 아주 소통이 잘되는, 말을 잘 듣는 법무부 장관과 검찰총장을 임명해놓으면 총선에 무척 큰 도움이 됩니다. 이를테면 전국적으로 유력한 야당 후보들을 선거법 위반이나 정치자금법 위반으로 수시로 치고 들어갈 수 있습니다. 그렇게 되면 야당 후보들이 움직일 수 없을 정도로 무척 위축되죠. 검찰이 선거에서 눈에 보이지 않는 절대적인 영향력을 미칠 수 있습니다.

김어준 그것도 실제 현장에서 뛰어본 사람만 알 수 있는 거고? (푸하하)

정봉주 다른 의원들은 이런 거 몰라요. (캴캴캴) 2012년 총선에서 한나라당이 과반수를 놓치게 되면 4월부터 12월까지는 진짜 죽음의 8개월이에요. 그래서 검찰총장과 법무부 장관에 이렇게 목을 매는 겁니다. 친인척 비리 같은 것은 아직 예측 불가능한 상황이기 때문에…….

김어준 그러니까 친이, 친박 이전에?

정봉주 그 이전에 무조건 총선을 관장할 라인업을 짜는 겁니다. 그리고 그 이후에 대선을 관장할 라인업을 짜는 거죠.

주진우 한상대 서울지검장이 검찰총장으로 가는 건 거의 유력해진 것 같습니다. 권재진 청문회에서 싸움이 워낙 크게 나서 이분은 그냥 슬그머니 묻어가는 것 같은데, 이분은 강점이 너무 커요. 군대를 안 갔다 왔기 때문에.

정봉주 아, 이분 참여정부 시절 때도 잘 나갔거든요.

주진우 참여정부가 보는 눈이 정말 없었죠.

김어준 검찰에 대해서는 진짜 할 말이 없죠. 장악도 못했고.

주진우 노환균 고검장이, 서울지검장 시절에 한명숙 서울시장 후보를 열심히, 특수 1, 2부가 번갈아 가면서,

김어준 조졌죠.

주진우 손을 터치해가면서 조지더라고요. 김영한 수원지검장이라는 분은 김상곤 경기도 교육감을 말도 안 되는 걸로 계속 괴롭혔죠. 이분들이 어떻게 가나 봅시다. 잘 갈 겁니다. 좋은 자리로, 잘 지켜보십시오. – 이상 10회

언론의 꼼수

아, 장자연

ㅂ일보 ㅈ사장은 누구?

김어준 2009년 3월 7일 (장자연 씨가) 사망하고 그다음 날 매니저 유장호 씨가 성상납 받았다는 문서가 있다고 공개하면서 이 사건은 시작됐어요. 경찰은 서둘러 단순 자살로 끝냈는데 친필 문서 명단이 나돌고 장자연 씨 오빠가 ㅈ일보의 ㅂ사장이 그 명단에 있다면서 성매매특별법 위반 혐의로 검찰에 고발해요. 그래서 경찰이 실명 공개한다고 했다가 바로 안 한다고 바꿨죠. 그러고 나서 민주당 이종걸 의원이 장자연 리스트에 ㅈ일보 ㅂ사장이 포함돼 있는데 왜 수사를 안 하느냐고 했다가 명예훼손을 당하고, 경찰은 ㅂ사장 사무실에 가서 30분 있다가 나오더니 조사 끝나고…….

주진우 아니, 근데 ㅈ, ㅂ! 꼭 그렇게 해야 하나요. 거기까지는 오픈됐지 않습니까?

김어준 아 물론 오픈됐어요. 말할 거예요. 그런데 이게 더 재밌잖아. 〈조선일보〉는 ㅂ사장이 아니라 〈스포츠조선〉의 하아무개 씨라고 공식 입장을 밝

꽃 같은 여배우가 죽으면서 세상에 고발하고 싶은 게 너무 많았어요. 자기가 왜 돈과 권력의 노리개로 살아야만 했는지 털어놓으면서 〈조선일보〉 사장과 언론사 임직원, PD 들을 고발하고 갑니다.

히면서 방 사장을 커버합니다. 그러고 나서 1차로 일단락이 된 게 매니저 유장호 씨는 사회봉사 몇 백 시간을 받고 그다음에 매니저였던 김종승 씨는 무슨 행위더라? 가혹행위?

주진우 가혹행위인데 페트병으로 머리 두 대 때린 혐의로 기소됐습니다.

김어준 집행유예로 감옥은 안 가고. 이렇게 1차는 끝났어요. 그런데 SBS가 다시 한 번 터트리면서 2차전이 시작됐는데 또 허물어졌죠. 이 SBS건부터 얘기해봅시다. 가짜다 아니다 뭐 복잡하게 진행됐잖아요? 그거 한번 정리해주십시오.

주진우 전준주라는 사람이 있었는데 이 양반은 감옥에 오래 있는 분이에요. 그리고 정신적으로도 약간 불안하다고 보이는데 실제로도 돌출행동을 하는 건 맞습니다. 이분이 장자연 사건이 터졌을 때 자기를 조사해달라고 분당경찰서와 성남지청에 자기를 고소합니다. 장자연과 친구이자 애인 사이라면서, 장자연이 자기에게 고백한 내용을 담은 200 몇 통의 편지를 당시 재판 기록에 남겨놔요. 그런데 경찰이 애써 무시하다가 이번에 이종걸 의원 재판 때 변호사가 찾아내서 문제가 된 거죠.

여배우가 죽었습니다. 꽃 같은 여배우가 죽으면서 세상에 고발하고 싶은 게 너무 많았어요. 그래서 유장호 씨한테 이런 글을 써주죠. '저는 힘없고 나약한 신인배우입니다. 이 고통에서 벗어나고 싶었습니다.' 그리고 자기가 왜 돈과 권력의 노리개로 살아야만 했는지, 왜 술자리와 잠자리를 강

요당하고 폭행을 당해야만 했는지 털어놓으면서 〈조선일보〉 사장과 언론사 임직원, PD 들을 고발하고 갑니다. 죽으면서 안티조선 운동을 하고 간 겁니다. 왜 그랬는지는 잘 모르겠습니다. 유서 끝에 주민등록 번호를 적고 서명을 하고 갑니다.

김어준 그렇죠. 친필 사인을 했다고 하죠.

주진우 이런 고발장을 쓰고 나서 자기가 키우던 고양이 두 마리, 사랑하는 그 고양이를 위해 벽에 매달아줬던 줄에 자신이 목을 맵니다. 우울증 약을 한 움큼 털어 넣고. 자, 그런 사람이 유서를 남겼는데, 그 유서가 KBS에서 보도될 땐 중요한 부분이 지워져 있었어요. 하지만 재판 기록에는 나옵니다. 그 부분을 제가 조금 읽어볼게요. 읽어도 되죠?

김어준 예, 읽으셔야죠.

주진우 지워졌던 부분이 여깁니다. '2008년 9월경 〈조선일보〉 방 사장의 룸살롱 접대에 저를 불러서 잠자리를 하게 만들었다'고 적혀 있습니다. 유서의 첫 문장입니다. 두 번째 문장은 뭐였냐면, '그 몇 개월 후 김성훈 사장이', 김성훈은 매니저 김종승 씨의 가명입니다. 여기서부터는 또 지워졌습니다. '〈조선일보〉 사장 아들의 술 접대 자리를 만들어', 이 부분이 지워졌습니다. 장자연 씨가 이런 유서를 남기고 간 겁니다. 〈조선일보〉에서는 이런 기사를 내죠. '장자연 소속사 대표 김종승 씨가 평소 〈스포츠조선〉 전 사장을 〈조선일보〉 사장으로 불러서 오해를 불렀다.' 이게 〈조선일보〉의 해명기사입니다.

김어준 그렇죠. 해명이죠, 해명. 자기들 사장이 아니고 〈스포츠조선〉의 전 사장을 그냥 〈조선일보〉 사장으로 불렀기 때문에 오해한 것이다. 그게 그쪽의 대응이었어요.

주진우 이 부분에 대해서 경찰이 김종승 씨한테 물어봅니다. '당시 장자연에게 A사장을 누구라고 소개했나요?' 그러니까 '〈스포츠조선〉 사장이라고 분명하게 소개했다.' 이런 문구가 있습니다.

김어준 〈스포츠조선〉 사장은 〈스포츠조선〉 사장이라고 분명하게 소개했다? 그건 경찰 조서에 나온 거죠. 장자연 씨에게 가혹행위를 하고 성매매를 시킨 그 매니저에게 물었더니 〈스포츠조선〉 사장이라고 분명히 말해줬다. 그러니까 〈조선일보〉 사장과 헷갈리지 않는다 이거죠.

주진우 그렇죠. 4월 23일 방상훈 사장이 〈조선일보〉 회의실에서 사법경찰관한테 피의자 심문조사를 받는데, 11장짜리 조서를 받는 데 불과 몇 십 분 걸리지 않았습니다.

김어준 보도로는 35분 걸렸다고 나옵니다. 35분.

주진우 '(장자연이 쓴) 문건을 보면, 2008년 9월경 〈조선일보〉 방 사장이라는 사람이 룸살롱 접대에 저를 불러서 방 사장님이 잠자리 요구를 하게 만들었다, 라고 기재돼 있는데 이에 대해서 피의자는 어떻게 생각하나요?'라고 물었습니다.

김어준 경찰이 물었죠.

정봉주 장자연에게?

김어준 아니죠. 방상훈 피의자에게. 지금 주 기자가 경찰 조서를 읽은 거예요. 경찰이 방상훈 사장의 집무실에 들어가서 피의자 조서를 쓸 것 아닙니까. 그 자료죠.

정봉주 경찰서로 부르지 않고 집무실로 간 거예요?

주진우 그럼요. 언론계의 각하신데 그 정도는 돼야죠.

김어준 그래서 경찰이 저렇게 물었다는 겁니다.

주진우 답이 이래요. '전혀 모르는 일이고, 저는 제 도덕성에 비추어 있을 수 없는 일이라고 생각합니다. 저는 〈조선일보〉 사주……' 사주를 고쳐 가지고 사장. 여기에 방상훈 사장이 도장을 찍었습니다. '저는 〈조선일보〉 사장으로서 생각할 수도 없는 일이라고 생각을 합니다.'

김어준 생각을 두 번 했네. '생각할 수도 없는 일이라고 생각을 합니다.'

주진우 경찰이 다시 질문을 합니다. '왜 장자연이 생전에 이런 문구를 기재한 문서를 남겼다고 생각하나요?' 그러니까 답. '저는 장자연이 왜 그런 문건을 작성했는지 정말 이해하지 못하겠습니다.' 다시 경찰이 묻습니다. '만약에 이 내용이 허위사실이라면 왜 장자연이 이런 문건을 남긴 것이라고 생각하나요?' 그러니까 방상훈 답. '저도 이유를 몰라 답답할 지경입니다.' 이렇게 얘기를 합니다. 그래서 경찰이 또 물어봐요. '장자연과 아무런 원한 관계도 없는데 왜 굳이 피의자 이름을 언급하면서 이런 문건을 만들고 죽었을까요?'

김어준 이 문건은 사실이라는 거죠, 지금? 경찰 확인 결과?

주진우 예. 그런데 김종승 씨 다이어리를 보면, 2008년 7월 17일에 〈조선일보〉 사장을 만났다고 써놨습니다. 〈조선일보〉 사장과 점심식사를 하게 돼 있다고.

김어준 매니저 다이어리에?

주진우 경찰이 '김종승 씨를 만난 사실이 있나요?'라고 물었더니, '없습니다.'

김어준 아, 그것도 없다고 했어요?

주진우 예. '2008년 7월 17일에는 제가 LG상록재단 모임에 참석을 했는데, 장소는 롯데호텔 도림식당이었고, 그래서 다른 일정은 잡을 수조차 없었습니다. 당시 제 스케줄표를 보여주겠습니다' 하고 답변합니다. 그러자 핸드폰 번호를 하나 물어봅니다. '〈조선일보〉 사회부장 이아무개 씨가 통보한 피의자의 2008년 휴대폰 전화번호가 010-2484-55○○ 번호임이 확실합니까?' 그러니까 방상훈 사장이 '예. 제가 사용한 전화가 맞습니다. 그리고 한 대뿐입니다. 지금은 다른 전화번호를 사용하고 있습니다.' 우리나라에서 제일 큰 언론사 사장인데, 전화기가 한 대뿐이라고 했습니다. 경찰이 핸드폰 통화 내역을 9월 한 달만 떼어봤습니다. 언론사 사장이면 한 달에 전화를 몇 통쯤 할까요? 저 같은 말단 기자도 한 수천 통 씁니다.

김어준 저도 굉장히 많이 쓰죠.

정봉주 저는 수만 통 씁니다.

주진우 우리 방상훈 사장님은 명절이 낀 2008년 9월에 전화를 29통 걸고 6통 받은 게 답니다. 전화기가 과연 이거 하나밖에 없을까 그것도 의문이고…….

김어준 텔레파시를 하시나 보죠.

정봉주 9월 한 달에 29통을 걸고 6통을 받아요?

주진우 네. 명절 동안.

정봉주 방상훈 사장을 음해할 생각은 전혀 없습니다만, 보통 국회의원도, 저 같이 말단 초선도 전화기를 기본 2개는 갖고 다니거든요.

김어준 전화 건 게 적은 건 그렇다고 쳐요. 그런데 받은 게 6통이었다는 건 말이 안 되는 거죠.

주진우 사모님한테서 3통 왔고 나머지는 조선IS라는 데서 왔습니다. 방상훈 사장님에 대한 조사는 2009년 4월 23일 15시 55분에 시작해 16시 30분에 종료됩니다. 35분 동안 조사를 받았는데 조서가 11장입니다. 4월 23일 오후에 조사를 받았는데 그다음 날인 4월 24일 10시 반에 수사 결과를 발표합니다.

김어준 무혐의 나왔죠.

주진우 네. 미친 수사력이죠! 이게 조현오 경찰청장, 당시 경기경찰청장의 작품이죠. 저 유명한 꼬리곰탕 특검하고 비교해보면 재미있습니다. 각하의

방상훈 사장님에 대한 조사는 2009년 4월 23일 15시 55분에 시작해 16시 30분에 종료됩니다. 35분 동안 조사를 받았는데 조서가 11장입니다. 그다음 날인 4월 24일 10시 반에 수사 결과를 발표합니다.

BBK 수사팀이 수사 결과 발표 나흘 전에 두 시간 조사를 했어요. 이명박 대통령 당선자를. 그때 한 시간은 꼬리곰탕을 먹고 한 시간 동안 조사했다고 합니다. 삼청동 삼청각의 취한당에서 조사했는데 나중에 언론에 발표가 되니까, 더치페이했다고 했죠. 그런데 우리 밤의 각하는 35분 조사했습니다. 유장호 씨가 그 문건을 가지고 있을 때, 기자들이 다 만나려고 했는데 안 만나주고 병원에 입원해 있었어요. 그런데 저만 만났죠. 사실입니다. 100명 정도 뻗치기를 하고 있는데 제가 장자연 씨의 로드매니저 팔목을 비틀어가지고 문을 열게 해서 밤 12시에 만났습니다.

김어준 아, 지금 스튜디오 나가라고 사인 들어왔어. 빨리빨리 끝내자. 일단 그러면 어차피 다음 시간으로 넘어가야 되는데 1차 마무리를 잠깐 짓자고요, 빨리.

주진우 1차 마무리요? 제가 마무리가 안 되잖아요.

김어준 자, 그러면 어쨌든 〈조선일보〉 방 사장은 35분 만에 조사 다 받고 무혐의가 됐어요.

주진우 그런데 '내가 아니다, 〈조선일보〉 사장이 아니고 〈스포츠조선〉 하아무개 사장이다,' 이렇게 얘기를 했지 않습니까. 그러면 그 하씨를 수사해야죠. 나중에 제가 수사기록을 봤더니 하광진이라는 가명으로 4월 15일 조사를 시작했어요. 그러니까 4월 23일 방 사장님을 조사하기 전에 이미 4월 15일에 하씨를 먼저 조사한 거죠.

김어준 말도 안 했는데 미리 알아, 경찰이? 대단한데?

주진우 미친 수사력, 미친 존재감이죠. 저는 매니저 팔 비틀어서 인터뷰했다는 이유로 참고인 조사를 받았어요. 그리고 자기 차 운전해서 저를 데려다준 사람, 저하고 같이 갔던 사람, 그 사람을 태우러 왔던 사람들까지 다 불러 조사했는데 방 사장은 수사 결과 발표하기 전날에 30분 하고 말았아요. 저를 수사한다기에 경기청 간부한테 물었어요. "아니, 방 사장 수사했어요?" 그랬더니 안 했대요. "그러면 나를 수사하는 건 말이 안 되지 않습니까?" 했더니 어쩔 수 없으니까 봐달라는 거예요. 유언장 두 번째 문장에는 방 사장의 아들이 나옵니다. 그날이 장자연 씨 어머니 제삿날이었어요.

김어준 그러니까 장자연 씨의 어머니 제삿날, 장자연 씨가…….

주진우 방상훈 사장은 장자연 씨와 일면식도 없다고 하는데, 방상훈 사장의 아들은 접대를 받은 것까지는 조사로 확인이 되었습니다. 그 세부 내용은 좀 길어서요.

— 이상 12회

목숨을 던져도 해결되지 않아

김어준 장자연 얘기 이어가죠. 2009년 3월 7일 장자연 씨가 사망하고 매니저 유장호 씨가 친필 문서를 공개합니다. 그래서 ㅈ일보의 ㅂ사장이 거론되기 시작합니다. 그러자 ㅈ일보가, ㅂ사장을 거론한 모든 사람을 명예훼손으로 걸죠. 최소 10억 원 이상씩일 겁니다. 20억 원까지. 그리고 경찰은 30분 남짓 조사한 뒤에 ㅈ일보의 ㅂ사장을 무혐의 처리하고 사건 종결. 매니저 유장호 씨는 사회봉사, 사장 김종승 씨는 징역 1년에 집행유예 2년. 그래서 감옥 안 가고 끝. 여기서 끝났어요. 1라운드가. 여기까지 지난주에

대충 얼개는 짚었고 그리고 다시 2라운드가 시작됐죠. SBS가 터트리면서. 그러면 지난주에 이어서

드라마 〈온에어〉: "무슨 뜻인지 몰라?" "알아." "그래, 그렇게 해. 니 웃음 돈이니까. 가자."

"장자연 사건은 권력형 비리 사건입니다. 돈으로 성을 착취해서 뇌물로 받는 이런 기가 막힌, 야만적인 권력형 비리입니다."
-민주당 김성희 의원, 여성연예인 인권지원 서포터즈 출범식에서.

"우리 사회에 오랫동안 온존해온 그러한 착취 시스템이 만들어낸 그런 구조적인 죽음이다."
-같은 자리에서 심상정 진보신당 전 대표.

드라마 〈온에어〉: "화면이랑 똑같네요." "아닌데? 가까이서 보심 실물이 더 이뻐요." "골라요, 와인은?" "고르는 건 못해도 마시는 건 쉽잖아요." "안 그래요, 고르는 건 소물리에한테 맡기면 되지만 즐기는 건 내가 해야 되거든요." "다 두고 왔어요?" "뭘요?" "차, 매니저, 약속, 자존심."

주진우 꽃다운 여배우가 죽음으로 세상을 고발하려고 했습니다. 유서를 써놓고 죽었습니다. 나 같은 피해자는 더 나오면 안 된다고. 유서의 첫 줄은 '너무 괴롭다. 이 고통에서 벗어나고 싶습니다.' 두 번째 줄은 지난번에 말했던 ㅈ일보의 ㅂ사장입니다. 그다음 문구가 있는데, 사인펜으로 지워진 걸 복원한 거죠. '그 몇 개월 후 김성훈 사장이', 김성훈 사장은 장자연의

매니저였습니다. '성접대를 시켰다'는…….

김용민 본명이 김종승이죠.

주진우 그 얘기 하기 전에, 참 30분이라니. 보통 조사 받으러 가면, 잘 아시죠?

정봉주 전 15시간씩 조사를 받았죠.

주진우 하루에 끝났나요?

정봉주 4일 동안 받았죠.

주진우 주소하고 이름 적고 그러면 30분 지나갑니다. 저한테는 전세 사냐, 월세 사냐, 얼마짜리냐 꼭 물어봐요.

정봉주 실제로 우리 주 기자님 얘기가 맞는 게, 그 사람들이 타자를 빨리 치는 사람들이 아니에요. 그거하고 가족관계, 인적사항 물어보면 3시간이 지나가요.

김어준 그렇죠, 그리고 종교도 물어봅니다. 종교도.

주진우 그런데 30 몇 분 만에 다 끝났다는 게…….

김어준 다 써갔다는 얘기죠 사실상.

주진우 조현오 경찰청장님이 열심히 수사하신 거예요. 신념을 가지고. 그렇게 ㅈ일보 ㅂ사장은 일면식도 없고 그 자리에 간 적이 없다 해서 아예 끝났습니다. 그런데 ㅈ일보 ㅂ사장의 아들은 술 접대 자리에 갔다는 게 밝혀집니다. 이날 조사에서 본인이 인정했어요. 자, 이 부분에 대해서 사건조서들을 제가 조합해보겠습니다.

이날은 2008년 10월 28일이었습니다. 밤 10시께 서울 청담동 소재의 한 룸살롱에 방상훈 사장의 아들 ㅂ씨, 그다음에 한아무개 씨, 김종승, 술집 여종업원과 마담도 동석을 했습니다. 그런데 사장 아들은 조사도 안 했어요. 김종승 씨는 〈조선일보〉 사장의 아들을 미국에서 공부할 때 알던 사이라고 했고, 한국에 들어와서는 〈조선일보〉 계열사인 잡지회사를 한다는 말을 들었는데, 만나지 못하다가 그날 술자리에서 처음 보았다, 이렇게 얘기했어요.

이 날이 장자연 씨 어머니의 제사였습니다. 장자연 씨를 태워준 운전기사 김아무개 씨의 진술에 따르면 그날 술접대에 불려나가게 되니까 장자연 씨가 숙소에 있다가 서럽게 울었대요. 술 접대에 동원될지 어떻게 아냐면 먼저 미용실에 보내거든요. 가서 머리 손질을 하고 그걸 카메라로 찍어놓으라고, 장자연 휴대폰으로 실장에게서 문자가 왔답니다. 꽃단장하고 기다리라고.

김어준 아, 안 갔을까 봐 카메라로 찍어놓으라고?

주진우 네, 그리고 회사에서 미용실 비용을 지급할 때는 회사의 공식 행사로 봐야 된다, 여기까지는 조사가 됐습니다. 안 가려고 하니까 머리까지 때렸어요.

김어준 머리는 누가 때렸다고 나와요?

주진우 김종승 씨가 페트병으로 때렸는데, 그날 접대를 안 하려고 하니까 기분이 나빴을 거 아닙니까. 그러니까 데려다가 페트병으로 머리를 때리고 다음날 새벽 1시 22분에 '직원들 앞에서 말조심해'라는 문자 메시지를 보냅니다.

김어준 페트병으로 때린 걸 김종승 씨 본인이 인정했나요?

주진우 인정했습니다. 그래서 결국 김종승 씨는 페트병으로 2, 3회 때린 걸로 처벌을 받았죠. 성접대 알선은 아니고요. 자 여기서 기가 막힌 일이 또 벌어집니다. 김종승 씨의 검찰 조사 기록인데요. ㅈ일보 ㅂ사장의 아들이 두 명 있는데 여기에 나온 사람은 차남입니다. 이 사람이 지금 〈조선일보〉의 실권자랍니다. 차기 사장 후보로 강력하게 거론되는 사람입니다. 검찰

기록을 읽어볼게요. '단순히 장자연 씨와 방씨를 소개만 시켜준 것이 아니고 장자연 씨를 참석시켜 술접대를 시킨 게 아닌가요?' 그러니까 김종승 씨가 이렇게 대답합니다. '룸살롱에 장자연 씨보다 훨씬 예쁜 애들이 많고요, 장자연이 배우인데 제가 무슨 그런 일을 시키겠어요. 그날 〈조선일보〉 발행 〈위클리 조선〉 홍보행사 관련해서 인사 시킨 것 외에는 없습니다.' 여기서 인사라는 의미가 뭔지 모르겠습니다.

검찰이 다시 윤아무개 씨가 경찰에서 했던 진술과 관련해 묻습니다. 여기서 윤아무개란 장자연 씨와 함께 접대했던 것으로 알려진 신인 여배웁니다. '윤아무개 씨가 경찰에서 한 3회 진술에서, 언제인지는 모르겠으나 모차르트 가라오케에 갔는데 피의자와 변아무개 대표, 장자연과 함께 갔으며 다른 룸에 있는 신문사 회장님이 우리 룸으로 왔을 때 소개를 시켜주었다. 신문사 회장이라는 사람은 일본 노래를 유창하게 했다고 하는데 누구인가요?' 이렇게 물어봐요. 그런데 김종승 씨는 '그런 사실이 없다'고 말합니다. 장자연 씨와 같이 접대에 동원됐던 연예인이 얘기한 거니까 거짓말일 리는 없겠죠.

'윤아무개 씨는 2008년 8월 5일 경찰에서 강제추행 건과 관련해서 4차례 진술을 했는데 장자연이 테이블 위에서 춤을 추는데 누군가 장자연을 테이블에서 끌어내려 무릎에 앉힌 상태에서 치마 속으로 손을 넣어 허벅지와 그 속을 만지자 장자연 씨가 이를 뿌리쳤다고 하는데 사실인가요?' 검찰이 다시 또 질문하자 김종승 씨가 이렇게 대답합니다. '테이블 위에서 춤을 춘 건 맞는데 흐름이 끊기지 않고 재미있게 놀았으며 위와 같은 추행은 없었습니다.' 당연히 없다고 하겠지 있다고 하겠어요? 그러고는 또 이렇게 말합니다. '만일 장자연이 추행을 당했다면 가만히 있지 않았을 겁니다. 누군가가 장자연의 그 부분을 만졌다는 것은 상상할 수도 없습니다.'

김어준 동석했던 윤아무개 배우의 증언이죠?

주진우 그렇죠. 윤아무개 배우는 그 자리에 동석했기 때문에 당시 정황을 가장 잘 아는 사람이어서 제가 그때도 만나봤고, 계속 연락을 취하고 있습니다. 지금은 이름을 바꾸고 성형수술을 해서 영화에 단역으로 출연합니다. 소속사 사장의 팔목을 비틀어서 이 여자가 얘기를 하게 해달라고 부탁했어요. '여배우가 한마디 하고 죽었다. 그런데 거짓말이라고 판명이 났는데, 이건 너의 일이기도 하지 않느냐.' 그렇게 그 사장을 설득했습니다. 그 사장이 좀 지각이 있어서 그 여배우를 데리고 왔습니다.

김어준 아 그러니까 김종승 씨 말고 윤아무개의 기획사 사장.

주진우 네, 그렇게 해서 데리고 왔는데 고민 고민 끝에 윤아무개 배우가 한마디 하더라고요. "그런데 이렇게 밝히러 왔는데 오빠는 저한테 뭘 해줄 수 있어요?"

김어준 여기서 오빠는, 주진우 기자?

주진우 네.

김어준 해줄 수 있는 건 없지. 그 친구가 장자연에게 해줄 수 있는 게 있지. 무섭겠죠, 그런 얘기를 어떻게 합니까.

주진우 장자연이 유서를 써놓고 만났던 전 매니저 유장호 씨의 진술 내용을 보죠. '피고인이 장자연 씨와 만나서 들은 내용은 무엇이 있나요?' 이렇게 물으니까 피고인, 즉 유장호 씨는 이렇게 답변합니다. '피고인의 사무실에 장자연이 와서 우는 것을 피고인이 달래주었고 사무실 앞에 호프집에 가서 생맥주를 마셨는데' 그때 피고인이 '자연아 잘될 거야' 이렇게 말했더니 장자연이 '너도 남자니까 술집 가지?' 그렇게 물었답니다. 그래서 '그렇다'고 했더니, '그러면 술집에서 일하는 여자들은 하루에 손님 몇 명 받아?' 그랬답니다. 그래서 피고인이 '글쎄, 장사가 잘되면 많이 받겠고 한 2,

우리나라는 이렇게 꽃다운 사람들이 목숨을 던져야만, 아니 던져서도 해결이 안 되는 건강하지 못한 사회입니다. 유언은 증언 중에서도 가장 진실되고 가장 신빙성 있는 증언입니다. 그런데 장자연 씨가 써놓고 간 유언의 내용은 모두 다 부인됐습니다.

3명 받지 않을까?' 그러니까 장자연이 한숨을 쉬더니 '나는 술집 여자보다 못한 사람이야' 그러면서 울었답니다.

'장자연이 피고인에게 누구에게 성상납을 하였다고 구체적인 이야기를 했습니까?'라고 경찰이 물었을 때 유장호의 대답이 '예'였습니다. 유장호한테 제가 물었을 때도 성상납 부분에 대해 자세하게 얘기했습니다. 그런데 경찰이 수사를 안 해서, 조현오 청장님이 열심히 수사를 안 해서 이렇게 묻히고 있습니다.

우리나라는 이렇게 꽃다운 사람들이 목숨을 던져야만, 아니 던져서도 해결이 안 되는 건강하지 못한 사회입니다. 유언은 증언 중에서도 가장 진실되고 가장 신빙성 있는 증언입니다. 그런데 장자연 씨가 써놓고 간 유언의 내용은 모두 다 부인됐습니다.

정봉주 죽은 사람이 다시 살아서 증언을 할 수도 없는 거고…….

김어준 그런데 내가 궁금한 건 이거예요. SBS에서 터트렸잖아요, 다시. 다 죽었던 사건을. 그때 의견이 분분했어요. 종편 때문에 열 받아서 그런다는 얘기도 있었고. 어쨌든 한번 치고 나갔잖아요?

정봉주 네. 그랬다가 바로 꼬랑지 내렸죠.

주진우 저도 장자연 씨가 보냈다는 200 몇 통의 편지 사본을 가지고 있었어요. 장자연 씨의 남자친구라는, 감옥에 있는 전씨에 대해서 검증을 해봐야 했어요. 저도 그렇고 다른 변호사들도 그렇고 법정에서 이 사람의 얘기를 좀더 객관적으로 들어봐야 된다고 생각을 하고 있던 차였는데, SBS가 흥분을 하고 치고 나갔죠. 결론을 말씀드리자면, 그 편지 200 몇 통은 전 씨가 최근에 써서 내놓은 게 아닙니다. 당시 장자연이 자살했을 때, '내 여자친구가 죽었다. 나를 수사해주면, 내 편지를 수사해주면 될 것이다' 하고 경찰하고 검찰에 수사를 의뢰합니다. 그런데 경찰하고 검찰은 이 사람이 도발을 하니까, 갑자기 돈키호테 같은 행동을 하니까 정신적으로 문제가 있다면서 덮어놨어요. 그리고 편지를 증거로 부치지도 않았습니다. 그런데 이종걸 의원의 변호사였던 안상운 변호사가 찾아온 거예요. 그래서 이 내용에 관해서 검증하는 과정이었는데, 이분이 감옥에 있었으니까 우표 값도 궁했을 수 있잖아요. 그래서 우표를 떼어서 저쪽에다 붙인 흔적, 이런 것 때문에 조작됐다면서 그 내용에 대해서는, 누구의 글씨인지 알 수 없다고만 했습니다. 그러면서 경찰은 덮었는데, 편지의 내용이 결코 외부에서는 알 수 없는 내용이에요. 그 회사의 M&A 과정, 그리고 술자리 접대 과정 그 세세한 부분까지 기록돼 있어요. 그 사람이 소설을 썼다면 노벨문학상을 받을 만한 천재입니다. 그 당시 며칠 만에 200 몇 통의 편지를 썼을 가능성도 희박하고요. 일간지 신문사 대표한테는 '아저씨가 1번으로 복수해주라'는 말을 여러 번 합니다. 그리고 신문사 사장 나쁜 새끼, 감독 새끼 나쁜 새끼, 피디 새끼 나쁜 새끼. 나 데리고 어디 가고…… 이랬는데 이게 그 당시에는 공개되지 않았던 내용이에요.

김어준 그랬죠.

주진우 상상이라기엔 너무나 정확하고 그리고 심리묘사가 그대로 맞아떨어지는데, 그런 부분을 다 무시하고 경찰 수사가 정리됐습니다.

김어준 SBS가 그러니까 200통의 편지를 들고, 내용상으로는 이게 도저히 조작일 수 없다고 터트리고 나왔는데…….

주진우 검증도 좀 했죠, 조금 했죠.

김어준 바로 주저앉았단 말이죠? 그 주저앉은 이유에 대해서도 좀 파악을 해봐야 되는데.

주진우 그 부분에 대해서는 SBS에서 방송이 나가자마자 〈조선일보〉에서 바로 태스크 포스팀을 꾸리고 '이제는 전면전이다'라고 했어요. 이게 무슨 전쟁입니까?

김어준 그러니까 〈조선일보〉에선 '아 이것들이 우리가 종편 들어가니까 치는구나'라고 생각했을 수도 있죠.

주진우 그러니까 장자연 씨가 고질적인 연예계 관행 그리고 그 안에서 힘 없는 여배우가 돈 있는 자, 권력 있는 자들의 몸종으로 살 수밖에 없는 이 구조에 대해서 이러면 안 되겠다고 목숨까지 던져가며 유서를 통해 고발하고자 했던 내용이 한 줌의 재로 사라졌습니다.

상대가 〈조선일보〉라서 못 본 척하나?

정봉주 제가 어제 이종걸 의원하고 식사를 했어요.

김어준 아 지금 한창 소송 중이죠?

정봉주 이종걸 의원을 무시하거나 폄하하려는 건 아니지만, 이종걸 의원이 물기에는 좀, 이종걸 의원이 힘이 약해요.

김어준 아, 사건을 의원님이 물어야 했다?

정봉주 그렇죠. 이건 사실 거대 언론권력과 맞서는 거거든요? 단순히 죽은 여배우의 한을 달래주는 것도 있지만, 대한민국 사회에서 50, 60년 동안

〈조선일보〉가 관련됐잖아요. 제가 보기에는 이게 〈조선일보〉다 보니까 아예 쳐다보질 않는 거야 그 쪽을.

권력으로 군림하는 〈조선일보〉의 아킬레스건일 수도 있는 사건이에요. 일시적으로 센세이셔널하게 던지고 말 사건이 아니라 정치 생명을 걸고 목숨을 걸고 달려들어야 돼요. 여러 가지 조건이 있죠. 첫째, 불독 근성이 있어야 된다. 둘째, 뒤가 구리지 않아야 한다. 셋째, 목숨을 버릴 수 있어야 한다.

김어준 그게 나다, 이 얘기를 하고 싶은 거죠?

정봉주 이종걸 의원은요, 비리가 없는 건 분명한데, 일단 불독이 아니고 치와와 정도는 됩니다. 불독은 저고요.

김어준 자기가 살기 위해서 동료 의원을 죽이는…….

정봉주 아니 이종걸 의원을 왜 만났냐면 이번에 당대표 나가는데 최고의원 나가는데, 좀 도와달라. 누가 그런 얘기를 하더래요. 정봉주 의원을 잡지 않으면 이길 수 없다.

김어준 말도 안 되는 얘기를. 자기 입으로 어떻게 저런 얘기를.

주진우 아니 지금 기껏 장자연 사건을 정리해놓았더니…….

정봉주 이종걸 의원이 문제 제기를 잘했는데, 이 사건의 볼륨감이 있잖아요? 이 정도는 의원 서너 명이 붙어서, 우리 국회의원직 버리자! 우리 죽자! 이런 각오로 달려들어야 하는데,

김어준 그건 맞아요.

정봉주 왜냐하면 쉽지 않은 싸움이에요, 이게.

저는 또 이런 글을 남겼습니다. 만약에 장자연 씨가 살아 있다면 틀림없이 구속되거나 기소되거나 그랬을 거다.

김어준 〈조선일보〉가 관련됐잖아요. 제가 보기에는 이게 〈조선일보〉다 보니까 아예 쳐다보질 않는 거야 그쪽을.

정봉주 장자연 사건의 성격 규정을 우리가 분명히 해줄 필요가 있어요. 이 사건 배후에 〈조선일보〉라는 거대 권력이 있을 수 있고, 또 〈조선일보〉가 무너지면 동아, 중앙도 같이 무너지거든요. 그래서 우리가 잘 싸워야 하는데 조건은 잘 갖춰졌잖아요? 국회의원이 취재할 수 있는 정보라는 게 있고 기자가 취재할 수 있는 디테일한 정보가 있고 이게 양쪽이 딱 맞으면 진실에 다가갈 수 있죠. 치명적인 문제가 있는 게 제가 지금 현역 국회의원이 아니라는 거. 아, 이게 진짜 주진우처럼 제대로 된 기자와 저처럼 제대로 된 정치인이 만나면 사고 칩니다. 그런데 제가 뒤가 구리진 않나 일단 집에 가서 생각을 좀 해보고요. (칼칼칼)

김어준 만날 걱정하면서.

정봉주 검찰이 두려워.

김용민 저는 또 이런 글을 남겼습니다. 만약에 장자연 씨가 살아 있다면 틀림없이 구속되거나 기소되거나 그랬을 거다.

김어준 그랬겠죠. 허위사실 유포로. 아마도.

주진우 장자연 씨가 써놓은 유서 내용이 다 허위라잖아요. 적어도 경찰과 검찰과 재판부에서는.

김어준 중요한 건 이겁니다. 사람들은 압니다. ㅈ일보가 어디라는 것도 알고 사장한테 뭔가 문제가 있었다는 것도 다 압니다, 알아요. 그렇게 생각하고 있어요. 받아들이고 있는데, 중요한 건 그걸 공식적으로 그리고 오버그라운드에서 기정사실로 어느 누구도 유통시킬 수 없고, 모른 척해야 되는 거야. 오버그라운드에선 다들 없는 척해야 돼.

주진우 아까 말했다시피 ㅈ일보 ㅂ사장의 아들이요, 실권을 잡고 있는 그 차남. 그 술자리에 대한 주변 정황이나 같이 갔던 여자, 운전기사 얘기를 들어보면 확실히 뭔가는 있었던 게 분명한데, 검찰은 그쪽은 조사도 하지 않았습니다. 그냥 다른 데만 쳐다보고 지나갔어요.

김어준 못 본 척하는 거죠. 없는 척하는 거야. 어떤 증거가 나와도 없는 척할 거야 아마.

주진우 아버지는 전날 저녁에 가서 30여 분 조사하고, 아들은 그나마 조사도 안 했잖아요.

김어준 아 그러면 법원은 과연, 이번에 소송이 걸려 있잖아요. 허위사실 유포인가 명예훼손인가 하여튼, 합쳐서 한 30억 원 넘어요 제가 알기로는. 판사가 과연 〈조선일보〉의 손을 들어줄까요? 국회의원 한 명의 손을 들어줄까요?

주진우 판사들은 〈조선일보〉만 봅니다. 제가 '만!' 본다고 하면 거짓말이겠지만 강조하는 겁니다. 다른 언론사 판례와 〈조선일보〉를 비교해보면 〈조선일보〉가 형량이나 액수가 현저하게 적습니다. 언론학자들이 조금 더 분석해봤으면 좋겠어요. 제가 만날 재판에 끌려다니다 보니까 알아요.

정봉주 그런데 이종걸 의원과 〈조선일보〉의 싸움에선 〈조선일보〉의 손을 들어줄 거라고 보지 않습니다. 이 사건은 사람들의 기억 속에서 사라지도록 질질 끌다가 그렇게 흐지부지될 겁니다.

김어준 그래도 판결은 나잖아요.

정봉주 판결은 나는데, 정치인으로서 크게 타격을 주지 않고 〈조선일보〉 명예만 살려주는 정도로. 아무도 기억하지 못할 때 그렇게 슬그머니 끝나게 될 겁니다.

김어준 판사가 누구냐에 달렸다고 봅니다 저는.

정봉주 아니 이런 거죠, 이게 선거법이 아니거든요. 선거법에 허위사실 유포로 벌금 100만 원 이상이면 국회의원 아웃입니다. 그런데 이것은 사인 간의 명예훼손이기 때문에 금고 이상의 형을 받아야지 의원직을 잃습니다.

김어준 금고가 나올 일은 없죠.

정봉주 금고가 나올 일은 없고 뭐 벌금형으로 대충 정리하고 끝나지 않겠느냐.

김어준 그런데 저는 판사가 누구냐에 따라서 〈조선일보〉를 정면으로 받진 않을지라도 뭐랄까 〈조선일보〉의 손을 일방적으로 들어주지는 않는 그런 결론이 나지 않을까 그렇게 봐요.

주진우 법과 양심을 생각하면, 기본만 생각해주면. 여기까지만 얘기하죠. 계속하면 열 받으니까.

– 이상 13회

3MC와 전일저축은행 사건

200억 원 대출의 비밀

김어준 다음은 3MC.

주진우 제가 3MC를 취재하는데 여기에서 또 조폭이 나와요. 김태촌 씨가 감옥에 오래 있는 동안 범서방파를 이끌던 양아무개 씨가 있어요. 그분은 조폭에서 손을 씻었다고 해요. 진짜로 목욕탕, 온천 사업을 하세요.

김어준 목욕탕 하면서 손을 씻었다?

주진우 그분이 조폭에선 거물이죠. 이름만 대면 다 알 만한 그런 사람입니다. 평판도 좋고 인물도 훌륭하세요. 몸에 있는 그림도 훌륭합니다. 이분이 PD한테 슈킹을 당했다는 겁니다. 아니 조폭한테 상납을 받는 PD가 어디 있어? 그랬더니 자기는 당했다는 거예요. SBS 이사인데 연예본부장을 하는 김아무개 씨 아들 김혁이란 분이에요. 그 양반한테 2천만 원을 주고 자기 사업체를 방송해달라고 부탁했다는 거예요. 그런데 알고 보니까 돈을 안 내도 되는 건데 슈킹을 했다는 거예요. 이 양반 당돌하네. 그래서 찾아가봤죠.

김어준 슈킹이란 게 삥을 뜯어갔다는 거죠?

주진우 그런데 이분이 여기저기서 삥을 많이 뜯었더라고요. 연기자 딸을 둔 아버지한테서 돈을 빌렸다가 나중에 문제가 되면 갚고, 여기저기서 슈킹을 하고 다녔습니다. 이 사람이 누구하고 관계가 있냐면 은경표 PD하고 관계가 있어요. 전설의 은경표. 연예 PD 중에는 최고로 유명한 스타 PD죠. 좋은 프로그램도 많이 하고 슈킹도 많이 하고. 구속도 두 번 됐어요. 한 번은 김광수라는 연예기획사 대표에게 승용차를 받아서 구속됐다가 무혐의 처분을 받았고, 그다음에는 미성년자 연예인 지망생을 건드렸다가 구속됐었어요. 재판 과정에서 이 혐의는 줄어들었고요. 아무튼 김혁과 은경표 두 분이 저축은행에서 돈을 대출합니다. 전일저축은행입니다. 전북에서 제일 좋은 저축은행이었죠.

김어준 그러니까 방송사 간부와 유명 PD가 저축은행에서 돈을 대출한다?

주진우 그 얘기를 듣고 제가 가서 뒤져봤어요. 지금은 파산한 전일저축은행에 은인표라는 대주주가 있었는데, 이분이 돈을 함부로 쓰십니다. 이분이 얼마나 훌륭하냐면 삼성동의 인터콘티넨탈호텔, 그 제일 비싸다는 호텔의 100평짜리 스위트룸을 사무실로 씁니다. 이건희 회장님이 타는 마이바흐를 타십니다. 제주도에 카지노가 하나 있는데, 카지노에 갈 때는 대형 리무진을 이용합니다. 70억 원짜리 요트도 있습니다. 그런데 지금은 구속돼 있습니다. 저축은행 건이 아니고 다른 건으로.

은인표, 은경표, 김혁 씨가 저축은행을 다 거덜 냈다고 해서 제가 가봤습니다. 엔터테인먼트 회사를 차려서 대출을 했다는데, 처음에는 7억, 70억, 40억 이런 식으로 약 200억 원을 대출받습니다. 중요한 건 회사가 생기자마자 바로 없어진다는 거예요. 이름을 모티스, 살람스페이스, 에이도스 이렇게 바꾸면서 대출을 받고는 바로 없애버려요. 처음에는 대출을 안 해주려고 했대요. 은경표 씨와 당시 SBS 예능본부장이던 김혁 씨가 직접 찾아와 '좋은 회사다'라고 설명해도 안 해줬답니다. 그때 뭘 가져가냐면 '우리 회사에 누가 있다, 누가 있다' 하는,

김어준 서류를 들고 왔군요.

주진우 거기에 누가 있냐면, 강호동, 신동엽, 유재석이 있는 겁니다. 이 사람들은 실제로 그 회사의 이사고 주주예요. 그렇게 해서 대출을 합니다. 처음에는 70억 원가량을 대출받습니다.

김어준 그러니까 니네 금방 생긴 회사인데 아무것도 없잖아? 그랬더니 이런 사람들이 이사야, 하면서 들이민 거죠?

주진우 강호동, 신동엽, 유재석이 우리 이사고 우리 프로그램을 다 만들고 있다면서 출연하는 프로그램을 대요. 그래서 200억 원을 대출하는데 그 은행으로 다시 돌아간 돈은 없습니다. 은행을 거덜 낸 거죠. 대출을 받고 한 3개월 후에 회사를 망가트립니다. 제가 1년쯤 전에 이 기사를 썼어요. 저축은행 문제에 대해 줄기차게 제기했고요. 그런데 이와 관련해서 조사를 받은 건 저뿐입니다. 그 사람들이 민형사 고소 고발을 했는데 형사는 제가 이겼습니다. 지금 서울지검 특수 2부에서 전일저축은행 건을 조사하고 있습니다.

김어준 그런데 이 3MC가 어떤 식으로 터진다는 거예요?

주진우 일단 3MC가 대출을 받는 데 한 역할을 했습니다. 그리고 엔터테인먼트 회사에서 계약금을 받았습니다. 이 돈이 DY엔터테인먼트 유상증자로 들어갑니다. DY는 우리나라에서 가장 막강한 엔터테인먼트 회사 중 하나입니다. 우리나라 연예계를 움직이는 사람들이 많이 있습니다. 이 기획사는 간판을 5번 바꿔 달았고 대표이사는 9번 바뀌었습니다. 여기서 8명이

구속됐습니다.

김어준 9명 중에 8명.

주진우 DY엔터테인먼트가 처음에는 팝콘, DY, 팬텀, 초콜렛 이렇게 이름을 바꾸면서 연예인 이름을 띄워 주가를 조작하고 뒤에서 돈을 빼먹었습니다. 얼마 전에 강호동, 유재석이 출연료를 못 받고 있다고 얘기했는데 그들이 피해자만 될 수는 없어요. 그 회사의 이사였고 주식을 가지고 있습니다. 또 계약금으로 천문학적인 돈을 받았습니다. 건물을 사고 알펜시아리조트 옆에 땅도 사고 그랬습니다. 그러니까 3MC가 국민의 사랑을 받고 잘하고 있는 건 맞는데, 회사의 대출과 관련해서는 문제가 있습니다. 자기 이름으로 대출을 받았는데 그 돈이 은행에 하나도 회수가 되지 않았으니까요. 그 결과 전일저축은행은 파산했고요.

김어준 그러니까 이 3명의 MC가 대출받고 돈 떼먹고 도망가는 데 이용됐거나, 아니면 알면서도 묵인했거나 했다는 건데, 우리가 그걸 단정적으로 말하기는 힘들죠.

정봉주 그러나 만약에 그 돈으로 계약금을 받았으면 실질적 수혜자도 되죠.

김어준 그러니까 저축은행 사태 마무리될 때 이게 터질 수도 있단 말인가요?

주진우 그렇죠. 주식 양도양수계약서를 쓰면서 이분들의 주식을 담보로 대출을 했습니다. 문제가 생겼을 때를 대비해 질권설정을 해준다거나, 법률적인 도장도 강호동, 유재석, 신동엽 씨가 찍었어요. 일방적으로 이용당했겠지만, 또 한편으로는 일방적으로 이용당했다고만 볼 수도 없습니다.

김어준 문제는 그걸 저축은행 사건을 대충 마무리하고 덮을 때 빵 터트리고 덮을 것이다, 이거죠?

주진우 저는 그렇게 될 거라고 생각합니다.

정봉주 저축은행 사태가 너무 불거져서 깊이 쑤셔놓으면 검찰도 어느 쪽으로 정리해야 될지 감을 못 잡게 됩니다. 전체적으로 그림을 그리는 사람이 어느 선에서 중지하라는 코디네이션을 해줄 겁니다.

김어준 그러니까 사람들의 시선을 확 잡으면서 우리가 이렇게까지 하고 끝낸다는 마무리 효과로 3MC를 활용할 수 있다는 거죠.

주진우 저는 이제 방송에 그만 나올래요. 저는 고정이 싫어요. 제가 집에 고정돼 있는데 집에 들어갈 때마다 왜 집에는 꼭 들어가야 되나, 진짜로 집에 가면서 울기도 많이 울었어요. 선배가 한번 오라고 해서 왔는데 이게 뭐예요.

김어준 뭐가 뭐야?

정봉주 우리 팬카페 모임에서, 주진우 기자가 말은 어눌한 것 같은데 디테일은 세계 최강일 것 같다고 해요.

김어준 주진우 기자 방송을 듣고 빵빵 터졌어요.

정봉주 제가 정치권을 맡고 주진우 기자가 디테일을 맡으면 이건 환상의 콤비야. 절대 그만두지 못해.

– 이상 9회

명랑
꼼수

보신탕집 누나, 그리고 재떨이

각하의 근검절약 정신

김어준 영포빌딩 옆 개고기집 사건을 얘기해보죠.

정봉주 1996년인가 97년쯤인데, 대선 훨씬 전이죠. 각하께서 국회의원 잘리고 백수가 돼서 영포빌딩에 상주하고 있을 때.

김용민 에리카 김이 옆에 있고.

정봉주 제보하신 분이 영포빌딩 옆 보신탕집 사장인데요.

김어준 여사장님인가요?

정봉주 당시 삼십대 후반이었는데 오십대 가까이 된 지금도 미모가 아주 출중해요. 결혼한 지 얼마 안 되었을 때 일인데, 본인 주장에 따르면 에리카 김보다 자기가 더 예뻤다고 그래요. 그분이 연락을 했어요.

김어준 직접 전화를?

정봉주 대권주자 번호는 다 노출되어 있으니까 전화를 하신 거죠. 인터넷에서 '나는 가수다'를 찾다 보니 '나가수' 바로 밑에 '나꼼수'가 있더래요.

어? 이건 뭐지? 그래서 나꼼수를 듣는데, 이분 표현에 따르면 1, 2분만 듣고 있으면 나꼼수는 바로 중독이래요. 8시부터 듣기 시작해서 다음날 새벽까지 14회를 독파했답니다.

김어준 한 번에?

정봉주 그것도 14회를 전부. 그런데 나꼼수를 듣다 보니까 그 시절에 이미 에리카 김과 좋은 관계였구나, 같이 바람을 쐬러 가자고 한 게 나뿐만이 아니었구나. 그래서 격분을 해서 전화를 했는데, 이분이 보신탕집을 하기 전에 건설회사에 근무를 했어요. 럭키개발이라고, 당시 도급 순위 2위였죠. 1위는 현대건설.

김어준 LG건설의 전신.

정봉주 GS건설의 전신이죠. 도급 순위 2위라지만 1위 현대건설과는 비교할 수 없었죠. 당시 현대건설은 건설업계에서 로망이었으니까요. 현대건설 과장이 타 회사의 이사로 스카우트되던 때랍니다. 이분이 태국에서도 한 8개월간 근무를 했대요.

각하께서 현대건설에 계실 때 방콕에서 파타야로 가는 도로를 깐 적이 있답니다. 그래서 두 분이 대화가 되는 거예요. 그냥 단순히 보신탕집 아줌마인 줄 알았는데 방콕에서 파타야 가는 길에서 물이 많이 나와 현대건설이 돈도 못 벌고 들어왔다는 얘기를 다 알고 있으니까 각하도 너무 재미있어서 대화가 시작된 거예요. 수준이 맞는다 이거죠. 에리카 김도 미국에 사는 변호사니까 멋있어 보였겠지만, 보신탕집 아줌마라고 좀 허접하게 봤는데 얼굴도 예쁘고 건설회사 출신이니까. 아무튼 각하가 오신 첫날 '졸개'들을 서너 명 데리고 오셨답니다. 다 소망교회 출신인데.

김어준 아, 그 시절에도?

정봉주 이분 표현에 따르면 소망교회에서 얍삽하게 생긴 놈.

4명이 오면 원래 수육을 4인분 시킨답니다. 탕은 서비스로 주니까 수육 먹고 탕에다 밥 말아 먹고 이러는데, 우리 각하께선 워낙 꼼꼼하고 근검절약 정신이 강해서 2인분을 시킨답니다.

김어준 그분 표현이에요?

정봉주 네. 녹음 다 해놨으니까 명예훼손 절대 못 겁니다. 아무튼 각하가 오시면 방으로 들어가신답니다. 방에 테이블이 4개 있으니까 16명이 앉을 수 있는 방인데, 딱 11시 반에 와서 앉으면 그 그 방에 들여보내지 못한답니다. 함께 온 일행 서너 명도 밖에 앉았답니다.

주진우 겸상을 안 하시네요.

정봉주 절대 안 한답니다. 그 누구하고도.

김어준 그 열여섯 좌석을 혼자 다?

정봉주 그래서 처음에는 혼자 앉아 계시니까 좀 뭣해서 말을 붙였는데 그때 건설회사 얘기, 그다음에 태국 얘기가 통하니까 그때부터 식당만 오면 여사장님을 부르는 거예요.

김어준 혼자서! 호연지기!

정봉주 그때 수육이 1만 8천 원인데,

김어준 디테일하다.

정봉주 4명이 오면 원래 수육을 4인분 시킨답니다. 탕은 서비스로 주니까 수육 먹고 탕에다 밥 말아 먹고 이러는데, 우리 각하께선 워낙 꼼꼼하고 근검절약 정신이 강해서 2인분을 시킨답니다.

주진우 저는 개고기 안 먹지만 1인분이 정말 적어요. 그런데 1 대 3을 어떻게 나눠요?

정봉주 제가 평상시에 근검절약 정신이 좀 부족한데 배워야겠어요. 하여튼 밖에 계신 분들까지 2인분으로 나눠줘야 될 거 아니에요? 수육 1인분이 5조각 내지 6조각이랍니다. 그걸 어떻게 두 접시로 나눕니까. 그래서 결국은 4인분 같은 2인분을 준대요.

김어준 주인이 알아서? 하도 미안하니까?

정봉주 도저히 민망해서 나눌 수가 없는 거죠. 안에도 2인분, 밖에도 2인분을 주면서 그냥 2인분입니다, 이러는 거예요. 수육 2인분을 시키고 16명 들어가는 방을 다 차지하고.

김어준 사실은 3명한테 1인분 떠안긴 거잖아.

주진우 한 사람 앞에 한 조각하고 3분의 1, 이렇게 나눠야 하네요.

정봉주 보통은 4명이 오면 수육을 사람 수대로 시키고, 탕은 보통이 8천 원, 특탕이 1만 원인데 서비스로 나오는 건 형식적으로 먹고 탕을 또 하나씩 주문한대요. 그래서 한 10만 원쯤 나오는데 우리 각하께서 오시면 3만 6천 원으로 모든 게 다 해결이 되는 거예요. 계속 그렇게 시키니까 사장이 열이 받아서 결국은 각하 때문에 서비스로 주던 탕을 2천 원씩 받기 시작했대요. 11시 반에 와서 1시 반까지 꿈쩍을 않고, 3~4개월을 하루도 빠지지 않고 왔대요.

주진우 하루도 빠지지 않고 개를 먹어요?

정봉주 개를 엄청 좋아하시고, 어디서 짜장면을 먹어도 그 가격이니까.

김어준 값 싸고, 많이 주고, 여주인도 바람을 쐬러 갈 만하니까.

정봉주 어느 날 각하께서 바람을 쐬러 가자고 해서 동업하는 언니한테 "저 아저씨가 나한테 살짝 비호감이긴 한데, 바람을 쐬러 가자는데 어떡해?" 하고 물어봤대요.

김어준 살짝만 비호감?

정봉주 그러니까 언니가 "너 왜 그러니, 그게 진짜 바람 쐬러 가자는 건 줄 아니? 너 그게 이러고저러고 해서, 너 가면 큰일 나." 그래서 결국은 자기는 바람을 쐬러 가지 않았대요. 그렇게 하루도 빠지지 않고 나오다가 어느 날부터 안 오더라는 스토리입니다.

김어준 그때 미국에 가셨죠.

정봉주 이 아주머니도 국회의원 아웃됐다고 해서, 자기가 보기에 좀 가련해서 처음 왔을 때 잘 모셨는데, 그 이후로 그 16석 되는 방은 3, 4개월 동안 한 번도 점심시간에 손님을 받지 못했답니다.

주진우 에리카 김 누나의 목소리가 생각나네요. '각하께서는 절대 다른 사람은 사주지 않아. 오직 나만 사주지.' 그 당시 에리카 김 누나가 영포빌딩을 드나들었습니다. 마지막 재판이 있어서 미국으로 떠나기 전까지.

정봉주 그분이 이 얘기는 꼭 해달래요. 각하는 인원수대로 수육을 시킨 적이 단 한 번도 없다. (캴캴캴)

김어준 그거 얼마 한다고, 씨바. (푸하하)

정봉주 계산은 소망교회에서 지휘하는 분이 하셨답니다.

김어준 자기가 낼 것도 아닌데 사람 수대로 시키지.

주진우 저기, 서초동에 계신 분들, 판검사님들이 개를 좋아하세요.

정봉주 서초동 영포빌딩 옆에는 법무사 사무실, 변호사 사무실이 많아서 판검사, 변호사들이 점심시간에 집중적으로 오는데, 그 사람들이 '왜 저 방에 못 들어가게 하냐, 옆자리에 앉으면 안 되냐' 그럴 거 아니에요? 그럴 때마다 거기 들어가면 큰일 난다고 말하고, 그리고 또 이분 표현에 따르면 밖에 있는 졸개들이 병풍처럼 못 들어가게 딱 막는대요. 참 '졸개'는 이분 표현입니다.

또 아주 중요한 말씀을 하시는데, 우리 각하께선 사람을 쳐다볼 때 상대방 눈을 똑바로 쳐다본대요. 그런데 두 눈의 포인트가 한쪽에 집중되는 게 아니라 한쪽 눈은 이쪽 눈을 보고 다른 한쪽 눈은 저쪽 눈을 쳐다보는데, 이야기를 하다 보면 가슴이 덜컹한대요. 거짓말을 하나 안 하나 그걸 살피는데, 너무 뚫어지게 쳐다봐서 거짓말을 할 수가 없다는 거예요. 가끔씩 각하가 거짓말을 한다는 보도가 나오는데, 다른 사람들이 거짓말을 못하게 그렇게 쳐다보는 각하께서 설마 거짓말을 할 리가 있겠어요?

주진우 방을 혼자 차지하시는 건 신비주의 전략으로 볼 수도 있지 않나요?

정봉주 8명이 왔을 때도 2인분 시켰대요.

주진우 판검사님들이 개고기를 좋아해서 여름에 점심이나 저녁 약속을 하면 되게 곤혹스러운데, 저는 개고기를 못 먹어서 개고기집에서도 항상 짜장면을 시켜 먹습니다. 그런데 개고기 1인분 수육이 쇠고기나 돼지고기에 비해 반도 안 됩니다. 개고기가 훨씬 비쌉니다. 각하의 근검절약 정신 진짜 우리가 배워야 됩니다. 아껴 쓰고 나눠 쓰고, 아나바다. 각하는 말만 그렇게 하는 게 아니라 몸소 실천하시는 분이에요. 진짜 존경심이 더해지네요.

김어준 아, 그분 한번 모셔야 되겠다. 라이브로 들어야 되겠다.

정봉주 그분은 우리 이빨 1, 이빨 2 수준이 아니라 그냥 놔두면 혼자 5시간 얘기하는 사람이에요. 얘기도 엄청 재밌게 해요.

주진우 이 누나도 제가 꼭 만나봐야 되겠어요. – 이상 15회

재떨이 투척 사건

김어준 제 절친 오세훈이 최근에 사고를 치는 바람에 몇 주 동안 저희가 각하를 너무 소홀히 했어요. 그래서 야구장에 가서 각하가 뽀뽀를 하신 거

아니겠어요?

주진우 야구장 뽀뽀는 아무나 할 수 있는 게 아닙니다. 야구장에 거물이나 유명인 커플이 오면 PD 같은 사람들이 미리 '뽀뽀 한 번 하시겠습니까?' 물어봅니다. 그렇게 동의를 받아야 하는데 각하한테 직접 가서 물어봤을 리는 없고, 야구장을 취재했더니 청와대에서 대통령이 참여할 만한 이벤트를 선택했다고 했습니다.

김어준 제가 보기에 각하께서 나꼼수에서 다뤄지는 시간이 줄어드니까 관심 받고 싶어서 그러신 것 같은데, 각하께서 여사님과 뽀뽀를 하는데 관중들이 야유를 했다는 거 아닙니까. 죄송합니다. 사과드립니다. 뽀뽀 이야기 전에 제작 담당 '목사 아들 돼지'가 준비한 각하 이야기가 따로 있습니다.

김용민 김유찬이라고, 각하를 음해하고 다니는 문제가 많은 사람이 있었습니다.

정봉주 2007년에 자기가 각하의 불법 선거자금을 받았다면서 기자회견한 사람이죠. 저도 어디선가 한 번 마주친 적이 있어요. 순간적으로 나도 모르게 침을 뱉을 뻔했어. 감히 각하를 음해하다니. (캴캴캴)

김용민 저도 그런 마음인데, 과거 자료를 뒤져보니까,

김어준 김유찬 씨가 각하의 비서관이었습니다.

김용민 비서관이었다가 나중에 각하의 선거법 위반 사실을 공개하는 바람에 우리 각하가 한동안 실업자가 되셨죠. 개고기 드셨을 때가 그때였나요?

정봉주 국회에서 쫓겨나고 마음과 몸이 허하니까 건강을 보충하기 위해서.

김어준 8명에게 수육 1인분을 먹이시는 오병이어五餠二魚의 기적을 이루셨던.

김용민 그 김유찬 씨가 2007년에 〈이명박 리포트〉라는 책을 냈습니다. 초판

추석 무렵이었어요. 각하께서 당직자들에게 떡값 봉투를 준다는 소식을 듣고 많은 사람들이 가슴이 설렜습니다. 밤 9시가 되도록 안 오시는 거예요. 사람들이 고향엔 가야겠고, 너무 급해서 몇 명 남겨놓고 다 가버렸답니다. 그때 전화가 온 거예요. "야, 몇 명 남았냐?"

을 제가 입수했는데, 이번에 제가 꼼꼼하게 읽어보니까 주목할 만한 부분이 몇 개 있습니다. 그중에서 추석과 관련된 일화를 소개해드리겠습니다. 아마 김유찬 씨가 거짓말을 한 것 같은데, 각하에 대한 음해는 이제는 끝내야 합니다.

정봉주 그 책 결국엔 출간 못했죠?

김용민 나오긴 했어요. 나왔는데, 의문의 절판.

정봉주 절대 사면 안 돼.

김용민 추석 무렵이었어요. 각하께서 당직자들에게 떡값 봉투를 준다는 소식을 듣고 많은 사람들이 가슴이 설렜습니다. 저녁 7시쯤 오실 줄 알았는데 8시가 돼도 안 오고 밤 9시가 되도록 안 오시는 거예요. 사람들이 고향엔 가야겠고, 너무 급해서 몇 명 남겨놓고 다 가버렸답니다. 그때 전화가 온 거예요. "야, 몇 명 남았냐?" 그래서 결국 그때까지 남아 있는 사람들만, 믿음이 있는 사람들에게만.

주진우 몇 명 남았었어요?

김용민 몇 명인지는 안 나왔어요.

정봉주 김유찬 씨가 그렇게 각하를 음해하니까 책이 안 팔리는 거죠. 의문의 절판.

대통령 후보가 될 때 재산 형성 과정에 의혹이 있으니까 선거 참모가 이런 건의를 했대요. "재산의 절반 정도는 사회에 환원한다는 기자회견을 하시죠." 그러자 각하께서 한 방에 끝냈다네요. 재떨이를 던졌답니다.

김어준 각하는 스토리가 너무 일관되세요.

주진우 덤으로 하나 더 얹겠습다. MB 캠프에선 재산 문제가 항상 걸렸어요. 언론에서 '재산이 누락됐다' 'MB 재산이다' 이런 기사가 계속 나오고, 기획단 내부 회의에서도 재산 형성 과정에 문제가 있다는 말이 있었어요.

정봉주 1995년과 1996년 국회의원 선거를 앞두고 공천심사위원회가 진행됐는데 도곡동 땅 이야기도 그때 처음 나온 거예요.

주진우 신문 1면에 나왔어요.

정봉주 〈세계일보〉.

김어준 각하의 차명 소유라고 대서특필됐습니다.

주진우 그러나 별다른 대응 없이 끝났어요. 그런데 국회의원이 되면 공직자 재산등록이라는 걸 하지 않습니까. 그때 국회 사무처 담당관이 서류뭉치를 들고 허겁지겁 달려왔답니다. "이명박 의원이 제대로 신고를 안 해서 누락된 부분이 너무 많아요. 소명하라고 하세요." 그래서 비서관이 각하에게 보고를 합니다.

김용민 김유찬이.

주진우 그러자 각하께서 한 마디 하셨대요. "내가 알아서 할 테니까 당신은 가만히 있어." 그 이후 어떻게 소명을 했는지 국회 사무처에서 지적이 없어졌다는 거예요. 그러다 나중에 대통령 후보가 될 때 재산 형성 과정에 의혹이 있으니까 선거 참모가 이런 건의를 했대요. "재산의 절반 정도는 사회에 환원한다는 기자회견을 하시죠." 그러자 각하께서 한 방에 끝냈다네요. 재떨이를 던졌답니다.

김어준 나이스!

주진우 그걸 보고 〈넘버3〉 영화가 나왔다는 생각도 들고.

김어준 오래간만에 각하 이야기를 하니까 갑자기 훈훈해지고 따뜻해집니다.

– 이상 18회

여사님과 옥희 언니

김윤옥 여사 사촌언니에게 30억 원을?

김어준 제가 사건 개요만 짧게 정리하겠습니다. 김윤옥 여사님의 사촌언니 김옥희 씨가 서울시 버스운송사업조합 이사장 김종원 씨에게 자신이 여사님의 친언니라고 속이고 30억 원대를 받아서 사기를 쳤다는 겁니다. 한나라당 공천을 주겠다며 사기를 쳤다는 것이 표면적인 사건의 개요입니다.

여기서 골 때리는 게, 김종원 씨는 각하가 서울시장 시절에 서울시 의원을 지냈고 대선 때는 한나라당 대선본부 교통부위원장인가를 했어요. 그러니까 정치권에 대해서 굉장히 빠삭하고 이해도가 높은 사람인데, 각하 친언니가 누군지도 모르고 그냥 그 말만 듣고 30억 원을 팍 줬다는 거야. 이게 기본적으로 말이 안 되는 거죠. 이때 김종원 씨는 검찰 조사를 안 받았어요. 사기 피해자니까. 김옥희 언니만 사기죄로 처벌을 받았습니다. 이게 만약 공직선거법 위반으로 처리했다면 양쪽 다 처벌할 수 있었을 텐데 검찰이 사기 사건으로 처리했습니다.

정봉주 그때 구속됐죠 아마?

주진우 사기죄로 구속됐습니다.

김어준 여기서 또 법무법인 '바른'이 나옵니다. 안 나오는 데가 없어. 바른이 김옥희 언니를 변호합니다. 2008년에 형이 확정되는데 형집행정지로 수감되지 않고 계속 집하고 병원에 있다가 나중에 감옥에 들어갔어요. 이제 반쯤 지났죠?

정봉주 거긴 징역도 반땡이에요?

김어준 감옥에 들어간 사연이 재밌어요. 입원비를 안 낸 거야! 병원에서 입원비를 내라고 독촉하니까 "청와대에서 내줄 거야, 국정원이 내줄 거야, 하여튼 둘 중 한 군데서 주긴 줄 거야" 이렇게 말했는데 아무리 기다려도 안 주니까 결국 병원에서 소송을 해버렸죠. 일이 시끄러워지니까 감옥에 넣어버린 거겠죠, 아마도?

정봉주 제가 감옥을 갔다 와봐서 아는데, 몸에 이상이 있으면 원래 병동에 수감이 돼서 통원 치료를 합니다. 병이 심하면 지정 병원에 입원시킵니다. 그것도 형을 산 걸로 칩니다. 그러니까 집을 오가진 않았을 거고.

김어준 집엔 언제 갔냐면, 아직 형이 확정이 안 돼서 구치소에 있을 땐데 형집행정지를 받아요.

정봉주 아, 형집행정지를?

김어준 형집행정지를 3번인가 연속으로 받아요. 그러니까 감옥에 안 가죠. 그러다가 병원이 소송을 걸어서 사건이 시끄러워질 찰나에 이 사건을 〈조선일보〉가 보도합니다. 〈조선일보〉, 영리해요. 어디가 아픈지를 알아. 그 기사가 〈조선일보〉에만 실린 것 같은데, 그다음부터 좀 시끄러워졌거든요. 자, 이제 직접 취재한 주진우 기자가 디테일을 좀 짚어주십시오.

주진우 2008년 여름이었습니다. 그때 한나라당 의원 중에 임두성 씨라고 있었습니다. 비례대표 2번이었는데, 여성한테 1번을 주고 남성한테 2번을 주니까 굉장히 높은 번호였습니다.

김어준 굉장히 앞 순위죠. 무조건 되는 거죠 무조건.

주진우 이분이 한센병이 있습니다.

김어준 예전의 나병이죠.

주진우 원래 한센병 관계자들은 박근혜 대표하고 친합니다. 육영재단에 문제가 있을 때는 한센인들이 활약을 하셨죠.

김어준 나와서 데모하고.

주진우 그렇게 근혜 누나를 따라다녔는데, 갑자기 이 사람이 친이계의 핵심으로 떠올라서 비례대표 2번을 차지하십니다. 이분이 아주 훌륭하신 분이에요. 전과가 12범입니다. 벌금이 10번, 징역형이 2번인데, 죄질이 더욱 훌륭하십니다. 폭력, 친척 폭행. 그다음 또 폭행.

정봉주 건강이 안 좋으실 텐데 체력이 대단했나 보죠?

주진우 제가 그 동네 깡패들한테 물어봤는데 2~3일 날 새고 도박할 정도로 아주 체력이 대단했다고 합니다. 아무튼 이분이 부정수표법 위반, 폭력, 폭행, 공갈, 사기, 입찰 방해, 뭐 좋은 건 다 있어요. 워낙 훌륭하시니까 한나라당에서 비례대표 2번으로 데려가신 거예요. 그래서 이건 도대체 뭘까?

김어준 거기서부터 시작됐구나.

주진우 그렇습니다. 불광동에서 고양 쪽으로 넘어가는 길에 고양시 식사동이라고 있습니다. 옛날에 한센병 환자들이 천막을 치고 살았는데, 거기가 개발되면서 식사지구라는 동네가 됐죠. 그 주변에 가서 탐문을 했는데, 이건 여사님을 잘 모르는 사람들이 얘기한 거예요.

김어준 여사님이 절대 그럴 분이 아니란 걸 모르는 사람들이 말한 거죠.

주진우 한센인 마을에서는 임두성 의원이 여사님한테 40억 원 헌금을 내고

한센인 마을에서는 임두성 의원이 여사님한테 40억 원 헌금을 내고 공천을 받았다는 소문이 나돌았는데 한센인 관련 재단과 농장에서 뭉칫돈이 발견된 적이 있습니다. 그런데 갑자기 옥희 누나 이름이 나와요. "공천 헌금을 받은 사람은 여사님이 아니라 저예요." 이렇게 나온 거죠.

공천을 받았다는 소문이 나돌았는데 흥미로운 것은 한센인 관련 재단과 농장에서 뭉칫돈이 발견된 적이 있습니다. 20억, 10억, 10억 해서 40억 원이 발견된 것도 맞아요.

김어준 설마 여사님께 간 것은 아니겠죠?

주진우 그때 식사지구 재개발 사업이 한창이었는데, 거기서 나온 돈과 한센인 관련 재단에서 나온 돈이 혹시 그쪽으로 흘러가지 않았을까 해서 제가 파고 다녔습니다. 그러다가 어떤 농원하고 재단의 비자금이 든 통장 거래 내역서를 들고 검찰에 갔죠.

2008년 각하께서 정권을 바로 쥐었을 때입니다. 제가 이 사람은 공천을 못 받을 사람이다, 이 사람이 진짜 핵심한테 돈을 주지 않았으면 못 나왔을 거다. 나 이 기사 쓰겠다. 그랬더니 검사가 저한테 이래요. "진우야 너 그러면 죽어." 내가 "기사를 내면 소송을 걸 테니까 수사 좀 해줘요" 그랬더니 검사가 "그러면 나도 죽어" 그러면서 도망가더라고요. 그러다가 제가 베이징올림픽을 취재하러 갔어요. 스포츠를 워낙 좋아해서 잠깐 취재를 다녀왔습니다. 그런데 그사이에 갑자기 옥희 누나 이름이 나와요. "공천 헌금을 받은 사람은 여사님이 아니라 저예요." 이렇게 나온 거죠.

김어준 자진납세!

비례대표 2번한테서 나온 돈이 어디로 흘러갔는지 추적하고 있었는데 갑자기 액수가 대충 맞춰져서 옥희 언니가 버스조합 이사장한테 공천 사기를 친 걸로 정리됐군요?

주진우 결국 옥희 누나가 아까 말했던 김종원 씨한테 돈을 받고 사기를 친 걸로 사건이 종결됩니다. 이 사건을 종결한 양반이 우병우 검사입니다. 기억이 나실지 모르겠습니다. 노무현 대통령 불러다가 수사한 사람입니다. 정동기 전 민정수석 밑에서 발을 같이 맞추던 사람이고, 수사력은 몰라도 정치력은 아주 뛰어납니다. 집에 돈이 많아요. 처갓집이 골프장을 했는데,

김어준 디테일 나온다, 또.

주진우 유산을 너무 많이 물려줘서 재산 신고를 제대로 못해 아주 골치 아팠던 사람이에요. 그런데 제가 올림픽 갔다 오니까 갑자기,

김어준 비례대표 2번한테서 나온 돈이 어디로 흘러갔는지 추적하고 있었는데 갑자기 액수가 대충 맞춰져서 옥희 언니가 버스조합 이사장한테 공천 사기를 친 걸로 정리됐군요?

주진우 그리고 조금 있다가 비례대표 2번 임두성 의원은 재개발업자들한테 돈 받은 걸로 따로 구속이 됩니다. 현장에서.

정봉주 그때 27억 원인가 받았다는 사건 아닌가요?

주진우 맞습니다.

정봉주 그 기사를 보고 이상했던 게, 국회의원이 어떻게 27억 원 받고 바로 현장 구속이 돼요?

주진우 여러 가지 할 얘기가 있을 텐데, 아무튼 현역 국회의원이 긴급구속으로 바로 체포됩니다.

정봉주 그 기사 보고 깜짝 놀랐어요. BBK 정리하는 과정에서도 느닷없이 에리카 김이 귀국해서 "제가 거짓말했습니다." 그랬거든요. 그러니까 각하의 깊은 뜻, 여사님의 깊은 뜻을 이해하고 누군가가 자진해서 죄를 고백하는 스타일이 예나 지금이나 똑같아요.

주진우 각하가 그렇게 마음이 넓은 것 같아요.

정봉주 내 말이! 그런데도 우리 주위에 각하를 흠집내는 사람들이 너무 많아.

김어준 나부터 내 몸으로 그런 걸 막아서 각하를 지켜드려야지.

제3의 인물의 자진납세

주진우 그때 제가 임두성 의원을 찾아가서 만났어요.

정봉주 구속되기 전에?

주진우 네. 의원회관에 찾아가서.

정봉주 아직도 구속 상태인가요?

주진우 구속 상태이지만, 아마 병원에 있지 않을까요?

김용민 의원직은 잃었습니다.

정봉주 어떤 법을 위반했든지 간에 금고 이상의 형을 받으면 바로 의원직을 상실합니다.

주진우 임두성 의원에게 이렇게 물어봤어요. 당신이 친박이고 전과도 이렇게 많고, 그런데도 비례대표 2번을 받았으니 여사님한테 돈을 갖다준 거 아니냐? 그랬더니 한동안 말을 안 하세요. 풍채도 있고 약간 무섭게 생겼어요. 한참 그러다가 "내가 돈을 주고 그렇게 할 사람 같아?" 그래서 제가

"네" 그랬죠. 그런데 그분이 다른 얘기는 안 하고, "여사님은 절대로 아니다, 여사님과 나의 관계를 흠집 내려는 사람들이 하는 말이다", 그런 뉘앙스의 말씀을 하시더군요.

김용민 여사님이냐고 꼭 짚어서 물어봤나요?

주진우 그렇게 물어봤죠.

김어준 여사님은 아니다? 그렇다면 누군가에게 주긴 줬다?

정봉주 여기서도 같은 패턴이 나와요. 도곡동 땅은 이상은 형님과 김재정 처남이 아닌 제3자의 것이지만 밝힐 순 없다. 누군가가 늘 있는데 그 누군가가 누군지는 아무도 모르는 거야.

주진우 여기서도 제3의 인물이 등장하는데, 사기 사건이라면서 금융조사2부, 아까 말한 우병우 부장이 빨리 받아다가 수사를 진행합니다. 옥희 언니가 "제가 돈 받았어요, 제가 사기 쳤어요" 그러니까 그걸로 그냥 마무리한 겁니다.

김어준 나머지는 아무도 조사 안 하죠.

주진우 임두성 의원은 특수부에서 했는데, 최윤수 부장검사가 구속을 하자마자 "제가 잘못했어요" 이렇게 하고 끝납니다. 한센인 관련 재단과 농장에서 돈이 얼마만큼 나왔다는 건 제가 확인했거든요? 그런데 어디로 갔는지에 대해서는 절대 수사를 안 합니다. 칼자루를 든 검사들의 역할이 이렇게 큽니다.

정봉주 돈의 발신지는 밝혀졌는데 수신지는 오리무중으로 묻혀버리는 거죠.

김어준 이제 마무리. 여사님 사촌언니가 병원에 있었다고 했잖아요. 형집행정지를 연속으로 3번 받는다는 건 굉장히 이례적인 일인데, 그걸 계속 받고 무슨 수술을 한대요. 그러다 보니 병원비가 억대로 쌓인 거예요. 하루 30만 원짜리 특실에만 있었으니까. 병원에서는 사촌언니라니까 당연히 지불해줄 거라고 생각했대요. 아마 본인도 그렇게 생각하고 있었던 것 같아요. 이렇게 대타를 뛰어주면 감옥에도 안 가고 어떻게든 처리해주겠지. 나중에 어떻게 해준다는 식의 거래가 있었을 수도 있고.

주진우 지금도 어느 정도 처리해준 거 아닙니까? 형집행정지로 바깥에 나와 살고. 이 사람들 보석 좋아하지 않습니까. 시끄러워지지만 않았다면 금세 병보석으로 처리했을 겁니다.

김어준 그런데 2010년에 이게 어디서 터졌냐면, 아까 말했듯이 〈조선일보〉에서 보도를 합니다. 〈조선일보〉 기자들이 병원 간호사하고 의사들을 쪼아댄 거예요. "왜 돈이 이렇게 쌓였냐, 김옥희가 뭐라고 말했냐." 간호사들이 뭐라고 했냐면, "청와대 아니면 국정원에서 줄 거라고 했는데 아직 안 줬다." 그래서 결국 국정원 사람들이 병원으로 찾아왔대요. 〈조선일보〉에서 보도를 해서 일이 자꾸 커지니까 찾아온 거죠. 국정원에서는 그 돈을 줄 수 없다고 했대요. 그래서 소송으로 간 겁니다.

이야기가 커지려고 하니까 딱 잘라요. 그리고 형집행정지 연장 신청을 안 받아줘요. 시끄러우니까 감옥에 집어넣어버린 거죠. 이 양반이 어떤 불만이 쌓여 나중에 어떤 얘기를 할지는 모르죠. 나온 다음에 또 어루만져주겠지만.

주진우 지금 보석 신청을 준비하고 있을 텐데, 총수께서 그렇게까지 심하게 말하니 옥희 누나,

김어준 다시 못 나오시려나? 어머나, 죄송해요 옥희 누나.

정봉주 각하에겐 몇 가지 정형화된 패턴이 있어요.

김어준 패턴이 있어요, 패턴이.

정봉주 옛날에 미국에서 만났던 기자, 결혼식 부조금 안 보내줬잖아요? 김경준의 일방적인 주장이지만, 대한민국 사람들은 곧 잊어먹는다. 김옥희,

이 사건에서 석연치 않은 게 있는데, 만약 김옥희 씨가 진짜 사기를 쳤다면 수십억대의 사기를 당한 피해자가 당연히 반환 청구 소송을 해야 하거든요? 그런 게 없어요.

온몸으로 막아줬는데 병원비 왜 안 대줬냐? 그거 좀 지나면 잊어먹는다. (칼칼칼)

이 사건에서 석연치 않은 게 있는데, 만약 김옥희 씨가 진짜 사기를 쳤다면 수십억대의 사기를 당한 피해자가 당연히 반환 청구 소송을 해야 하거든요? 그런 게 없어요.

주진우 절대! 그거는 각하의 품안에서.

김어준 참으로 희한한 사건이죠.

정봉주 2012년에 제가 국회의원이 되면 정말 바쁘겠어요. 청문회 할 게 한두 건이어야지, 원.

주진우 깔때기 나오는 걸 보니 마무리할 때가 된 것 같습니다.

– 이상 10회

각하의 알바 천국

어버이연합 "손자가 보면 쪽팔리잖아"

김어준 어버이연합 얘기 한번 해볼까요? 이 얘기를 왜 하려고 하냐면, 한진중공업 희망버스.

주진우 제가 그 현장에 있었습니다.

김어준 아, 그래요? 그거 막으려고 어버이연합이 참희망버슨가 뭐, 말도 안 되는 거.

김용민 노망버스 아니고?

김어준 어버이연합? 당연히 돈 받고 하는 사람들이죠. 그리고 어버이연합이 동원된 것처럼 요즘 댓글부대도 활발하게 활동하고 있습니다. 이게 언제부터 시작됐냐면,

정봉주 촛불집회 후에?

김어준 이렇게 동원된 각하 정권의 댓글부대 기원을 제가 알고 있어요. 아, 재밌어. 졸라 길지만 그 기원만 얘기할게요. 먼저 어버이연합부터 잠깐 얘

기하면, 2년 전인가 3년 전인가 어버이연합이라는 이름이 언론에 처음 등장했을 때였어요. 제가 신문을 보다가 '오, 골 때린다 이거.' 저는 골 때리면 바로 가입하거든요. 그래서 인터넷 졸라 찾아서 바로 가입했어요. 그때는 회원이 얼마 없었어요. 생긴 지는 2~3년 됐는데 회원이 40~50명 정도? 게시판을 보니까 한두 사람인가가 몇 페이지 쓰고 나머진 전부 욕이야. '야, 이 미친놈들아.' 그러니까 가입자 거의 전부가 열 받아서 욕하러 들어온 거야. 나는 얘들이 도대체 뭔가 싶어서 들어간 거고. 도대체 어버이들을 어디서 어떤 방식으로 모았는지 온라인 카페도 있긴 한데 사실상 활동이 전혀 없어요. 2년 전까지는 분명히 그랬습니다. 이쪽이 기관의 지원과 관리를 받는 건 분명하겠죠?

주진우 그건 확실합니다. 그런데 지금은 끊겼을 것 같습니다. 어떤 기관이 어떻게 움직였다는 것까지는 제가 알고 있습니다.

김어준 대략 이런저런 기관, 우리가 흔히 생각하는 기관들에서 담당자들이 모든 행사에 플래카드에서부터 자질구레한 것까지 필요한 돈을 꽂아주는 거예요.

주진우 사진 찍어서 가지고 가면 돈 줍니다.

정봉주 그러니까 일당 뛰는 거네요.

주진우 한진중공업 취재하러 부산에 갔는데, 어버이연합 버스도 많이 오고 밤에 선글라스 낀 할아버지들이 골목을 막고 '센터'를 까요. 민증 내놓으래요.

김어준 자기들이 뭔데 민증을 까래? 더 골 때리는 건 경찰이 가만히 있어.

주진우 길 가운데서 버스를 막고 할아버지들이 올라가서 민증을 검사하고, 서울 사람이나 외지 사람들은 끌어내려요. 경찰이 좀 밀고 그러잖아요? 그러면 "야, 같은 편이야, 같은 편" 이러면서 가요. 어버이연합이 교복 같은 건 없는데 특징은 모자와 선글라스입니다. 밤 10시 반 11시 반에도 선글라스를 껴요. 제가 옆에 서 있다가 여쭤봤어요. "할아버지 힘드시죠?" "어, 힘들어." "그런데 뭐 하러 오셨어요?" "그래도 와야지." "선글라스 끼면 좀 보여요?" "안 보여." "그럼 벗으세요" 했더니 "손자가 보면 쪽팔리잖아" 이러세요. 그분들 서울광장에 집회하러 오지 않습니까? 전부 선글라스를 착용하는데 전철 탈 때는 다 벗습니다. 제가 직접 목격했어요.

김어준 다음주에 또 이어서 하죠. 지금 포털에서 열심히 뛰고 있는 '댓글 알바'들의 기원이 있어요.

– 이상 13회

댓글부대에게 봉사활동 증명서를?

김어준 댓글부대, 이거 진짜 재밌는 얘기예요. 사실 과거에도 총선, 대선 앞두고 정당들이 조직적으로 댓글부대를 돌렸습니다. 한나라당이 더 조직적으로 했죠. 그때 예를 들면, 중앙에서는 선수급으로 10명, 20명을 직할합니다. 나머지는 선거 때 우후죽순으로 생기는 외곽 단체들입니다. 소위 선거 떡고물을 먹으려는 외곽 단체들이 우르르 생기고, 거기서 알바가 뛥니다. 그러면 중앙에서 박스로 돈 집어줘요. 영수증도 없이. 이런 거 하루 이틀 본 게 아니죠. 〈딴지일보〉가 최초의 인터넷 매체이기 때문에 댓글부대 역사를 다 지켜봤어요.

그런데 어라? 지난 2009년, 선거 때도 아닌데 댓글부대가 나타난 게 감지됐어! 게시판 보면 알거든요. 댓글부대들은 기본적으로 아이디부터가 달라. 아이디에 이상한 글씨의 조합이나 숫자의 조합 많고, 똑같은 글 계속 올리고. 얘들도 등급이 있거든요. 조장들은 그래도 논리를 좀 만들어

각하가 청와대 내부에 온라인 관리팀을 두셨어요. 그런데 댓글 달린 걸 보시다가 각하께서 친히 그 팀에 내려오십니다. 내려오셔서 이렇게 얘기한답니다. "내가 그거 댓글 달라고 했는데 왜 아직도 안 달았어?" 아, 웃겨. 진짜래. 아, 섬세해.

내지만 그 밑의 알바들은 그냥 하루에 몇 개, 숫자로 해서 돈 받는 애들이니까. 그래서 딱 보면 알아! 그런데 조직이야, 규모가!

주진우 2009년에 어떤 사안 때문에?

김어준 촛불.

김용민 2009년이면 노무현 대통령 서거.

정봉주 저하고 처음 얘기한 게 촛불 지나서죠.

김어준 착각했네. 2008년 이후부터예요. 촛불 끝나고 나서 갑자기 댓글부대가 확 등장했어요. 조직적으로 움직이는데 이 정도면 정당이 돌리는 규모야. 그래서 바로 한나라당 끄나풀들에게 연락을 했죠. "니들 댓글 돌리냐? 선거 기간도 아닌데 왜 그러냐?" 그랬더니 안 돌린대요. 개인이 할 수 있는 규모가 아닌데. 그래서 점조직원을 풀가동해서 파악했더니 골 때리는 정보가 입수됐어요. 정말로 골 때리는. 댓글부대를 각하가 직접 돌린다는 거야. 어떻게 된 거냐면, 우리 각하가 청와대 내부에 온라인 관리팀을 두셨어요. 그건 아시죠? 그런데 댓글 달린 걸 보시다가 각하께서 친히 그 팀에 내려오십니다. 내려오셔서 이렇게 얘기한답니다. "내가 그거 댓글 달라고 했는데 왜 아직도 안 달았어?" 아, 웃겨. 진짜래. 아, 섬세해. (푸하하)

정봉주 정말 꼼꼼하고 섬세하신 분이야.

김어준 그리고 말단 행정관들 있는 데 내려오는 소박함!

정봉주 자애로움! 그분들 일당 못 받을까 봐.

주진우 넓고 깊은 마음 씀!

김어준 시민들이 쓴 댓글 하나까지 세심하게 살펴보시는 소통!

정봉주 호연지기와 자애로움의 디테일을 동시에 갖고 계셔서 대통령이 됐나 봐요.

김어준 원래 각하 정도 되면 홍보수석 불러서 "온라인은 잘 관리하고 있나?" 이 정도만 하면 되는데 직접 내려오시는 거야. 왜 아직 댓글 안 달았냐고. (푸하하)

정봉주 행정관들이 감동 먹었겠네.

김어준 감동 먹었죠. 그랬으니까 그 사실을 알려주죠. 행정관을 통해, 통해. 누군지는 절대 말할 수 없습니다. 하지만 세상에 비밀은 없어요. 하여튼 국민 게시물 하나하나까지 챙기는 세심함, 신비로운 소통 능력. 그리고 청와대를 댓글부대로 만드시는 IT 대통령인 거죠. 그런데 이 댓글부대가 업그레이드됩니다. 청와대 내부에서만 돌리기엔 한계가 있잖아요. 전 네티즌을 어떻게 상대해요. 그러니까 외곽 조직이 생겨요.

그때 댓글, 데모, 성명, 기자회견, 광고 이런 걸 전부 다 하는 소위 보수단체들이 전방위로 선전전을 펼칩니다. 동남권 신공항 백지화 때는 바른민주시민개혁인가 뭔가, 거기 윤 의장이라는 분이 있었어요. 양심선언도 했죠. 돈 받고 했다고. 여론 조작 행동대장이었다고. 청와대 행정관의 지시를 받고, 돈은 경제단체에서 받았다고.

이런 범용 조직 말고 댓글로 특화된 조직이 있어요. 댓글 조직을 따로 만든 거죠. 업그레이드된 본격적인 댓글부대가 탄생합니다. 행정망 갖고는 안 되니까. 뒤지면 아이피도 나오니까. 바람직한 인터넷 댓글달기 운동을 하는 'e클린연대'인가 하는 조직이 만들어집니다. 각하께서는 과거에 댓글부대가 음지에서 일하는 것이 마음이 아팠던 거야! 댓글부대를 양지로 끌어내는 자애로움.

진짜 지랄인 게 뭐냐면 공식적으로 알바를 모읍니다. 댓글 알바는 보통 알음알음으로 모은단 말이죠. 그런데 여기서는 공식적으로 모아요. 학생들에게 봉사활동 증명서도 줘요. 댓글 달았다고. 졸라 창의적이야. 그리고 알바비를 줘야 하니까 방통위 지원금을 땡겨와요. 행안부 보조금도 몇 천만 원씩 받아요.

정봉주 누가 제보했는지 상당히 상세하네요.

김어준 정확한 정봅니다. 처음에는 우리 각하가 열을 좀 받으셨습니다. 청와대 말단 행정관들에게 직접 지시를 하다가 그것 가지고는 안 되겠다, 상시 조직을 만들어야겠다 하신 거죠. 그런데 음지에서 일을 하면 돈 대주고 그런 일이 복잡하잖아요. 그래서 공식 조직으로 시민단체를 만들어야겠다, 이렇게 업그레이드된 거죠. 알바도 아예 공식적으로 모집하고 봉사활동을 인정해주는 거죠. 증명서로 학점 나오잖습니까. 굉장히 창의적이에요.

주진우 그 친구들이 봉사활동으로 단 댓글의 내용이 뭔지 궁금해지네요.

김어준 각하 찬양 일색이에요. 그다음에 야당 비난. 다 그런 내용이에요.

주진우 앞으로 제가 심층 취재해서 기사로 보여드리겠습니다.

김어준 청와대 댓글부대화를 최초로 이룩하신.

정봉주 청와대 댓글부대는 〈시사IN〉 커버스토리 감이죠.

김어준 댓글부대 시민단체화를 이룩하셨죠.

주진우 각하는 참 위대하신 거 같아요.

김어준 댓글부대를 양성화해서 끌어올리는 건 아무나 생각할 수 없는 거거든요.

주진우 10만 양병설 이후로는 각하가 최초야.

'e클린연대'인가 여기서는 공식적으로 모아요. 학생들에게 봉사활동 증명서도 줘요. 댓글 달았다고. 졸라 창의적이야. 그리고 알바비를 줘야 하니까 방통위 지원금을 땡겨와요. 행안부 보조금도 몇 천만 원씩 받아요.

정봉주 그런데 트위터와 페이스북에는 대응을 못하더라고요.

김어준 거긴 방법이 없잖아.

정봉주 최근에 어떤 분이 이런 글을 달았어요. '나꼼수 인천공항 얘기를 듣고 동남권 신공항을 백지화한 이유를 알겠다. 매출이 분산되니까.' (캴캴캴)

김어준 우리도 못 본 지점을. (푸하하)

정봉주 가게가 하나 더 생겨서 매출이 줄어!

김어준 댓글부대는 정말 쏠쏠한 재미가 있습니다. 각하의 세심함이 극단적으로 드러나는 이야기죠. 나머지 디테일은 주진우 기자에게 기대합니다.

– 이상 14회

큰 목사님과 나비부인

큰 목사님과 큰 주먹

주진우 각하를 보면, 여러모로 여의도에 있는 큰 목사님이 생각나요.

김용민 조용기 목사님?

주진우 조용기 목사님하고 각하께선 각별하세요. 박근혜 대표하고 경선할 때도 투표 전날 전화를 하셨답니다. "걱정 마십시오 각하, 2% 포인트 차이로 이긴답니다." 각하하고 큰 목사님은 면면이 닮았습니다. 일단 조 목사님이 로맨티스트거든요. 여자를 만나면 일단 이름부터 지어줘요. 진짜.

김어준 유명한 일화가 있어요. 프랑스의 나비부인. 굉장히 유명한 건데, 간략하게 좀 말씀해주시죠. 종교 전문, 목사 아들 돼지.

김용민 인터넷신문에 다니던 선배 이야기예요. 나비부인한테서 연락이 왔답니다. 프랑스로 건너오면 조용기 목사와 관련한 자료를 주겠다고. 그래서 갔는데 연락이 두절됐대요.

주진우 그 누나도 저하고만 얘기해요. (수줍수줍)

인터넷신문에 다니던 선배 이야기예요. 나비부인한테서 연락이 왔답니다. 프랑스로 건너오면 조용기 목사와 관련한 자료를 주겠다고. 그분이 소설책을 냅니다. 〈나는 파리의 나비부인〉. 그런데 몇 쇄가 나왔는지 모르지만 그 책을 본 사람이 한 명도 없어요.

김용민 그분이 소설책을 냅니다. 〈나는 파리의 나비부인〉. 그런데 몇 쇄가 나왔는지 모르지만 그 책을 본 사람이 한 명도 없어요.

주진우 저는 봤어요.

김어준 내용이 뭐냐면, 자기가 어떤 목사님의 '파리의 나비부인'이었다는 건데, 출판사에서 나오긴 하는데 서점에 책은 없습니다. 돈이 떨어질 때가 되면 책을 낸다?

주진우 제가 큰 목사님에 대해서 심층 취재를 해서 17페이지짜리 기사를 썼는데,

김용민 그 기사 중에서 제일 재미있었던 건, 조용기 목사와 세 아들, 이 4부자의 병역 기간을 다 합했더니 7개월이다. (킬킬킬)

주진우 제가 조용기 목사에 대해서 관심을 가진 건 조폭들을 취재할 때였는데, 조폭이 가장 존경하는 사람이 큰 목사님이에요. 왜 그런가 했더니, 동그란 돈하고 관련이 있나 봐요. 조양은 씨하고 만나서 취재했는데 "순복음교회 매점을 내가 하고 있다, 내 자판기도 몇 개가 있다" 이렇게 얘기하세요. 또 김태촌 씨는 신앙 간증을 많이 하셨죠. 교회 M&A에도 많이 관여했다고 김태촌 씨는 말합니다. 제가 '큰 목사님, 큰 주먹을 사랑하다'라는 제목으로 기사를 썼습니다. 조용기 목사와 김태촌, 그리고 옆에 쭉 보디가드들을 세워놓고 찍은 사진을 실었습니다. 김태촌 씨는 큰 목사님의 장남

조희준 씨가 이혼하는 데도 관여했네, 협박도 하고 장인에게 술을 많이 먹였네, 어쨌네 그런 말을 했습니다. 그런데 그걸 기사로 썼더니 김태촌 씨에게서 전화가 왔어요. "어떻게 자네가 나한테 이럴 수 있나? 기사 쓴다고 말도 안 하고 그럴 수 있나?" 그래서 "기사 쓴다고 하면 못 쓰게 하셨을 거잖아요" 이렇게 대답했죠. 그분은 목소리 톤이 우리보다 두 옥타브 높아요. 카리스마 있게. "어떻게 나한테 그럴 수 있나?" 그러면서 죽이네 살리네 계속 그러셨어요. "아니 뭐 남자가 쩨쩨하게 그런 걸로 그러세요?" 했더니 한마디 하세요. "그런가?" 그 이후에 한동안 저를 잡으러 다니셨어요. 그래서 시청 앞에서 만나기로 하고 튀었죠. – 이상 9회

〈나는 파리의 나비부인〉

김어준 자, 그러면 지난주에 못다 한 이야기 이어서.

주진우 제가 자료를 조금 가지고 왔어요. 이분이 그분입니다.

김어준 아, 옆에 계시는 분이.

정봉주 나비부인이시구나.

김어준 어머, 나비부인. 느낌이 옵니다.

김용민 나비부인은 한국인 최초로 파리 오페라단 소프라노 가수를 역임했던 J모 씨.

주진우 대전에서 1946년에 태어나서 서울대 음대를 나오시고 프랑스로 가서 파리에 살고 계십니다. 거기서 소설을 한 편 쓰셨어요.

김어준 〈나는 파리의 나비부인〉.

주진우 도서출판 띠앗에서 나왔고, 정가가 8천 원인데 아무도 살 수 없는 책

입니다.

김어준 디테일 또 나온다.

주진우 저하고 친한 스님이 한 분 계신데 혜문 스님입니다. 불공보다는 사회 문제에 관심이 많고 기사를 저보다 많이 쓰시는 분이에요. 그분이 지난 연말에 '시민기자상'을 타셨어요. 저한테 물어보세요. "주 기자는 무슨 기자상 탔어?" "저는 못 탔죠" 그랬더니, "중이 기사 쓰고 기자는 놀고 있으니 사회가 바로 되겠어?" 그러더라고요. 그분하고 저하고 차를 타고 가는데 라디오에서 어떤 학원 원장이 학생들한테 "나한테 성적으로 잘하면 성적이 오른다" 뭐 그랬다는 뉴스가 나오자 그분이 "허허, 저거는 중이나 목사가 하는 짓인데 속인이 저러고 있어" 하시더군요.

목사님과의 예기치 않은 사랑. 조금만 읽을게요. 이건 소설입니다.

'헌 옷도 다 버리고 새 옷으로 바꾸라고 했다. 그 목사님이. 건강검진도 받고 집도 깨끗이 단장하라고 권했다. 침대도 모두 다 새것으로 시작하기를 원했다. 나는 그분의 말대로 우선 아파트를 다시 깨끗하게 단장하기로 했다. 내가 너를 떳떳하게 내놓고 사랑할 수 없는 입장에서 네가 불쌍해서 많이 울었다.'

큰 목사님은 눈물이 많으신 분입니다.

김어준 자애로우셔.

주진우 그렇지만 제가 기사 썼다가 120억 원 소송을 당했습니다. 〈시사저널〉 다닐 때 교회 성도들이 회사 앞에 몰려와서 "사탄 기자 물러나라, 주 기자를 죽이자" 그랬습니다.

정봉주 사탄 기자가 맞긴 맞아, 내가 봐도.

김어준 악마 같은 기자야, 아주.

주진우 자, 뒤로 넘어갑니다.

'우리는 다시 둘만의 시간을 가질 수 있었다. 목사님이 나를 위해 준비해온 반지를 끼워주면서 하나님께 기도를 했다.'

기도는 잘하시는 분이잖아요.

김어준 얼마나 좋으셨겠어.

주진우 '나를 영의 아내로 삼고.' 영이 뭐죠?

김어준 '성령' 할 때의 영靈.

주진우 젊음의 영young 아닐까요?

김용민 그게 아니고요. 그 왜, 오정현 목사라고 '사랑의 교회' 있잖아요. 지금 서초동 법원 건너편에 2천500억 원 들여서 새 교회를 짓는데 교회 안에서 반대하는 목소리들이 많아요. 왜 자꾸 대형 교회, 새 건물을 지어서 물의를 빚느냐고. 이때 오정현 목사가 무슨 말을 했냐면, "반대하는 사람들은 영적 공무 집행을 방해하고 있다."

주진우 그런 식이라면, 저는 당장 구속이네요.

김용민 저는 영적 '영업 방해'가 아닐까, 이런 생각이 들어요.

주진우 한 대목 더 읽겠습니다.

'그분은 나에게 용돈을 두둑하게 주며 외국에서 설교해서 받은 돈이니 네게 줘도 된다고 하셨다. 고생하지 말고 집안일 하는 사람도 쓰고 새 옷도 사 입고.'

역시 옷에 관심이 많으세요. 각하와 더불어서.

'이튿날 목사님은 나와 함께 시간을 좀 더 가지려고 골프 약속도 취소하고 우리 집에서 내가 해드리는 점심을 드시기로 했다. 골프를 쳐도 공이 비켜나고, 목회도 하기 싫고. 그분을 만난 이후로는.'

여기까지만 읽죠.

정봉주 아주 순수하게, 사랑에 푹 빠졌네.

주진우 사랑인가요?

정봉주 영의 부인이니까.

주진우 마음 씀이죠.

김어준 그런 나비부인, 자세하게 여러 가지가 기록돼 있으나 시중에서는 구할 수 없죠. 출판돼서 새로 나오기만 하면 곧장 사라집니다. 시장에서. 전량이.

정봉주 1946년생이면 이제 우리 나이로 66세인데, 몇 년도에 만난 건가요?

김어준 20여 년 전이니까, 사십대일 때.

주진우 제가 호텔 인보이스invoice를 보니까 1993년, 1994년에 집중적으로.

김어준 아니 도대체, 호텔 인보이스는 어떻게 구했어?

주진우 저는 그런 거 다 구합니다. 15장쯤 있습니다.

김용민 심지어 그 얼굴 큰 목사님 팬티까지 입수했다는 이야기를 들었어요.

주진우 그런 얘긴 하지 마세요. 120억 소송 또 몰려와요.

김어준 유전자 감식을 하면 나오겠는데? 그 빤스.

주진우 왜 자꾸 그래. 변호사들이 나한테 나꼼수 계속 나갈 거냐고 자꾸만 걱정해.

– 이상 10회

순복음교회 격투기

큰 목사의 믿음, 소망 그리고 돈

"욕심은 우상숭배가 되어서 하나님의 심판을 받게 되는 것입니다. 나는 최근에 우리 교회 성도 중 일부분이 저나 저의 가족을 가지고서 왈가왈부하는 것을 보고도 가만히 있었습니다. 대답을 안 했지만 오늘은 대답을 한번 해볼까 합니다.

우리 교회에서 500억을 기초 돈으로 주셨어요. 그 돈, 내 돈 아닙니다. '사랑과 행복 나누기 운동'을 해서 가난하고 헐벗고 굶주린 사람을 도우려고 하는데, 그것을 가지고서 자꾸 조용기와 그 가족들이 돈을 빼먹는다고 하니까 가만히 생각하니까 기가 막혀요. 그것을 문서로 해서 돌리고 인터넷에 올리고 서명을 해서 나를 골탕을 먹이려고 한다는 말을 듣고.

거짓말을 자꾸 하면 참말이 되어요. 그래서 가만히 참고 있다가 더 이상 이대로 있으면 안 되겠다. 왜냐하면, 교회 일부분의 사람들이 원로가 되었다고 나의 발목을 붙잡고 나에게 흉악한 그물을 덮어씌우는 사람이 있으면, 앉아서 한번 둘이 대면해보고 싶습니다. 누가 교회를 위해서 더 많이 헌금을 냈는지 헌금 계산을 한번 해보자. 헌금을 얼마나 내었는지, 내었으면 그것을 가지고서 교회를 사랑한다는 증거를 내세워야 되는 것입니다.

행함이 없는 믿음은 죽은 믿음이고 증거가 없는 사랑은 사랑이 아닌 것입니다. 누구든지 교만과 탐욕이 들어오면 하나님이 떠나시는 것입니다. 그러므로 우리는 교만과 탐욕을 경계하여 항상 두려워하고 뱀을 집어내야 되는 것입니다."

– 조용기 목사

김용민 교계의 각하 큰 목사님의 말씀입니다.

김어준 돈을 많이 낸 것으로 신앙심을 증명하라고 하셨네요.

주진우 큰 목사님이 다시 크게 주목받고 있습니다. 2011년 8월 16일 63빌딩 레스토랑에서, 역시 기자회견도 폼이 납니다. 기독교시민연대 대표 김경직 목사가 기자회견을 합니다. 조 목사님 가족의 교회와 관련해 '교회를 장악하려는 음모를 폭로한다.' 김경직 목사도 아주 큰 목사입니다.

김어준 큰 목사님은 주진우 기자가 전공이에요.

주진우 큰 목사님 얘기를 제가 하도 했더니 순복음교회의 한 목사님이 얼마 전 책을 한 권 만들어가지고 오셨어요. '나꼼수'에서 말한 걸 녹취록으로 만들어서 우리 사진까지 붙여서 가져왔더라고요. 저한테 새끼손가락 걸면서 약속을 해달라고 해요. 큰 목사님 얘기는 이제 자제해달라고. 그만 해달라고. 그래서 제가 어쩔 수 없이 손가락을 걸면서 약속했습니다. 자제는 하면서 계속하겠다고. 그런데 그분이 이런 얘기를 해요. '가족들이 순복음교회를 먹으려고 한다. 그래서 이 모든 분란이 생겼다. 이영훈 담임목사를 흔들고 있다.'

김어준 여기서 일반인들이 궁금해할 만한 것이 있는데, 순복음교회는 원래

저는 우리 조용기 큰 목사님 때문에 첫 직장을 잃었어요. 김장환 목사님이 하는 극동방송 PD로 있었는데 순복음교회가 극동방송에 거액의 헌금을 하거든요. '그런데 니들이 어떻게, 소속 구성원이 우리 목사님을 욕할 수 있느냐?' 뭐 이런 식으로.

조용기 목사님 소유가 아닌가요?

주진우 지금 조용기 목사님이 일흔여섯입니다. 원래는 65세에 은퇴하려고 하셨어요. 여의도 순복음교회는 대한민국에서, 전 세계에서 제일 큰 교회입니다.

김어준 단일 교회 중에서.

주진우 등록 신자만 해도 80만 명에 가깝습니다.

정봉주 단일 종파죠?

주진우 '기하성'이라고.

김용민 기독교 대한 하나님의 성회.

김어준 김용민이 저쪽 전공이에요. 목사 아들 돼지.

김용민 조용기 목사의 동생이 있어요. 조용목 목사인데.

주진우 그분도 큰 목사입니다. 수도권 밖에서.

김용민 저는 우리 조용기 큰 목사님 때문에 첫 직장을 잃었어요. 김장환 목사님이 하는 극동방송 PD로 있었는데 〈신동아〉 2000년 9월호를 보고 아주 열 받았어요. 아들을 위해서 교회 돈을 들여서 스포츠 신문을 만들었는데 그 신문이 굉장히 음란했습니다. 살색이 많았어요.

주진우 그 아드님 설명은 제가 조금 있다가 하겠습니다.

김용민 그래서 제가 홈페이지를 만들었습니다. '조용기 목사님 용기를 내십시오.' 제목은 그렇게 하고, 내용은 목사님 아들이 세상을 혼탁하게 만들고 있다, 이래서야 되겠는가, 이런 글을 올렸어요.

그 후 순복음교회에서 극동방송사로 공문을 보냅니다. '김용민에게 조치를 취해라.' 순복음교회가 극동방송에 거액의 헌금을 하거든요. '그런데 니들이 어떻게, 소속 구성원이 우리 목사님을 욕할 수 있느냐?' 뭐 이런 식으로. 다른 사람한테 들은 얘긴데, 우리 김장환 목사님은 저를 PD에서 송신소 청경으로 보내려고 했대요. 사실인지는 모르겠지만. 이게 불발이 됐어요. 그 이유는 저한테 맞는 옷이 없어서. 제 몸무게가 세 자리 아닙니까. 그런데 너무 화가 나더라고요. 사실 방송국에서 잘리기 전까지만 해도 제가 굉장히 보수 쪽이었습니다. 〈조선일보〉만 봤고.

김어준 그러니까 조 목사님이 당신을 인도하신 거야. 감사하게 여겨.

김용민 1997년 대선 때도 김대중 대통령을 찍지 않고 이회창 후보를 찍었습니다. 아마 그때 안 잘렸으면 아주 순수한 신앙인으로서,

주진우 지금 큰 목사님 칭송하는 특집 시리즈를 만들고 있을 사람인데, 반대쪽에서 만들고 있네요.

김용민 동원예비군 훈련 소집이 나와서 3박4일 동안 들어가기 전에 그 공문을 홈페이지에 걸었습니다. 순복음교회가 김용민을 인사 조치하라고 했다고 광고한 거죠. 훈련을 마치고 나오니까 김장환 목사가 만나재요. "루터처럼 종교를 개혁하려면 나가서 해라."

김어준 원점으로 돌아가서.

김용민 여기서 순복음교회의 구도를 좀 봐야 됩니다. 조용기 목사의 처남 김성광 목사, 조용기 목사의 부인 김성혜 한세대 총장, 그다음에 큰아들 조희준, 이렇게 셋이 한 묶음입니다. 김성광 목사는 어떤 사람이냐면, 천안함 사건 때 '북한 소행'이라는 발표가 나기도 전이었는데 '천안함 안에 종북·

좌파 승조원이 있어서 자살 폭탄테러를 했을 가능성이 있다'고 주장한 사람입니다.

> "요즘 우리나라가 혼란에 빠져서 이 좌파들이, 이 북한의 친북·종북 세력들이, 불교에도 좌파 불교, 천주교에도 좌파 천주교, 판사도 좌파 판사, 교수도 좌파 교수들, 막 여기저기서 들고 일어나 정신이 없는데, 군대 안에도 좌파가 없을 수는 없습니다. 만약 군대 안에도 좌파들이 고의적으로 폭탄을 터트려서 배를 갈라놨다면 이 책임은 누가 져야 되겠습니까." - 김성광 목사

정봉주 아, 어마어마하신 분이네.

김용민 기도 제목이 '김일성, 김정일, 김대중 때려잡자.' 뭐 이런 분이에요.

주진우 김성광 목사는 강남교회라고 대치동에 있는 큰 교회에 계신데 '노무현 대통령은 혀를 수술했어야 된다'고도 말씀하셨습니다.

김용민 여의도 순복음교회 출범 당시에 양대 지분을 가진 사람이 조용기 목사와 최자실 목사입니다. 최자실 목사는 조용기 목사의 장모님이죠.

주진우 파고다공원(탑골공원) 앞에서 북 치면서 예수 믿으세요, 했던 분입니다.

김용민 할렐루야 아줌마 아닌가요?

주진우 맞습니다. 계속할게요. 조용기 목사님이 10년 전에 이미 은퇴했어야 하는데 '기하성' 헌법을 계속 고치면서 연임을 해왔습니다. 그러다가 물러나면서 아들을 후계자로 삼으려고 했어요. 아들들이 '불세출의 스타'들입니다. 조금 있다 자세히 설명하겠습니다.

그런데 대물림이 잘 안 됩니다. 그러자 갑자기 김성혜 한세대 총장, 그러니까 조 목사님 부인한테 목사 안수를 받게 해요. 그러나 그것도 안 되

김성혜 여사와 큰아들 조희준이 〈국민일보〉 노승숙 회장에게 사퇴하라고 요구합니다. 노승숙 씨는 둘째아들 조민제 씨의 장인입니다. 그때부터 순복음교회는 행복과 사랑으로부터 멀어지고, 싸움과 소송이 충만한 교회로 갑니다.

고 처남 김성광 목사한테 주려다가 그것도 안 되고. 결국 조용기 목사님이 2008년 5월에 순복음교회 당회장에서 은퇴하십니다. 그러면서도 주일날 4시 설교권은 갖고 있습니다. 조용기 목사님은 순복음교회와 떼놓을 수 없는, 그런 카리스마를 갖고 있습니다. 교회에서 은퇴금 500억 원을 받았는데, 그 돈을 헌납해서 재단을 만드십니다. 우리 목사님은 재산에 한 푼도 욕심이 없는 분입니다.

정봉주 우리 각하처럼?

주진우 그 재단이 바로 '사랑과 행복 나눔 재단'입니다.

김어준 재벌의 특별한 비법을 배우셨네.

주진우 역시 각하끼리는 통하는 점이 있어요. 그런데 2010년 7월에 김성혜 여사와 큰아들 조희준이 〈국민일보〉 노승숙 회장에게 사퇴하라고 요구합니다. 노승숙 씨는 둘째아들 조민제 씨의 장인입니다. 그때부터 순복음교회는 행복과 사랑으로부터 멀어지고, 싸움과 소송이 충만한 교회로 갑니다. 당시 〈국민일보〉 사장은 조민제 씨였습니다.

김어준 그러니까 형하고 엄마가 동생을 친 거네요?

주진우 조민제 씨는 교회 돈과 조용기 목사님 돈으로 50억 원을 만들어서 주가 조작을 했다는 혐의로 검찰 조사를 받아요.

정봉주 주가 조작 또 나오네. 수법이 다 똑같아. 재단 만들고 주가 조작하고.

주진우 그러니까 우리가 각하님들을 찬양해야죠. 일단 기본적으로 믿음, 소망, 사랑 중에 그중에 제일은 소망이고, 그다음에 돈이잖습니까. 이제 본격적으로 들어갑니다. 왜 이분들이 치고 나왔냐. 조용기 목사님이 카리스마가 있고 장악력이 있지만 지금 편찮으십니다. 2006년 12월에 파킨슨병 진단을 받습니다. 큰아들인 조희준 전 〈국민일보〉 회장이 이렇게 말했습니다. "내가 잘 아는데, 이 병은 5년이 지나면 휠체어에 앉을 수밖에 없어." 조희준 씨 수하인 전 〈국민일보〉 경리팀장이 이렇게 말합니다. "목사님이 살아 계실 때 재산 정리를 해놔야 시끄럽지 않다는 게 김성혜 총장님의 생각입니다." 그래서 치고 들어간 겁니다. 목사님이 건강할 때 재산을 나눠야 되니까. 잘 알다시피 조희준 씨는 과거에 〈국민일보〉 회장을 하면서 여러 계열사를 만들고, 여러 연예인을 만나고, 회사돈을 빼돌렸다가 감옥에 갔지 않습니까. 그 양반이 이런 말을 해요. "상훈이 형 석현이 형도 나왔는데 내가 무슨 잘못을 했냐."

김용민 방상훈 〈조선일보〉, 홍석현 〈중앙일보〉.

주진우 조희준 씨가 다시 신문사에 오려고 해요. 왜냐하면 조용기 목사님이 다른 사업체를 만들기에는 힘이 약하거든요. 그런데 조 목사님이 최근에 건강이 많이 나아지셨어요. 저는 그동안 기도를 많이 하셨구나, 이렇게 생각했죠. 그런데 목사님 음성을 제가 들었습니다. "2010년 성도들이 기도해주고 좋은 약을 추천해주셔서 제가 건강을 되찾을 수 있었습니다. 무엇보다도 집사람이 많이 돌봐줬는데, 어떤 목사님이 안마사를 소개시켜줘서." 병을 안마로 극복하신 아주 훌륭하신 분입니다.

건강을 되찾아서 본격적으로 재산 문제를 정리하려고 하자 그때부터 싸움이 시작됩니다. 김성혜, 조희준 씨가 노승숙, 조민제, 송인근 씨를 검찰에 고발합니다. 그러자 교회개혁실천연대와 〈국민일보〉 노조가 비상대

재단 이사회가 조용기 목사를 총재로 추대하고 신임 이사장으로 김성혜 여사님을 선출합니다. 그리고 김창대 장로를 이사회에 넣습니다. 김창대 장로 아시죠? 청계재단 김창대. 동지상고.

책위원회를 꾸리고 김성혜 여사님을 특별범죄가중처벌 및 배임 혐의로 고발합니다. 고소 고발이 계속됩니다. 그래서 2011년 4월 25일 조용기 목사가 새벽에 설교를 하다가 무릎을 턱하니 꿇는 겁니다.

김어준 아, 그게 그 사건이군요.

주진우 그렇죠, 무릎기도. '제가 여러분에게 잘못했다'면서 무릎을 꿇고 엎드려 큰절을 하시는 겁니다. "저를 사랑해주고 우리 가족을 사랑해주십시오. 모든 직책을 내려놓겠습니다." 울면서 사과를 하셨습니다. 그 후 조용기 목사님은 모든 직책에서 물러나십니다. 김성혜 여사님과 큰아들 조희준도 재단에 사표를 냅니다. 저는 그걸로 갈등이 봉합되는 줄 알았어요. 그런데 조금 있다 보니까 사표가 반려돼요. 그다음에 벌어진 일이 뭐냐면, 재단 이사회가 조용기 목사를 총재로 추대하고 신임 이사장으로 김성혜 여사님을 선출합니다. 그리고 김창대 장로를 이사회에 넣습니다. 김창대 장로 아시죠? 청계재단 김창대. 동지상고.

김어준 여기서 또 각하와 연결고리가?

주진우 우리 각하의 마음 씀. 잊지 말아야 됩니다.

김어준 그 꼼꼼함.

주진우 김창대 장로는 각하 후원회 '명사랑' 회장을 지냈고 동지상고 동창입니다. 청계재단의 감사입니다. 다스의 3대 주주입니다.

김어준 이 완벽한 연결고리.

사돈어른이라면 좀 어려운 게 사실 아닙니까. 그런데 조희준 씨가 노승숙 씨에 대해서 뭐라고 얘기했냐면 "정말 웃기는 새끼 아니에요? 저 킥복싱 3년 했습니다. 체육관 잡아놓을 테니까 언제든지 한번 붙자고 전해주세요."

주진우 그리고 이분, 청와대 민정수석을 지낸 이종찬 장로를 한세대 이사로 박습니다. 그때부터 갑자기 큰 목사님의 입장이 바뀌어요. '잘못했다, 모든 걸 쓰고 가겠다'고 하셨는데 2011년 7월에 비판적인 장로님들한테 이렇게 말해요. "이런 식으로 하면 내가 나가서."

정봉주 교회를 따로 차리겠다고?

주진우 그렇죠. 장로들이 이렇게 무례하게 나오면 여의도 순복음교회를 떠나 따로 시작하겠다, 이렇게 엄포를 놓습니다. 일종의 협박입니다. 그러자 장로들이 서명운동을 합니다.

김어준 교회를 지키려는 세력과 교회를 다시 장악하려는 세력 간에 싸움이 벌어진 거죠.

주진우 전체 장로 807명 중에서 750명가량이 서명을 했습니다. 그런데도 아직 큰 목사님한테 세게 말하지도 못해요.

김어준 워낙 상징성이 크니까.

주진우 얼마나 크신지! 저는 아직도 그쪽에 가면 '사탄'이에요. 2011년 7월 30일 목사님이 설교를 합니다. '저희 가족은 도둑놈이 아니다. 우리 집사람이나 우리 아들들이 성자는 아니고, 훌륭한 사람은 아닐지라도 도둑놈은 아니고, 도둑놈이 되도록 내버려두지 않겠다. 도둑놈은 아니다.' 돈을 좀 갔다 썼을 뿐 도둑놈은 아니라는 거죠. 자기 돈을 자기가 갔다 썼다고 생각하시니까.

김어준 헌금은 자기 거니까.

주진우 큰 목사님은 사돈인 노승숙 회장을 쫓아내고 〈국민일보〉 회장으로 취임하셨습니다.

불세출의 스타, 큰 목사의 세 아들

김용민 재미있는 건 조희준 씨가 노승숙 씨를 보는 시각입니다. 사돈어른이라면 좀 어려운 게 사실 아닙니까. 그런데 조희준 씨가 노승숙 씨에 대해서 뭐라고 얘기했냐면 "정말 웃기는 새끼 아니에요? 저 킥복싱 3년 했습니다. 체육관 잡아놓을 테니까 언제든지 한번 붙자고 전해주세요."

김어준 그거 어디서 나온 얘기예요?

김용민 〈국민일보〉 노조위원장이 조희준 씨하고 대화하면서 이걸 녹취해서 배포했습니다.

주진우 녹취록은 공개해드릴 수 있고, 큰 목사님께서는 〈국민일보〉가 좌파 신문이라면서 그것을 바로잡으려고 오셨다고 하셨어요.

김용민 〈국민일보〉가 좌파예요?

주진우 말도 안 되는 얘기지만 좌파 얘기가 나왔으니까 한 마디만 더 할게요. 조 목사님은 어디를 가시거나 반공을 외치십니다. 8·15 때든 3·1절이든 반공 집회라면 안 나가는 데가 없어요. 항상 기도하시는 게, '오늘 우리는 하나님께 조국과 민족을 공산주의 침략에서 지켜달라고 부르짖기 위해 이 자리에 모였습니다.'

이렇게 말씀하시는 조용기 목사님은 군대에서 7개월 만에 제대를 하셨습니다. 서울 인근 부대에서 복무하다가 탈장 수술을 받았는데 폐렴이 겹쳐서 의가사 제대했습니다. 세 아들도 모두 반공에 투철해서 그런지 전부 면제입니다. 조희준 씨는 미국 영주권자여서 면제를 받습니다. 당시 복무 면제 상한선이 만 30세인데, 병역을 면제받은 뒤 31세가 되자 다시 한국 국적을 취득해서 〈국민일보〉 발행인 자리로 올라가요.

김용민 우리나라 종합일간지는 한국 국적을 가진 사람만이 발행할 수 있도록 돼 있습니다.

주진우 차남 조민제 씨도 미국 국적자여서 군대 면제를 받는데, 그때는 병역법이 바뀌어 면제 연령이 만 35세로 올라갔어요. 조민제 씨는 만 35세가 지나자마자 바로 한국 국적을 취득해서 〈국민일보〉 발행인이 되죠.

김용민 어떻게 해서든 군대는 안 가네.

주진우 막내아들 승제 씨. 연예인하고 스캔들 내는 이분도 한국 국적을 포기하고 미국 국적을 취득해서 군 면제 받습니다. 목사 아들들이 '신의 아들' 반열로 올라갑니다. 이 사람들 미국 정말 사랑해요. 얼마 전 조 목사님이 건강이 좋아졌다고 해서 〈국민일보〉 회장 취임하실 때 갔어요.

김어준 거기를 또 가?

주진우 가니까 막 웅성웅성해요. "사탄 왔다, 사탄 왔어." 취임식이 끝나자마자 기도를 좋아하시는 우리 조용기 목사님은 기도들에게 둘러싸여 빠져나갑니다. 그런데 뒤에서 어떤 사람이 이래요. "김성혜 총장님, 조용기 목사님, 하나님 믿으면 회계하세요." 그 순간 목사님을 옹위하던 덩치 큰 사람이 와서 "이 사람이 여기가 어디라고, 개 후레" 이러면서 쌍시옷을 막 날려요. "힘으로 한번 해볼까?" 하면서 계속 욕을 하고 그러는 거예요. 제가 어디 가서 욕 못한다는 소리는 들어본 적 없습니다. 그런데 제가 말을 꺼낼 수도 없이, 꼼수 총수도 말을 꺼낼 수 없이 그냥 쌍욕이 난무해요. 자꾸 그러니까 옆에 있던 노인이 이렇게 말합니다. "아이고, 목사님 그냥 가십시다." 욕하던 사람이 목사였던 거죠.

김어준 기도가 아니고?

김용민 우리 조용기 목사님이 이렇게까지 된 데는 박수 치고 '아멘' 했던 교인들의 책임이 크다고 저는 봅니다. 일화를 하나 말씀드리겠습니다. 누구한테 들은 얘긴데 사실인지는 모르겠습니다. 사실이 아니라고 믿고 싶습니다.

어떤 지방에 있는 순복음교회였습니다. 조용기 목사님이 설교를 하기로 했는데 차가 막혀서 좀 늦게 오셨나 봐요. 그래서 교회 쪽에서 신도들에게 양해를 구했죠. "여러분, 준비 찬송합시다." 사실은 준비 찬송이라는 말 자체가 웃기는 건데, 뭘 불렀냐 하면 〈주 예수보다 귀한 것은 없네〉라는 찬송가예요. 그런데 찬송 중간에 갑자기 목사가 뛰어나와요. "여러분 찬송 이제 그만하세요. 조용기 목사님 오셨습니다. 큰 박수로 맞아주시죠." 주 예수보다 더 귀한 게 없다더니, '조예수'가 오셨어. (킬킬킬) – 이상 15회

빤스 목사님의 정치 참여

돈을 사랑하는 큰 목사님들

정봉주 오래전에 우리 옆 지역의 교회에 투표소를 설치한 적이 있어요. 그때는 대부분의 교회에다 투표소를 설치했거든요. 그런데 타 종교를 가지고 있는 사람이 항의를 했어요. 그래서 그게 무산된 적이 있습니다. 지금 선거법상으로 종교 단체에는 투표소를 설치할 수 없습니다. 그런데 단서 조항이 있습니다. '불가피한 경우에는 종교 단체에 설치할 수 있다.' 이런 단서조항 바꿔야 해요.

김어준 대형 교회에서 이번 서울시 무상급식 투표를 독려했습니다. 주진우 기자.

주진우 서아무개 전도사님에게서 온 문자를 하나 읽겠습니다. '급합니다. 투표를 안 하면 서울시 곽노현 교육감이 미션스쿨을 없앤다고 합니다. 두 번째로는 동성애를 가르친답니다. 세 번째로는 초중고생 정치 정당 활동을 허용한답니다.' 또 이런 말도 있습니다. '이 메시지를 꼭 20명에게 전달해

주세요. 그러면 승리합니다.'

김용민 행운의 편지?

주진우 '교회가 깨어 기도하고 일어나지 않으면 이 나라가 무너집니다.' '온누리교회 전도사 다 받았구요. 모든 신도들이 대부분 받았습니다.' 이렇게 말도 안 되는 투표 운동을 합니다. 설교도 그렇게 합니다. 그러면 신도들은 '아멘' 해요. 온누리교회에서도 그랬고, 소망교회에서도.

김지철 소망교회 담임목사. 부목사한테 얼굴을 가격당해서 얼굴 안면뼈가 부러진 사람입니다. 부목사와 담임목사가 주먹다짐하던 그 소망교회입니다. 각하를 배출한 아주 큰 교회죠. 여기서는 '주민이면 당당하게 투표에 참여해야지 양자택일처럼 정치 논쟁으로 흘러가는 것은 문제가 있다. 정치적 책임에 민감해야 한다. 우리 교회와 성도는 이 시대와 사회에, 정치적 책임에 민감해야 한다. 참여해야 한다.' 이렇게 설교했는데 이 정도면 선거법 위반입니다. 그런데 선거관리위원회에서 조사를 안 합니다. 금란교회 김홍도 목사님. 이분, 주옥같은 분입니다. 워낙 세신 분이에요. '한국이 위기에서 벗어나려면.' 이런 제목의 설교를 합니다. 무상급식, 무상의료 같은 정책 때문에 우리 경제가 몰락의 위기에 직면했다고 설교하십니다.

김어준 금란교회 김 목사님이 이런 이야기도 했어요. "최근에 지옥에 간 대통령이 두 명 있다." 노무현과 김대중, 지옥에 갔다는 거죠.

주진우 이분은 한국기독교협의회 회장을 지내셨습니다. 대단한 분입니다. 금란교회도 대단한 곳이에요. 김활란 박사라고 아십니까? 일제 때 여성들이 종군위안부로 가면 천국에 간다고 말씀하셨던 분인데, 김활란의 '김' 자와 '란' 자가 합쳐져서 금란교회가 되었습니다.

김홍도 목사가 얼마나 주옥 같은 분이냐면, 재판을 많이 받으셨는데 재

금란교회 김 목사님이 이런 이야기도 했어요. "최근에 지옥에 간 대통령이 두 명 있다." 노무현과 김대중, 지옥에 갔다는 거죠. 이런 말도 했습니다. "미디어법 통과시켜서 사탄의 입과 혀를 잘라내자."

판부 판결문을 조금 읽을게요. 징역 2년 6개월에 집행유예 3년을 받아서 법정 구속은 면하셨습니다. 이분이 돈을 함부로 막 쓰세요. 기독교 감리회 감독회장 선거에서 부정 선거자금과 당선 사례금으로 2억 3천700만 원을 썼어요. 미국에 유학 중인 큰 사위의 생활비로 2억 원 내셨고요. 피고인의 비리를 문제 삼았던 곽아무개 장로를 구속시키기 위한 자금 4억 원 쓰셨습니다. MBC에 프로그램 방송을 막기 위한 비용으로 1억 5천만 원, MBC에 대한 반박 해명 광고비 3억 3천만 원 쓰셨습니다. 불륜 합의금으로 1억 원 쓰셨고요. 아들 명의의 교회 건축금 8억 원, 간통 고소 사건에 대한 무마 비용으로 합의금 3억 원 쓰셨습니다. 부인 명의 별장 건축비로 3억 원 쓰셨습니다. 법원에서 밝혀진 공금횡령 내용만 31억 원이 넘어요. 그중에 상당액은 신도하고 간통을 해서…….

김어준 이 양반이 이런 말도 했습니다. "미디어법 통과시켜서 사탄의 입과 혀를 잘라내자."

주진우 지난번에 제가 '혀를 뽑아내자'고 말한 건 잘못 말한 거였습니다.

정봉주 지금 열거한 교회의 큰 목사님들이 17대 국회에서 사립학교법을 통과시킬 때 전면에 나와서 사립학교법을 재개정하라고 주장했습니다.

김어준 이분들이 지금 기독교 정당 만들려고 하고 있어요.

주진우 기독교 정당 만드셔야죠. 할렐루야!

정봉주 한나라당 못 믿겠다. 직접 하자?

서울의 강남 모 교회 같은 경우에는 200만 원씩 받고 설교문을 준다고 합니다. 어떤 얼빠진 목사님은 대필 설교문 괄호 안에 '이 부분에서 힘주어 강조함'이라고 써 있으면 그걸 그대로 읽는다는 겁니다. "이 부분에서 힘주어 강조하며!"

김어준 우리 교회가 왜 이렇게까지 보수화됐냐? 이건 목사 아들 돼지가 전공이에요.

김용민 개신교에서는 '부흥'이라고 하죠. 신도 수가 늘고, 헌금 액수가 늘고, 교회 재산이 늘어나는 것. 제 아버지도 목회자이지만, 목사들끼리 모이면 교인 수가 얼마나 있는지, 교회 보유 부동산이 얼마인지, 이런 걸로 자랑하고 이런 걸로 기죽고 그럽니다.

정봉주 본론으로 넘어가기 전에 질문이 있습니다. 교회도 사고팔고 하나요? 신도 수에 따라 권리금이 붙는다는 게 사실이에요?

김용민 정봉주 의원님이 입담이 있으시니까, 또 도덕성도 큰 교회 목사들에 비해서 출중하시니까 목사가 되는 길이 있습니다. 김어준 총수도 지금은 교회에 안 나가지만 3개월 속성 과정을 통해서 목사가 될 수 있는 길이 있습니다.

김어준 속성 코스?

김용민 월 50만 원씩 150만 원이면.

정봉주 그렇게 해서 목사님이 되면 설교는 어떻게 해요? 설교문을 써주는 연구팀이 있어요?

김용민 서울의 강남 모 교회 같은 경우에는 200만 원씩 받고 설교문을 준다고 합니다. 어떤 얼빠진 목사님은 대필 설교문 괄호 안에 '이 부분에서 힘주어 강조함'이라고 써 있으면 그걸 그대로 읽는다는 겁니다. "이 부분에서 힘주어 강조하며!"

정봉주 그런데 교회가 왜 이렇게 보수화된 겁니까?

김용민 저는 돈 문제라고 보는데, 그 이야기도 해보죠.

김어준 논문을 그걸 썼어요. 한국 교회가 왜 보수적이 되었나.

정봉주 완전 전공이네. 정론으로 가면 재미가 없는데.

김용민 재미있게 한 번 해보겠습니다. 조용기 목사님. 세계 최대의 교회. 이건 사실 주진우 기자 전공이긴 합니다만 저도 꼽사리에 관심이 있습니다. 조용기 목사님 연봉이 얼마나 될 것 같아요?

김어준 100억 원쯤 되나요?

김용민 공식적으로는 3억 원인데, 순복음교회는 조용기 목사님의 교회 아니었습니까? 여의도 순복음교회의 한 해 예산이 1천600억 원이었습니다.

주진우 세금 없습니다.

김용민 게다가 조용기 목사님이 있느냐 없느냐에 따라서 헌금 액수가 달라집니다. 만약에 계시면 그 주간에는 헌금이 14억 원, 외국으로 출타하셔서 교회에 안 계시면 반으로 줄어든다고 합니다. 그러니까 순복음교회는 거의 조용기 목사님이 주도권을 갖고 있다고 보면 됩니다.

그런데 2001년에 사건이 하나 터집니다. 여의도 순복음교회가 속한 교단이 '기독교 대한 하나님의 성회'인데, 사실 조용기 목사님의 연봉을 들춰서 좋을 거 없잖아요? 그런데 거기서 실수로 들춰버렸습니다. 교단 총회를 한 뒤 자료집을 냈는데 각 소속 교회 목사들이 십일조 헌금을 얼마나 냈는지, 이게 드러난 거예요. 십일조가 뭡니까. 자기 소득의 10분의 1을 내는 거 아니겠어요? 그런데 여의도 순복음교회의 1년 십일조 헌금 총액이 1억 1천300만 원이었어요. 곱하기 10을 하면 11억 3천만 원 정도.

김어준 공식적으로 연봉이 3억 원이라고 했는데.

정봉주 11억 3천만 원이라고 나왔으니.

김용민 그것 때문에 난리가 났어요. 교단 총무가 부랴부랴 나서서 조용기 목사님만의 십일조가 아니라 목회자, 부교역자, 이 사람들 다 합해서 1억 1천300만 원이라고 해명합니다.

주진우 그 당시에 제가 취재를 했는데요, 3억 원보다는 훨씬 많이 받습니다. 훨씬 더 많이 가져갑니다.

김용민 그런데 해명을 하면서 교역자 수를 간과했던 것 같습니다. 교역자 수가 550명입니다. 교역자 수와 십일조 액수를 역산해서 따져보니까, 조용기 목사를 비롯한 순복음교회 교역자들의 월급이 20만 원이 안 되는 거예요.

사학법, 그리고 빤스 목사, 기저귀 목사

김어준 그런데 교회의 보수화는 어떻게 보는 겁니까?

김용민 역대 정권을 볼 때 이승만 정권은 장로니까 그렇다 치고, 박정희 정권 들어섰을 때 남로당 출신이라고 해서 미국이 꺼려했잖아요. 그러자 한경직 목사를 비롯한 교계 지도자들이 미국에 가서 '이 친구 내가 보장한다. 믿어도 된다' 이런 식으로 띄워줬어요. 왜 그랬냐면 이승만 정권이 4·19로 물러서고 민주 정권이 들어서면서 교회의 입지가 축소됩니다. 일제 때부터 주류 기득권자로서 행동해왔는데 위태로워진 거예요. 그러니까 박정희가 들어서자 여기로 붙은 거죠. 박정희 정권 중반기 이전에 '국가 조찬 기도회'라는 걸 열어서 아침에 목사들이 박정희를 축복해줬습니다. 전두환 정권 들어서도, 광주 학살 이후인데 롯데호텔에 모여서 축복기도를 해줍니다. 이런 기조가 계속 이어지다가 1993년에 이르러서는 김영삼 장로를 대통령으로 앉히죠.

김어준 목사님들의 생각은 자기들이 대통령을 만들어냈다고 생각하는 거야? 큰 교회 목사들은?

주진우 그럼요.

정봉주 자신들의 재산을 지키기 위해서.

김용민 그런데 노무현 정권에서 역린을 건드렸습니다. 그게 뭐냐면 사학법입니다.

정봉주 목사님들을 화나게 한 저는 반성해야 합니다.

김용민 학교는 교회의 엄청난 재산입니다. 미션스쿨이 많잖아요. 제가 통계자료를 찾아보니까 종교 단체가 운영하는 사립 초·중·고등학교가 362개인데, 그중 개신교 학교가 259개입니다. 71.1%입니다. 대학은 349개의 사립대 중에 56개가 개신교 학교입니다.

김어준 교회의 재산에서 학교가 엄청난 거구나.

주진우 학교가 교육사업보다는 수익사업입니다.

정봉주 그건 종교 단체에서 운영하는 학교고, 목사가 개인적으로 이사장으로 있는 학교까지 따지면 훨씬 많아요. 17대 국회에서 사학법을 개정할 때 '문광부에 등록되어 있는 종교 단체에서 운영하는 사학은 제외시켜주겠다'고 했는데도 이게 합의가 안 돼요. 목사 개인이 운영하는 학교가 훨씬 숫자가 많은데 그건 보호를 못 받으니까 합의가 안 되는 거예요.

김어준 사학법이 목사님들의 재산을 건드린 거네요.

김용민 정말 건드리지 말아야 했던 것을 건드린 거죠.

정봉주 당시 제가 교육위원회에 있었는데, 그때 종교에 대해 좀 알았더라면 더 교활하고 영악하게 꼼수를 부리면서 건드렸을 텐데, 종교를 잘 몰랐으

엄청나게 많은 개신교 학교들, 공적 감사를 당연히 받아야 합니다. 저는 사립학교법이 미흡하다고 보는데 당시 목사님들이 개방형 이사제에 발끈했어요. 이사들이 외부에서 들어오게 되면 자기들의 재산이 공개되거든요.

니까.

김용민 3개월 속성 과정을 거치셨어야 했는데.

정봉주 당시 우리 당에 신앙심 깊은 의원들이 있었는데 이분들이 사학법 재개정에 목숨을 걸어요. 그래서 왜 그러냐고 했더니 자기의 신앙심이 용납을 못한대요, 재개정을 안 하면. 이제 보니 이미 그 뒤에는 목사님들이 딱 붙어서 꼼짝 못하게 한 거죠.

김어준 목사님들의 재산을 건드리는 순간.

정봉주 그게 실제로는 '재산을 공개하라' 그렇게 된 거예요.

김용민 엄청나게 많은 개신교 학교들, 공적 감사를 당연히 받아야 합니다. 저는 사립학교법이 미흡하다고 보는데 당시 목사님들이 개방형 이사제에 발끈했어요. 이사들이 외부에서 들어오게 되면 자기들의 재산이 공개되거든요.

주진우 아들 손자 며느리를 교장이나 이사에 못 앉혀요.

정봉주 그 대목에서 '개방형 이사라도 타 종교 사람은 안 된다'고 절충안을 냈어요. 그랬는데도 뭐라고 하냐면 '그거 관계없다.'

김어준 자기 가족에게 학교를 줘야 하는 거예요. 그리고 자기 재산이 드러나니까.

김용민 그래서 사학법을 반대하면서 목사들이 삭발도 하고 십자가를 끌고

갔죠. 그런데 십자가 밑에 도르래를 달고. (킬킬킬)

주진우 그 사진 〈시사IN〉에서 보실 수 있습니다.

김용민 비리 때문에 정원이 감축되고 예산이 삭감된 19개 대학 가운데 12개가 종교 사학입니다. 그중에 11개가 개신교 사학입니다.

정봉주 좌우지간 학교의 재정 문제, 교사 채용 문제, 이런 문제들이 제일 많은 데가 종교 사학이죠.

주진우 장자연 씨한테 접대를 받았던 사람이 〈조선일보〉에 있다가 지금 기독교 대학교 총장으로 있어요.

김어준 어쨌든 우리 교회가 왜 이렇게까지 보수화되었냐? 돈 문제 때문입니다.

김용민 마지막으로 큰 목사 한 분의 말씀을 소개해드리겠습니다. 기독교 학교에서는 채플 시간에 예배를 드리지 않습니까. 대한예수장로교합동이라고 굉장히 큰 교단이 있습니다. 이 교단에서 운영하는 대학교가 총신대학교인데, 이 교단 총회장님이 총신대에서 하신 말씀입니다.

> "총신대학 왔으면 거의 70~80%가 목사가 된다고 봐야 안 되겠나. 여학생 놔두고. 우리 교단은 아직 여목사는 어림도 없어. 전에 김인환 총장이 그러더라고. 내가 그런 말 들었어요. 여학생들이 뭉텅이를 지어서 와서는 '왜 우리 교단은 여목사를 안 시켜주느냐'고 항의를 하더라고 그래요. '그런 학생들 다 나한테 보내요.' 그렇게 말한 적이 있어. 내가 먼저 양지 가서도 그런 말 한 적이 있어. '여자 목사는 아직 어림도 없어. 여자 장로도 안 돼.' 그랬더니 우리 교회 학생회장이 있는데 '목사님 학생들이 목사님한테 뭐라고 할라캅니다' 그래요. 학생이 다 몰려와도 걱정할 건 없어. 우리 교단의 다른 면이 바로 그런 거야. 대한민국의 어느 교단이든지 여자 목사 여자 장로 다 만들어도 우리 교단

저는 개신교하고 보수는 전혀 어울리지 않는다고 이야기합니다. 보수는 지킨다는 거 아닙니까. 지킨다는 게 뭐예요? 이념이나 가치, 도덕 그런 거잖아요. 그런데 기독교에게는 돈입니다.

은 안 돼. 분명히 아세요. 그게 보수고 그게 성경적이고 그게 신학에 맞는 거야. 생각해보란 거야. 내가 학교에 왔으니 이 말 한마디만 하지. 여자들이 기저귀 차고 강단에 올라가? 안 돼."

김어준 미친 거 아냐? 완전히.

주진우 큰 목사답네요. 큰 목사.

김어준 어디 목사라고요?

김용민 임태득 목사라고. 논란이 되자 사과했어요.

김어준 기저귀 차고 못 올라간다는 게 생리대 차고 못 올라간다는 거예요?

주진우 저 정도는 돼야 큰 목사님 되는 거예요.

김어준 그런 거 같긴 해. 조중동이 방송을 해야 한다고, 미디어법 통과시켜서 사탄의 입과 혀를 자르겠다고 하잖아.

정봉주 조중동이 아니면서 무슨 기사를 써? 이런 거랑 똑같네.

김어준 노무현, 김대중 지옥에 갔다는 거 아냐?

김용민 신앙고백의 차원에서, 저는 개신교하고 보수는 전혀 어울리지 않는다고 이야기합니다. 보수는 지킨다는 거 아닙니까. 지킨다는 게 뭐예요? 이념이나 가치, 도덕 그런 거잖아요. 그런데 기독교에게는 돈입니다.

김어준 내가 보기에 교회가 주식회사가 됐어요.

김용민 목사들의 저급한 수준은 전광훈 목사님의 이야기를 통해서 짚어봐야 합니다. 이분이 조용기, 김홍도 목사님을 부추겨서 기독교당을 만들려고 해요. 2005년 1월에 이런 말씀을 하십니다. "이 성도가 내 성도가 됐는지 알아보려면 두 가지 방법이 있다. 옛날에 쓰던 방법 중에 한 가지는 젊은 여집사에게 빤스 내려라, 한 번 자고 싶다 해보고, 하면 내 성도요 아니면 똥이다."

주진우 사랑이 넘치는 목사님이네요. 성스러워요.

김용민 이분이 담임하고 계시는 교회가 사랑제일교회예요. 또 2006년 4월 19일에 하신 말씀이 있는데 "우리 여자들 교회 올 때 너무 짧은 치마 입으면 돼? 안 돼? 빤스 다 보이는 치마 입으면 돼? 안 돼? 내가 그렇게 입고 오면 들춘다니까. 인터넷 들어가봐. 전광훈 목사는 빤스 입은 여자 들춘다고 나와 있어. 우리 교회도 보면 당회장실에 상담하러 오면, 무릎 위로 올라오는 치마를 입으면 빤스가 다 보여요. 다 보여. 그럼 가려야 할 거 아냐? 그런데 그런 게 없어. 한여름철 큰 교회에 가봐. 큰 교회는 강대상이 높아. 강대상에서 옆에 앉아 있는 년들 보면 젖꼭지 까만 것까지 다 보여. 그럼 돼, 안 돼? 대답해봐."

주진우 성스럽네요.

김용민 이건 하드코어예요. 하드코어.

김어준 이걸로 설교를 했단 말이야? 어느 교회야? 다니고 싶어 씨바. 핵심은 돈이었습니다. 돈.

– 이상 16회

빤스 목사님, 기독교당 만들다

김용민 저희가 지난주에 큰 목사님들의 위대한 업적들을 짚었는데, 전광훈 목사라고, '빤스 목사'로 불리는 분이 기독교당을 만들겠다고 선언을 하니까 많은 분들이 나꼼수와 엮어서 해석하시더라고요. '빤스 목사님이 기독교당을 창당한다.'

주진우 사랑이 충만한 교회, 사랑제일교회 목사님이세요. 여자만 보면 사랑해주시려고 하는 분인데, 이 목사님이 제가 지금껏 쫓아다닌 취재의 비밀을 알려주셨어요. 조금만 읽어드릴게요.

> "지나간 이야기니까 사실을 공개하겠어. 희망버스 수백 대가 내려가서 부산조선소를 점거하니까, 우리가 종묘공원에 있는 우파 어르신들에게 돈 1천만 원을 드려서, 어버이연합에 그랬더니, 버스 30대에 나눠 타 350명이 막아버렸어."

김어준 1천만 원 주신 것을 고백하셨네.

주진우 어버이연합, 한진중공업 희망버스를 막고 거리를 막고 집회를 막았던 어르신들 있잖습니까. 밤에 선글라스 끼는 어르신들. 이분들이 돈을 받고 한 거였어요. 제가 여태까지 그걸 쫓아다녔거든요. 역시, 큰 목사님이라 스케일도 크시고 마음 씀도 크십니다.

정봉주 우리 지역 어르신들이 나꼼수 방송을 잘 못 듣잖아요. 그래서 어버이연합 어르신들이 한진중공업 앞에서 길을 막고 소지품을 뒤졌다고 말씀드렸어요. 주진우 기자가 취재했는데 '센터를 까더라, 서울에서 온 사람 주소 확인하고 끌어내리고, 경찰은 옆에서 뒷짐 지고 있다가 끌어내리면 잡아가고, 사람들이 항의하면 어르신들이 우리 다 같은 편이야라고 말하더라.' 그랬더니 지역 어르신들이 분노를 해요. 그런 일이 있을 수 있냐? 주진우 기자의 취재가 진짜냐?

전광훈 목사, 그분이 뭐라고 했냐면 '출산율 저조한 문제, 여자들이 문제다. 골반 관리하려고 애를 안 낳는데, 앞으로 기독교당이 집권을 해서 개헌한 다음에 다섯 명 이상 낳지 않으면 감옥에 보낸다.'

주진우 진짜죠. 그러니까 보수 기독교, 큰 목사들이 돈을 댔다는 걸 자기가 고백하고 있잖습니까. 고해성사도 아닌데.

김어준 어디서 그 말을 했어요?

주진우 2011년 8월 29일 '나라와 교회를 바르게 세우기 위한 운동본부'가 2박 3일 일정으로 남양주에서 개최한 보수 성향의 목회자 포럼에서였습니다.

김용민 그 자리가 바로 기독교당 창당 제안 행사 자리였죠.

정봉주 5명의 목사님이 제안했다는 바로 그…….

주진우 네. 거기서 우리나라 출산율이 세계 최저인 것에 대해서, 큰 목사님이 정확하게 진단하셨어요.

김용민 전광훈 목사, 그분이 뭐라고 했냐면 '출산율 저조한 문제, 여자들이 문제다. 골반 관리하려고 애를 안 낳는데, 앞으로 기독교당이 집권을 해서 개헌한 다음에 다섯 명 이상 낳지 않으면 감옥에 보낸다.'

– 이상 17회

주진우 큰 목사님들이 정당을 만들어 정치를 하겠다고 나섰는데, 저희는 그걸 전폭적으로 지지하고 있지 않습니까?

정봉주 조용기 목사님이 자기하고 관련 없다고 밝힌 건 뭐예요?

주진우 그냥 하신 말씀이죠. 그분은 그런 말씀 자주 하세요. 개신교 큰 목사님들이 정치를 하시는데 중심인물이 세 분 계십니다.

김용민 조용기, 김홍도, 전광훈.

주진우 전광훈 목사님은 빤스 목사님인데 이날도 기자회견장에서 주도적으로 마이크를 잡고 가장 중요한 역할을 하셨습니다. "기독당을 왜 또 만드세요? 처음이 아닌 걸로 아는데." 이렇게 질문했더니 "4년 전에 돌아가신 김준곤 목사와 조용기 목사의 부름을 받았어. 이 사람들이 나라를 구해보자고 하더라고. 구라파에서도 2천 년 동안 다 했는데. 선배들이 하는 거 봐. 우리도 이걸 잡아서 정치를 해야 할 거 아냐." 이렇게 말씀하셨습니다.

그런데 전광훈 목사님이 기독당을 창당하기 직전에 나꼼수에서 빤스 사건을 설명하지 않았습니까. 전광훈 목사님이 기자회견에서 하신 멘트 그대로 옮길게요. 슬픔이 있습니다. 웃지 말고 자제해주세요.

"인터넷에서 제가 지금 조회 건수가 11만 5천 건인데, 목사 새끼가 빤스 벗으라고 가르쳤다고. 우리 집사람이 울며불며 보따리 싸서 친정집 가버렸어. 장모님이 전화를 해서 자네 목회 활동 잘하더니 왜 이러나? 하고 따지셨어. 미국에서 사는 딸도 전화해서 아빠 나 창피해서 살 수가 없어."

정봉주 그러면 그 사람들도 다 꼼수를 듣는 거예요?

주진우 전광훈 목사님이 밤새 울다가 아침에 결론을 내렸답니다. "두 큰 목사님은 나의 아버님뻘이다. 후배한테 나쁜 거 시키겠냐. 무조건 따라 하겠다."

김어준 이렇게 해서 기독당이 나온 것이다.

주진우 사실은 지난번에도 245개 전 선거구에서 후보를 냈었습니다.

정봉주 언제 선거에서요?

주진우 지난 총선이요.

정봉주 가정행복당 아닌가요?

김용민 그건 통일교 쪽이고.

정봉주 기독당에서 나왔었어요?

김용민 2004년에도 나왔고 2008년에도 나왔고.

정봉주 왜 난 그걸 몰랐지?

주진우 선거 직전에 한나라당의 요구를 받고. 아마 선거 비용을 보전 받고,

정봉주 출마를 안 했어요?

주진우 출마한 후보자들을 전원 사퇴시켰습니다. 전원 사퇴했는데 그때 45만 표를 비례대표로 받았습니다. 5만 표를 더 받았으면 전국구 1명입니다. 65만 표를 받으면 비례대표가 3명이고, 75만 표면 4명, 100만 표면 5명. 이게 목사님들 셈법입니다. 이번에 100만 표를 넘어서 5명, 그리고 지역구에서 2명을 내는 게 기독당의 목표입니다. 그런데 빤스 목사님 사모님이 집을 나가서 일정에 차질을 빚고 있어요. (푸하하, 캬캬캬, 킬킬킬) 웃지 마! 너무 슬퍼. (수줍수줍)

– 이상 18회

엄기영 vs. 덤 앤 더머

'엄펜션' 사건

김어준 이제 '엄펜션' 사건, 웃기는 거니까 한번 하죠. 엄펜션 사건은 다 아시겠죠? 강원도지사 선거에서 엄기영 후보를 결정적으로 탈락시킨 2대 사건 중의 하나죠. 첫 번째 사건은 본인 자신이 낸 거예요. TV 토론에서. 영월에 사는 제 친척에게 판세를 물어봤어요. 왜냐하면 엄기영의 인지도는 거의 90%에 가까웠고 최문순은 사람들이 잘 모르니까. 그런데 그 친척이, 어? 뭐야? 엄기영 저런 사람이야? 진짜 놀랐대요.

정봉주 천안함 얘기를 했었죠. 그때.

김어준 동네 사람들이 진짜 놀랐대요. 그 뒤에 엄펜션 사건이 나오면서 끝장난 건데, 잠복근무를 해서 엄펜션 사건 잡아낸 얘기를 갖고 오신 거죠?

정봉주 우리 당직자입니다. 닉네임이 단무지예요. 단순, 무식, 지랄. 그 사람이 강릉으로 파견 나갔습니다. 좀 무식한데 저는 그 친구의 능력을 BBK 때 인정했어요. 아주 전투적이고, 12월에 국회에서 '입법 전쟁'을 하면 제

강릉에 그 친구 말고 회계 책임자가 또 하나 있었는데, 둘이 워낙 멍청해 보이니까 별명이 '덤 앤 더머' 였습니다. 단무지가 더머, 회계 책임자가 덤. 그 둘이 잡아냈는데 더머가 핵심적인 역할을 했죠.

일 선두에 서서 싸우는 친구예요.

강릉에 그 친구 말고 회계 책임자가 또 하나 있었는데, 둘이 워낙 멍청해 보이니까 별명이 '덤 앤 더머'였습니다. 단무지가 더머, 회계 책임자가 덤. 그 둘이 잡아냈는데 더머가 핵심적인 역할을 했죠. 여기서도 누나들이 등장합니다. 전화 여론조사를 하는 88학번 누나가 덤한테 묻더래요. 엄기영 쪽에서 여론조사하던 사람이 잘렸는데 민주당으로 올 수 없냐고.

김어준 민주당에 와서 일할 수 없느냐?

정봉주 덤은 팀이 다 꾸려졌으니까 못 온다고 했죠. 그런데 엄기영 후보가 파악을 못한 거예요. 민주당에서 일하건 한나라당에서 일하건 그 사람들은 그 지역에서 서로 다 아는 사람들이에요.

김어준 동네 사람들이니까.

정봉주 이 지역에서 판촉 영업하는 아줌마들, 누나들인데 이분들이 서로 얽히고설켜서 정보를 다 알고 있는 거예요.

김어준 그 사람들한텐 어떤 정당에서 일하는 게 중요한 게 아니죠. 돈을 받는 게 중요한 거지.

정봉주 한나라당에서 잘린 사람이 "너희는 좋겠다. 너희는 선관위에 신고도 하고 돈도 우리보다 만 원 더 받고. 너는 잘리지도 않는데 우리는 뭐 좀 잘못했다고 바로 잘렸다" 이러더래요. 선관위에 등록하면 일당이 6만 원인데 거기서는 5만 원을 줬나 봅니다. 그 제보를 받고 '더머'라는 친구가 저한테 전화를 했어요. 당에도 보고하고 춘천사무소에도 보고를 했는데 아무 얘기도 없다고. 제가 BBK 때가 생각나서 잘 파악해보라고 했죠.

그 친구가 한나라당 쪽 팀장 전화번호를 입수했어요. 그런데 전화를 걸어도 대답을 안 하더래요. 좀 지나서 전화를 하면 뚝 끊고. 분명히 전화번호는 맞는데 자꾸 끊으니까 이거 수상하다고 생각했죠. 처음 연락해온 누나가 경포랜드 주변 펜션이라고 했대요. 그래서 잠복근무를 시작한 거예요. 펜션이 한두 개가 아니잖아요. 3일째 돌아다니는데 너무 힘이 드니까.

김어준 3일 동안 무작정 막 돌아다닌 거죠.

정봉주 이 친구가 자동차 운전을 못해요.

주진우 단순 무식에 운전까지 못해요?

김어준 그러니까 걸어서 왔다 갔다, 왔다 갔다.

정봉주 그런데도 아무도 신경을 안 쓰는 게, 무슨 동네 양아치가 다니는 것 같으니까 아무도 당직자라고 생각을 못하는 거예요. 4일째 되는 날 혼자 터벅터벅 걸어가는데 펜션 저쪽에 경차 5, 6대가 서 있더래요. 빨간색 마티즈 뭐 이런 거, 누나들이 타고 다니는 차. 이거 이상하다. 그래서 조금 있다 봤더니 깔끔하게 차려 입은 남자 2명, 여자 1명이 그 앞에서 왔다갔다 하더래요.

당시는 4월 27일 전이니까 경포랜드가 아직 영업을 하기 전입니다. 더머가 펜션 관리하는 아저씨한테 물어봤대요. "아저씨, 이 차는 뭡니까?" 그랬더니 아줌마들이 아침에 차를 대놓고 저녁에 가지고 간다고 하더래요. 이거구나. 여기구나. 그날 저녁 6시에 다시 와봤더니 차들이 다 가고 없더래요.

김어준 퇴근했네.

정봉주 그래서 다음날 새벽 6시부터 혼자 나가 잠복근무를 한 거예요. 주차장이 잘 보이는 언덕에 자리를 잡고 그 펜션을 보고 있는데, 8시 반이 되자 어제 보았던 양복 입은 사람들이 왔다갔다하고 8시 50분이 되니까 경차에서 아줌마들이 막 내리더래요. 경차 하나에서 서너 명씩 내려서 미니버스로 후닥닥 올라타더래요. 경차 2대에서 내리면 미니버스는 떠나고. 왜 차 한 대에서 4명씩 내리냐면, 경차 운전하는 누나는 조장이에요. 그러니까 수송조 조장이 강릉 일대를 돌면서 사람들을 쫙 태워서 뿌려주는 거죠.

김어준 눈에 안 띄게.

정봉주 경차가 6개 조가 있었어요.

김어준 머리를 썼네.

주진우 차떼기 변종이네요.

김어준 그랬던 이유가 이런 것 같아요. 걸어가면 되는데 미니버스를 대절해서 돈을 땡겨먹은 거야.

정봉주 그런데 경차에서 미니버스로 옮겨 타니까 차 운전도 못하는 이 친구가 더럭 겁이 난 거예요. 저길 뛰어갈까, 어떡할까.

주진우 당황했겠죠.

정봉주 그런데 이 사람들이 얼마나 골 때리냐면, 멀리 갈 줄 알았는데 뺑 돌더니 그 앞쪽 펜션에 내려주더래요.

김어준 둘 중에 하나네요. 돈을 땡겨먹었거나 아니면 사람들이 쭉 걸어가면 눈에 띄니까 그 앞까지만이라도 안 보이게 하려고.

정봉주 미니버스에서 내리고도 천천히 걸어가는 게 아니라 5미터, 10미터 짧은 거리를 아줌마들이 막 뛰어가더래요. 도망가듯이.

김어준 사전교육을 확실히 받은 거죠.

정봉주 틀림없이 뭔가 있다. 그래서 민주당 당직자들 차량을 6대 동원한 거예요. 그날 11시에 무소속 의원들의 입당 기자회견이 있어서 모든 신경이 그리로 쏠려 있으니까 11시에 습격을 하자는 작전을 짠 거죠.

김어준 선관위나 경찰에 미리 신고하고?

정봉주 그때까진 신고를 안 했죠. 남자 당직자와 여자 당직자가 애인으로 위장해서 펜션 안으로 들어가서는 소리가 나는 방문을 열면서 "방 있어요?" 하고 물어본 거예요.

주진우 참 촌스럽다.

덤 앤 더머의 맹활약

정봉주 그렇게 문을 열면서 "방 있어요?" 하는데 안에서 전화로 작업을 하던 아주머니가 문을 확 열어준 거예요. 밥 배달 온 줄 알고. 그래서 펜션을 다 막아버립니다. 그러고 나서 경찰에 신고했는데 경찰이 1시간 만에 나타납니다.

김어준 늦게 왔네요.

정봉주 그렇지만 미리 MBC 기자한테 다 얘기를 해놓고 현장을 찍기로 했죠. 그때부터 안에 있던 사람들이 눈치를 채고 버티고 있었던 거예요. 그사이에 증거 인멸하고. 그때 우리 이 똑똑한, 무식한 당직자가 주위에 있는 쓰레기통을 다 확보합니다. 모든 증거는 쓰레기통에서 다 나왔어요. 경찰이 1시간 만에 왔는데 사실은 정보과 경찰 한 명을 미리 불렀대요. 그런데 그 사람이 무슨 큰 작전에 걸렸다 싶어서 도망을 쳤대요. 그 자리에 있었으면 특진인데. 바보.

경찰이 오고, 선관위에서도 오고, 기자들도 막 오니까 못 나오게 됐죠.

'더머' 이 친구가 집요한 인간이거든요. 그다음 날 현장에 또 간 거예요. 증거를 없앴다고 했지만 정신이 없으니까 전부 없애진 못했을 거잖아요. 다시 뒤지니까 캐비닛에서 엄기영 명함 수천 장하고 각종 명단들, 증거가 또 나온 거예요.

결국 문을 열고 작전이 종결된 게 2시 반, 3시쯤입니다. 그런데 이 친구가 학생운동을 하다가 감옥도 갔던 친구예요. 형사과장이 각자 자기 차 타고 경찰서로 오라고 하니까 그 앞을 딱 막고 이렇게 말합니다. "무슨 소리냐. 이건 현행범이다. 현장에서 체포된 거니까 수갑을 채워라. 닭장차를 불러라. 우리 옛날에 연행될 때 만날 닭장차로 끌려갔다."

그렇게 옥신각신했는데 사실은 기자들이 아직 덜 와서 시간을 벌려고 계속 싸운 거예요. 기자들 다 온 뒤에 미니버스에 태워 가기로 합의를 했죠. 그 장면을 MBC 기자가 다 찍고. 모자 뒤집어쓰고 이불 뒤집어쓰고 한 걸 다 찍은 거죠.

김어준 그래서 그림이 나왔구나.

정봉주 그게 그다음 날 신문에 깔리면서 분위기가 뒤집혔습니다. 그런데 그때까지만 해도 이기지 못했답니다. 그 사건 뒤의 엄기영 측 대응, '불법 선거운동은 맞지만 우리가 한 게 아니다. 지지자들이 알아서 한 거다.'

김어준 자원봉사라고 그랬죠. 자원봉사.

정봉주 그때까지만 해도 사십대, 오십대 주부층에서 엄기영한테 25~30%를 지고 있었대요. 그런데 이 누나들이 다 강릉에서 '한 구라' 하시는 분들 아닙니까. 외판 사원 하면서 강릉 일대를 돌아다니는 분들이에요.

김어준 마당발 아줌마들.

엄기영 후보의 전 비서실장은 도망을 다니다가 자수해서 지금 조사를 받고 있습니다. 경찰에서 이것도 진도가 잘 안 나갑니다. 수사 의지가 별로 없어 보입니다.

정봉주 이분들이 강릉에 소문을 쫙 냅니다. '언니들 다 구속된다. 몇 천만 원씩 벌금낸다. 엄기영 이놈 진짜 나쁜 놈이다.' 이런 소문이 도는데…….

김어준 대응을 잘못했어. 자기가 책임진다고 했어야 되는데. 자기만 살려고. 멍청하게.

정봉주 그런데 '더머' 이 친구가 집요한 인간이거든요. 그다음 날 현장에 또 간 거예요. 증거를 없앴다고 했지만 정신이 없으니까 전부 없애진 못했을 거잖아요. 다시 뒤지니까 캐비닛에서 엄기영 명함 수천 장하고 각종 명단들, 증거가 또 나온 거예요. 이 친구가 이렇게 열심히 고생을 했는데도 민주당에서는 포상도 하지 않아요. 민주당은 의리가 없어.

이 친구가 목포대 애국대 출신이에요. 시위를 하러 서울대로 올라왔는데 서울대가 막히니까 지하철 간판을 보다가 "다음 대학은 낙성대다. 낙성대로 가자!" 이랬던 친구예요. 이 방송을 듣는 청취자분들은 민주당 홈페이지에 가서 박영준 포상하라고 글 좀 남겨주세요.

주진우 민주당, 참 그러네요. 엄기영 후보의 전 비서실장은 도망을 다니다가 자수해서 지금 조사를 받고 있습니다. 경찰에서 이것도 진도가 잘 안 나갑니다. 수사 의지가 별로 없어 보입니다. 그날 저녁에 MBC에서 어떻게 보도가 나왔냐면,

"재보선이 닷새 앞으로 다가오면서 선거전이 과열 혼탁 양상으로 치닫고 있

습니다. 불법 선거운동과 관권 개입 의혹 등 비방과 폭로가 잇따르고 있습니다."

주진우 그 완벽한 불법행위를 혼탁 과열이래요.

김어준 서울 MBC가 그렇게 보도했고 강릉, 춘천, 원주, 강릉, 삼척에서는 제대로 보도했습니다.

"엄기영 후보를 지지한다며 강릉의 한 펜션에서 불법으로 전화 홍보를 한 현장이 포착됐습니다. 최대 변수가 될 전망입니다. 현장에서 나온 쓰레기봉투에는 이렇게 불법 선거운동을 한 증거들이 하나 가득 담겨 있습니다. 선거법 89조에 따르면 선거사무소 이외 장소에 전화를 설치하고 특정 사람들을 동원해 선거운동을 할 수 없도록 규정하고 있습니다."

주진우 제가 엄기영 선배한테 전화를 했습니다. 언론사 선배니까. 아들이 유학 중인데 지금 뉴욕에 가 계십니다. 건강 얘기를 조금 하다가 차마 '엄펜션' 사건은 물어보기 좀 그래서 요새 떠도는 소문에 대해서만 여쭤봤어요. MBC 주변에서 고문료로 월 1천만 원씩 2억 5천만 원을 받고, 퇴직금도 20억에서 40억 원가량 받았다는 소문이 있는데 어떻게 생각하시냐고. 그랬더니 "아니, MBC가 그렇게 바보 같은 덴가요? 돈을 막 주게?" 하시길래 "돈을 많이 받으셨잖아요, 고문료도 받아 가시지 않았습니까?" 이렇게 물었더니 그런 건 없대요.

김어준 고문료를 받은 건 확실하고요.

주진우 퇴직금도 기자 끝나고, 이사 끝나고, 그다음에 사장 끝나고, 이렇게 해서 서너 차례에 걸쳐 많이 받았답니다. 얼마를 받았는지는 공개되지 않왔지만. 그리고 엄펜션 사건과 관련해서 조사를 받으셨냐고 하니까 안 받으셨대요. 아니, 밑에 사람들 다 조사 받았는데 안 받으셨냐고 하니까.

정봉주 다 구속됐는데.

주진우 앞으로 조사 받으셔야 되는 거 아닌가요? 했더니 아니래요.

김어준 자기는 관련 없다?

주진우 그런 거 없다면서 "아, 네네네네" 하고 그냥 끊으셨습니다. 별건 없었어요.

김어준 별건 없었구나.

주진우 국제전화 요금은 해외로밍이라 엄기영 사장이 내셨습니다. 선배잖아, 선배가 내야지. (수줍수줍)

– 이상 15회

"부르고 싶은 초대손님? 오직 가카"

〈나는꼼수다〉를 이끄는 4인방을 서면으로 인터뷰했다. 같은 질문을 던졌으되, 돌아온 답변은 말 그대로 4인4색이었다. 2011년 9월 말, 나꼼수 20회 녹음을 마무리한 직후에 주고받은 서면 인터뷰를 날것 그대로 소개한다.

“억울하면 니들도 이런 거 하나 만들어”

김어준(〈딴지일보〉 총수)

나꼼수의 흥행 이유는 무엇이라고 보는가? 당연히 가카. 거기 더해 애티튜드. 쫄지 말라는. 그러한 태도 자체가 절절한 위로가 되는 시대다. 그래서 웃으면서 운다.

그리고 네 사람이 각기 살아온 삶. 자기 콘텐츠는 결국 자기가 삶을 상대하는 태도로부터 나온다. 정보는 그 위에 얹히는 토핑일 뿐이다.

마지막으로 화법. 자신이 얼마나 옳고 똑똑한지를 입증하기 위한 화려한 화술이라는 의미가 아니라 애티튜드, 정보, 해학, 캐릭터, 진심이 화학 결합해 만들어내는 합목적적인 전달력. 전달되지 않는 메시지는 아무리 많은 사람이 모여 크게 외쳐도 독백일 뿐이다.

나꼼수가 ‘이슈의 패자부활전’을 가장 성공적으로 수행한 이슈는 무엇이라고 생각하는가? BBK 사건.

나꼼수가 뉴미디어의 새 지평을 열었다고 보는데, 〈딴지일보〉 때와 비교해서 어떻게

다르다고 생각하는가? 전혀 다른 메시지 유통 채널의 구축이 가능한 물적 토대의 출현—〈딴지일보〉 때는 인터넷+PC였고 나꼼수는 인터넷+스마트폰+트위터—이란 관점에서 본질적으로 같다. 나머지 디테일은 마이너하다.

나꼼수에서 자신이 수행하는 역할이 어떤 것이라고 생각하는지, 다른 멤버들은 어떤 역할을 수행하고 있다고 보는지? 삶의 균형은 기계적 중립이나 논리적 정합이 만들어주지 않는다. 균형을 만들려고 노력한다. 때로 오버하거나 때로 침묵함으로써.

정봉주는, 발랄한 정치적 진심이다. 주진우는, 지독한 기자적 팩트다. 김용민은, 놀라운 피디적 재능이다.

나꼼수 녹음 준비할 때, 녹음할 때 가장 신경 쓰는 부분은?(그러니까 이것이 마지노선이다, 생각하고 주의하는 부분은?) 없다. 끊임없이 그 마지노를 확장해가는 것이 나꼼수의 역할이다.

나꼼수의 편파성 혹은 정파성을 문제 삼는 사람들이 많다. 이에 대한 입장은? 공적 자금 투입돼 만들어진 거 아니다. 억울하면 니들도 이런 거 하나 만들어.

주진우 기자가 중간에 합류했다. 어떤 변화가 있었다고 보는가? 과거를 다룰 때는 해설로 충분하다. 현재를 다룰 때는 사실 확인이 중요하다. 하지만 주진우는 그 이상을 해낸다. 누나 전문으로.

방통위가 어플리케이션 규제를 한다고 하고, 김어준 총수가 출연하던 MBC 라디오 윤도현 프로그램이 폐지되었다. 안팎의 압박에 대해서 어떻게 느끼는가? 예상한 바다. 웃기다.

앞으로 나꼼수에 변화를 준다면? 나꼼수는 언제까지 할 것인가? 가카 퇴임식 날까지.

나꼼수에 꼭 불러보고 싶은 사람은? 이슈의 중심에 선 모두.

“나꼼수 개신교 버전 만들고 싶다”

김용민(시사평론가)

나꼼수에 대한 주변의 평 중에서 가장 인상적이었던 것은? ‘공안 폭력에 기절한 국민을 웃음으로 깨웠다.’

나꼼수의 흥행 이유는 무엇이라고 보는가? 난해한 정치를 원초적 본능(금욕, 성욕, 식욕)으로 풀어냈다.

나꼼수가 ‘이슈의 패자부활전’을 가장 성공적으로 수행한 이슈는 무엇이라고 생각하는가? 청계재단 설립 통한 전 재산 기부 진위 논란, BBK 주가 조작 의혹, 전일저축은행, 삼화저축은행 불법대출, 친인척 측근 연루 의혹.

나꼼수에서 자신이 수행하는 역할이 어떤 것이라고 생각하는지, 다른 멤버들은 어떤 역할을 수행하고 있다고 보는지? 김어준은 이명박, 정봉주는 이상득, 주진우는 최시중, 나 김용민은 추부길.

나꼼수 녹음 준비할 때, 녹음할 때 가장 신경 쓰는 부분은?(이것이 마지노선이다, 생각하고 주의하는 부분은?) 갑자기 폭발하는 웃음소리. 콘솔을 잡고 있는 입장에서 내내 긴장한다.

'나꼼수는 이렇게 즐겨라'라고 충고의 한 마디를 한다면? 비평 과잉 청취자는 달갑지 않다. 이 안에서 숭고한 저널리즘을 기대하는 이들로, 의외로 많다. 귀는 폼으로 달고 다니나. 다 터무니없는 소설이다, 각하는 절대 그럴 분이 아니라는 말 좀 새겨들어라.

주진우 기자가 중간에 합류했다. 어떤 변화가 있었다고 보는가? 김어준, 정봉주, 나로서는 원전을 수주한 것 같은, G20회의를 개최한 것 같은 감회다. 그의 출현을 경제효과로 산정하자면 400조다. 뭐 여러 수식어가 필요 있겠나. 그는 '갑甲'이며 '캡Cap'이다. 존경하고 사랑한다. 내가 여자여서 그보다 누나 나이라면 바람 쐬러 가자고 한다.

방통위가 어플리케이션 규제를 한다고 하고, 김어준 총수가 출연하던 MBC 라디오 윤도현 프로그램이 폐지되었다. 안팎의 압박에 대해서 어떻게 느끼는가? '사자'의 목을 비틀어도 새벽은 온다. 아, 참 우리는 닭장 속 닭이지. ^^ (진중권 교수님, 비꼬는 거 아니에요. 여전히 존경합니다.)

앞으로 나꼼수에 변화를 준다면? 독자적 제작 스튜디오를 만들고 싶다. 생방송을 하고 싶다. 그래서 나꼼수 대중문화 버전, 나꼼수 스포츠 버전, 나꼼수 개신교 버전도 창조하고 싶다. 그러나 김어준 총수는 일갈한다. "시끄럽다. 돼지야."

나꼼수에 꼭 불러보고 싶은 사람은? 김태영 전 국방부 장관. 이명박 정부 아래서 인사 청문회를 아무 시비 없이 지나간 유일한 사람. 게다가 각하와 틀어져 그만둔 사람. 천안함 사건에 대한 진실을 이야기해줄 날이 오지 않을까. 나에게 정무적 역할을 맡긴다면 그를 우리 편으로 만들고 싶다.

"가카 퇴임하는 날까지 출연할 거다"

정봉주(전 국회의원)

나꼼수에 대한 주변의 평 중에서 가장 인상적이었던 것은? 정봉주의 진면모가 드러난 작품인데 당신 때문에 정치가 재미있어졌다, 정치가 이렇게 즐겁고 재미있다는 것을 느끼게 해서 감사하다, 이렇게 중독을 시켰으니 책임져라, 그리고 어떤 고3 여학생, "꼼수에 빠져 책이 손에 들어오지 않아요. 책임져요. 넘 잼나요" 등등.

나꼼수의 흥행 이유는 무엇이라고 보는가? 듣고 싶은 얘기가 아니라 내가 하고픈 얘기를 대신 해주는 데 대해 카타르시스를 느끼는 것 아닐까.

또 하나는 울분. 이것이 분명하다고 확신을 하지만 술좌석에서 아무리 얘기해봐야 열만 받는데 나와 똑같은 콘텐츠가 방송이라는 신뢰의 무기로 치장을 하는 순간에 나의 울분은 정의감으로 전환되는 것이다. 확인되는 내 울분 그리고 정의감으로의 전환에 엄청난 희열을 느끼는 것.

그리고 부끄러운 자화상에 대한 반성문 성격도 있는 것 같다. 다들 자기 검열하면서 촛불 이후를 살았다. 그런데 그런 두려움에 아랑곳하지 않고 하고픈 얘기를 지껄여대는 인간들을 보면서 부끄러운 내 모습이 오버래핑되는 거지. 이러지 말자, 이거라도 열심히 듣는 것이 반성문 쓰는 것이다 하면서.

나꼼수가 '이슈의 패자부활전'을 가장 성공적으로 수행한 이슈는 무엇이라고 생각하는가? 밀려난 이슈도 사실은 사회적 흐름 속에서 밀려난 것이 아니고 정치적 이유로 인해 현 정권과 기득권층에 의해 밀려났던 것이다. 그것을 다시 끄집어냈는데도 폭발하는 것은 사실은 죽은 이슈가 아니라 죽이고 싶었던 이슈였던 것이라는 얘길 거다. 패자부활전이 아니고 관심 있되 밀어내버린 것의 재등장이고 재조명일 뿐이다. 꼼수는 사회적 핫 이슈—진정한 의미에서의—만을 다루고 권력의 속성으로 짓밟히는 이슈만 다룬다.

나꼼수에서 자신이 수행하는 역할이 어떤 것이라고 생각하는지, 다른 멤버들은 어떤 역할을 수행하고 있다고 보는지? 현 정권의 정책이 갖는 의미랄까. 정책이라는 이름으로 표현되고 있으되, 공적 임무를 띤 사사로운 이익의 발현이라는 그 숨은 의미를 이해시키고 이를 까발리면서 현 정권의 속성을 알리는 것이다.

정치역학 관계의 흐름에 대한 이해도를 높이는 것도 내 일이다. 실제 정치의 한가운데 서 있기 때문에 기존의 평론가보다도 정확하게 상황에 대한 이해를 도와준다. 이쪽 저쪽의 가능성을 다 열어놓는 것이 아니고 어느 한 방향을 구체적으로 지적해준다. 정치적 확신을 심어줌과 동시에 정치에 대한 국민의 적극성을 계도하는 역할을 가지고 있다. 이건 기본적으로 의도된 것이다. 정치 학습, 훈련 조교로서의 역할이다.

나꼼수 녹음 준비할 때, 그리고 녹음할 때 가장 신경 쓰는 부분은?(그러니까 이것이 마지노선이다, 생각하고 주의하는 부분은?) 허위사실 유포로 걸릴 것이 없는지 늘 고민한다. 발언 수위를 자체검열은 하지 않지만 여기서 한 발언 때문에 정치적으로 피해를 입는다면 참 쪽팔릴 것이란 생각 때문에 허위사실 유포로 걸릴지 명예훼손으로 걸릴지 가장 고민한다. 난 아직 BBK 재판도 끝난 것이 아니지 않는가.

'나꼼수는 이렇게 즐겨라'라고 팁 한 마디를 던진다면? 피할 수 없으면 즐기는 자세로! 정치는 참 재미있고 희망에 넘친다는 쪽으로 사고를 리셋하고 들어라. 하늘을 나는 기분일 것이다. 좀 더 구체적으로는 1청: 즐거운 마음으로 재미를 느껴라, 2청: 내용을 이해하고, 3청: 학습하라, 4청: 실천하라. 듣고 이해하고 학습한 내용을 근거로 전도하라.

주진우 기자가 중간에 합류했다. 어떤 변화가 있었다고 보는가? 디테일이 강해지고 현장 취재가 많아지면서 신뢰도 재미도 늘어났다. 최고였다. 그러나 최근 취재가 밀리면서 살짝 주 기자 역할이 흔들리고 있다. 분발이 요구된다.

방통위가 어플리케이션 규제를 한다고 하고, 김어준 총수가 출연하던 MBC 라디오 윤도현 프로그램이 폐지되었다. 안팎의 압박에 대해서 어떻게 느끼는가? 정치인으로서 나머지 방송인, 언론인 3명과 내 입장은 다르다. 탄압하고 규제하길 원한다. 그럴수록 더 뜰 것이고 나는 대권 주자 반열이다. (캬캬캬)

앞으로 나꼼수에 변화를 준다면? 현 정권의 정치적 꼼수나 정책적 거짓을 밝히는 내용을 조금 더 강화해야겠다. 재미도 중요하지만 허접하게 재미만

찾으려면 개콘 보면 된다. 내용적 측면을 강화해야 한다. 내 역할이 더욱 중요한데 이렇게 가는 것에 약간 이견들이 있어 19회와 20회가 다소 부실했다. 총수 주위에 정신이 제대로 박힌 고수가 총수를 질타한 것 같다. 21회를 준비하면서 총수가 긴장했다. 예전과 달라진 모습이다. 누가 지적질을 했는지 안다. 참 잘한 거 같다. 정책이 없는 꼼수는 쓰레기다. 정책을 강화해야 한다.

나꼼수는 언제까지 할 것인가? 2012년 4월 11일 당선되면 4월 12일 녹음되는 꼼수는 시즌2이다. 한층 업그레이드되고 강화될 것이다. 최강이 될 것이다.

약속대로 가카 퇴임하는 날까지 한다. 현역이 되면 더 많은 시청자가 듣게 될 것이다. 정권 교체의 일등 효자 노릇을 할 것이다.

나꼼수에 꼭 불러보고 싶은 사람은? 우리 사회 톱 클래스의 오피니언 리더들을 부를 것이다. 진행자들이 자기 분야 절정 고수들인데 '삐리리'들을 부를 순 없다. 나만 해도 이미 1인 국회의원의 신분을 넘어섰는데 허접하게 장관 정도의 인물을 부를 순 없다.

“밤길 뒤통수 조심한다”

주진우(〈시사IN〉 기자)

나꼼수에 대한 주변의 평 중에서 가장 인상적이었던 것은? 꼼수 멤버들 잘생겼다. 이건 구라다. 우리 집에서도, 어머니도 나 잘생겼다는 말은 안 하신다. 그냥 옷 단정히 입으라고 하신다.

나꼼수의 흥행 이유는 무엇이라고 보는가? (정 의원은 순전히 정 의원 덕이라고 하고, 김 총수는 완전히 김 총수 덕이라고 한다.) 오직 가카. 팩트 그리고 위로.

나꼼수가 ‘이슈의 패자부활전’을 가장 성공적으로 수행한 이유는 무엇이라고 생각하는가? 가카에 대한 끝없는 열정. 특히 가카의 돈에 대한 순수한 욕정 이해하기.

나꼼수에서 자신이 수행하는 역할이 어떤 것이라고 생각하는지, 다른 멤버들은 어떤 역할을 수행하고 있다고 보는지? 김 총수가 큰 뼈대를 그리면, 정 의원이 색칠하고, 김 교수가 마무리한다. 나는 옆에서 조금 거든다.

나꼼수 녹음 준비할 때, 녹음할 때 가장 신경 쓰는 부분은?(이것이 마지노선이다, 생각하고 주의하는 부분은?) 항상 마지막이라고 생각한다. 그리고 조르바 형님을 생각한다. "나는 아무것도 바라지 않는다. 나는 아무것도 두려워하지 않는다. 나는 자유다."

'나꼼수는 이렇게 즐겨라'라고 충고의 한 마디를 한다면? 쓸데없는 방송이니 듣지 말라.

주진우 기자가 중간에 합류했다. 어떤 변화가 있었다고 보는가? (그전에는) 꼼수다를 안 들어서 잘 모른다.

방통위가 어플리케이션 규제를 한다고 하고, 김어준 총수가 출연하던 MBC 라디오 윤도현 프로그램이 폐지되었다. 안팎의 압박에 대해서 어떻게 느끼는가? 밤길 뒤통수 조심한다. 전화는 당연히 누가 들을 거라 여긴다.

앞으로 나꼼수에 변화를 준다면?(언제까지 할 것인가?) 가능한 한 빨리 그만두고 싶다. 부끄럽다.

나꼼수에 꼭 불러보고 싶은 사람은? 오직 가카.

가카를 위한 꼼수 풀이

판결을

가카를 위한 '나꼼수' 해설서

〈나는 꼼수다〉에 나오는 모든 내용이 진실이라고 단언하기는 힘들다. 진실의 키를 각하께서 쥐고 있기 때문이다. 지난 20회 동안 다뤘던 주요 내용을 출연진인 김용민 시사평론가가 정리했다.

〈나는 꼼수다〉를 맹신하는 사람이 있나 싶다. '나꼼수'의 모든 내용이 진실이라고 단언하긴 힘들다. 무책임해 보이나? 그렇지 않다. 적어도 이후로 15개월은 '진실'의 이니셔티브를 신이나 정의가 쥐고 있지 않기 때문이다. 시한부 '만유의 주재'이신 '각하'의 손안에 있다. 그래서 우리는 각하의 "여러분, 이거 다 거짓말이라는 거 아시죠?"라는 말씀을 재차 내보낸다. 우리의 이야기가 창의성과 상상력의 산물, 즉 소설이라는 설명이다.

시작에 해당하는 1회가 그 정수다. 서태지·이지아의 파경. '정통 시사주간지' 〈시사IN〉 BBK 관련 허위사실 유포 혐의에 대한 기각 판결이 나고 30분 뒤 이 뉴스가 한 스포츠 신문을 통해 세상에 알려졌다.

1회와 3회 청취하면 BBK 큰 그림 이해

김어준 〈딴지일보〉 총수는 "서태지 파경 보도는 해당 신문 창사 이래 최고의 특종일 것이다. 그런데 나올 법한 특종 보도 관련 비하인드 스토리가 나오지 않는다"라고 지적한다. 그 메가톤급 정보의 출처는 어디이고, 정보를 유출한 의도는 무엇일까. 정봉주 17대 의원은 이와 관련해 에리카 김 씨의 석연찮은 귀국과 추방 권한을 간소화한 법 개정, 둘을 엮어 하나의 가설을 제기한다. 김씨의 동생 김경준 씨를 염두에 둔 것으로 추정되는 이 법 개정을 통해 BBK 주가 조작 혐의자 김경준의 사실상 석방 가능성을 추론한 것이다.

각하의 아킬레스건이라고들 하는 BBK 문제는 마치 담쟁이풀처럼 온갖 의혹과 꼼수가 얽혀 있는 양상이다. 이는 나꼼수 3편에서도 확인할 수 있다. 이명박 대통령이 실소유주라는 의혹이 있는 다스가, 김경준 씨의 BBK를 상대로 투자금을 돌려달라는 소송을 제기한다. 그러나 재판에 져서 무위로 돌아간다. 김경준 씨는 이명박 대통령 일가가 운영하는 다스와는 이 문제와 관련해 더 이상 얽힐 게 없다. 게다가 국가권력을 동원해 자신을 인신 구속하고 거짓말쟁이 사기꾼으로 몰아세운 '철천지원수'가 아닌가. 그런데도 김씨는 140억 원을 다스에게 건넨다. '자신을 풀어달라'는 김경준 씨의 간청이 담긴 돈일까? 사실이라면 다스는 결국 이명박 대통령 소유이며, 대통령이 '돈'을 필요로 한다는 점을 우회 입증한다. 그래서 김어준·정봉주 두 사람은 "추방 여부가 관건이다"라고 입을 모은다.

지금 정봉주 의원이 책을 네 권 준비하고 있는데 그 가운데 하나가 'BBK 만화책'이다. 출판사 측은 만화가에게 나꼼수 1회와 3회를 잘 들으면 BBK의 큰 그림이 보인다며 청취를 권했다고 한다. 그렇다. 두 편만 들으

라. BBK의 진실은 여러분 앞에 성큼 다가와 있을 것이다.

2회를 건너뛴 것 같다. 4·27 재·보선 당시 수도권 패배로 촉발된 한나라당 내 책임론을 둘러싼 공방을 짚었다.

4회는 남북관계 문제로 돌파구를 삼으려 하지만 수준과 방식이 '초딩' 수준을 맴도는 각하와 그 수하들의 실상을 꼬집는다. '천안함 사건 책임과 관련해 직설적 사과는 아니더라도 사과로 해석될 만한 발언이라도 해 달라'고 남측이 간청했다는 북측의 주장, 사실이라면 '상호주의'를 기반에 둔 이명박 정부의 안보철학은 허울뿐임이 드러나는 상황이다. 대북관계를 호전시켜 정국 주도권을 회복하려던 뜻이 혹시 각하에게 있었다면 그것이 얼마나 무모한지를 짚어준다.

5회는 중수부 폐지, 수사권 조정 쟁점에서 한 치의 양보도 없는 검찰을 해부한다. '한때 검찰 출입을 자주 했던' 정봉주 전 의원의 독무대였다. 특히 5회 일부 그리고 6회 거의 전편에서는 17대 국회 교육위원회에서 맹활약했던 전력이 고스란히 드러난다.

2007년 2월 12일 정봉주 의원은 "(한나라당이) 반값 등록금을 내놓은 것은 국민을 현혹시키는 포퓰리즘 정책이다"라고 주장했다. 여당 의원 처지에서는 고액 등록금 문제가 눈에 안 보이는 것일까. 아니다. "지금 등록금을 두 배로 해놓고 반값 등록금 한다고 하면 어떻게 하느냐"라며 매끈한 논리를 펼친다. 그의 주장은 반값 등록금에 앞서 등록금 상한제를 실현해야 순서가 맞는다고 한 것이다.

'검찰 프레임'에 맞서 사건 재해석

5회 이후로는 시론적 접근이 많았다. 오세훈 서울시장의 대선 구상에 따른 무상급식 시비(7·12·15·16회)는 스스로 '보수의 아이콘'에서 '꼬깔콘'으로 전락하는 전 단계를 생중계하다시피 했고, 이명박 대통령 '각하'와 그 측근의 국가를 수익 모델로 한 재테크 의혹도 여러 편 다뤘다. 이를테면 청계재단(8회), 4대강 사업(10회), 인천국제공항 지분 매각(13회), 농협 해킹 사태(11회), 자원 외교(14회)의 비밀 등이다.

전혀 색다른 관점으로 바라본 곽노현 서울시 교육감 후보 매수 의혹(17·18·19회), 왕재산 간첩단(20회), 저축은행 사건(9·20회)은 검찰로 상징되는 주류 프레임에 맞서 새로운 관점을 부여했다고 감히 자평한다. 게다가 교계의 각하인 '큰 목사님' 조용기 여의도순복음교회 원로목사(15회)와 장자연 부당 성접대 의혹에 얽힌 언론계의 각하 방상훈 〈조선일보〉 사장(12·13회) 이야기는 우리 사회 기득권 세력의 현주소를 돌아보게 만들었다.

7월 7일 9회를 기점으로 나꼼수는 아이튠즈 집계 대한민국 프로그램 중 전체 1위에 올랐다. 그간 독보적 1위였던 〈두시 탈출 컬투쇼〉를 2위로 내려앉혔고, 뉴스 정치 분야에서 〈손석희의 시선집중〉 〈박경철의 경제 포커스〉를 멀리 따돌렸다. 그러다가 8월 8일 미국 팟캐스트 '뉴스·정치' 부문 프로그램에서 1위를 차지했으며, 8월 22일과 27일 업로드된 '나꼼수' 호외 편과 16회는 이튿날 현재 미국 아이튠즈 팟캐스트 인기 에피소드 단위 순위에서 전체 1위를 차지했다. 미국이 아이튠즈의 발원지인 만큼 이를 전 세계 1위로 해석해도 무리가 아니라는 이야기가 나온다.

각하가 보여준 극강의 꼼수는 방송 종료 시점인 2013년 2월까지 다

소화할 수 없을 것이다. 소재 걱정이 없어서 더욱 강력한 '나꼼수'는 그래서 '구성작가 이명박'이라는 크레디트Credit 또한 각하에게 헌정하는 바이다.

시사평론가 김용민

*이 기사는 〈시사IN〉 212호에 게재된 것입니다.